港口工程数值仿[illegible]

蔡正银　武颖利　关云飞　著

科 学 出 版 社

北　京

内 容 简 介

港口工程涉及大量的土与结构相互作用问题，数值仿真作为一个非常重要的研究手段，已经在桶式基础防波堤、深水板桩码头新结构开发过程中得到广泛应用，并随之得到很大程度的发展。本书系统阐述港口工程数值仿真技术，涉及黏土和砂土的变形特性及其数值分析、土与结构接触的模拟技术、基于 ABAQUS 有限元平台的二次开发技术，在此基础上详细介绍桶式基础防波堤、箱筒型基础防波堤、遮帘式板桩码头、卸荷式板桩码头新结构开发过程中的数值分析过程，从中可以发现数值仿真在港口工程技术创新中的作用。

本书可供土木、水利、交通、能源、建筑等相关领域的工程技术人员和相关专业的大专院校师生参考使用。

图书在版编目（CIP）数据

港口工程数值仿真技术 / 蔡正银等著. —北京：科学出版社，2019.12

ISBN 978-7-03-063466-5

Ⅰ. ①港…　Ⅱ. ①蔡…　Ⅲ. ①港口工程－计算机仿真　Ⅳ. ①U65-39

中国版本图书馆 CIP 数据核字（2019）第 264815 号

责任编辑：周　丹　石宏杰 / 责任校对：杨聪敏
责任印制：赵　博 / 封面设计：许　瑞

科学出版社 出版
北京东黄城根北街 16 号
邮政编码：100717
http://www.sciencep.com
北京厚诚则铭印刷科技有限公司印刷
科学出版社发行　各地新华书店经销
*
2019 年 12 月第　一　版　开本：720 × 1000　1/16
2025 年 1 月第二次印刷　印张：12 1/4
字数：246 000

定价：99.00 元

（如有印装质量问题，我社负责调换）

前　言

港口工程数值分析的核心是港工结构与地基的共同作用问题，涉及土体的本构模型、土与结构接触特性的模拟以及风、浪、流、地震等荷载的模拟等。现有的计算一般将港工结构作为线弹性体，用线弹性模型来分析结构体的应力-应变关系，而将地基土体作为非线性弹性体，采用非线性弹性模型来模拟土体的本构特性。也有一些计算采用简单的弹塑性模型如莫尔-库仑（Mohr-Coulomb）模型、D-P 模型等，这些模型主要用于极限分析，而对于变形分析存在很多问题。此外，港工结构与土之间存在接触问题，对于接触面力学行为的正确模拟目前还缺乏有效的手段，这些因素严重阻碍了港工结构的创新与发展。鉴于此，本书从土的变形特性出发，详细介绍一些常用土体的本构模型，阐述土与结构的接触特性及模拟方法，并针对桶式基础防波堤和深水板桩码头数值分析过程进行详细的介绍，希望能为类似工程的建设提供帮助。

本书共分为 6 章，第 1 章简要介绍黏土的变形特性与本构理论，内容涉及黏土的压缩与剪切变形特性，黏土的剪胀理论，以及黏土的几个常见的本构模型。第 2 章阐述砂土的变形特性与本构理论，内容包括砂土的压缩与剪切特性，砂土的各种状态，砂土状态参量、状态指数和相对剪胀指数，砂土的剪胀理论，砂土状态相关本构模型，砂土应力路径的数值模拟等内容。第 3 章着重介绍土与结构的接触模拟方法，从接触的基本概念、接触算法、接触面的相互作用、损伤接触面模型等方面进行了详细的描述。第 4 章是关于 ABAQUS 有限元平台的开发应用，重点介绍了南水模型、邓肯-张模型、接触面本构模型在 ABAQUS 平台中的开发运用技术。第 5 章和第 6 章分别介绍港口工程模拟技术在桶式基础防波堤和深水板桩码头开发过程中的应用。

南京水利科学研究院许多同志参加了本书的编写，其中王芳、李小梅参加了第 1 章的编写，曹永勇、韩迅参加了第 5 章和第 6 章的编写。此外，全书参考了许多博士的毕业论文，包括曹培博士、司海宝博士、丁树云博士、蒋敏敏博士、侯伟博士、杨立功博士等，在此一并表示感谢。本书剑桥模型部分主要来自李相崧教授的理论土力学课件，特此说明。全书由蔡正银、武颖利、关云飞组织、修改并定稿。

土工数值仿真技术在解决港口工程，特别是港工新结构与地基相互作用分析方面非常重要，目前在土的本构理论、接触模拟等方面还不太完善，需要更多的专家学者不懈努力，勇于创新，希望更多的数值分析人员参与这项工作。

本书的出版得到了南京水利科学研究院出版基金项目的支持，谨致以衷心的感谢。限于作者研究水平，书中难免存在疏漏之处，敬请各位读者不吝斧正，不胜感激之至。

作　者

2019 年 11 月

目　　录

前言
第 1 章　黏土的变形特性与本构理论 …… 1
1.1　黏土的单向压缩特性 …… 1
1.2　黏土的等向压缩特性 …… 4
1.3　黏土的剪切变形特性 …… 6
1.4　黏土的剪胀理论 …… 9
1.4.1　剪胀的定义 …… 9
1.4.2　经典的应力剪胀理论 …… 10
1.5　黏土的剑桥模型 …… 11
1.5.1　原始剑桥模型的流动法则 …… 11
1.5.2　原始剑桥模型的屈服函数 …… 13
1.5.3　原始剑桥模型的硬化规律 …… 14
1.5.4　原始剑桥模型 …… 14
1.5.5　修正剑桥模型 …… 15
1.6　工程上常用的土体本构模型 …… 16
1.6.1　邓肯-张模型 …… 16
1.6.2　南水模型 …… 18
参考文献 …… 21
第 2 章　砂土的变形特性与本构理论 …… 22
2.1　砂土的压缩特性 …… 23
2.2　砂土的剪切特性 …… 23
2.2.1　常规三轴压缩条件下砂土的变形特性 …… 23
2.2.2　多种三轴应力路径条件下砂土的变形特性 …… 27
2.3　砂土的各种状态 …… 31
2.3.1　砂土的当前状态 …… 31
2.3.2　土体的临界状态和相变状态 …… 32
2.4　砂土状态参量、状态指数和相对剪胀指数 …… 34
2.5　砂土的剪胀理论 …… 36
2.6　砂土的状态相关本构模型 …… 38

2.6.1 砂土的屈服准则 …… 38
2.6.2 砂土的流动法则 …… 39
2.6.3 砂土的硬化规律 …… 39
2.6.4 砂土的状态相关本构模型 …… 40
2.7 砂土应力路径的数值模拟 …… 40
参考文献 …… 44
第 3 章 土与结构的接触模拟方法 …… 45
3.1 接触的基本概念 …… 46
3.2 接触的力学描述 …… 47
3.3 接触面的法向模型 …… 48
3.4 接触面的切向模型 …… 48
3.5 接触算法 …… 49
3.6 接触面的相互作用 …… 51
3.6.1 接触面的法向行为 …… 51
3.6.2 表面的滑动 …… 51
3.6.3 摩擦模型 …… 51
3.6.4 小滑动与有限滑动 …… 52
3.7 Goodman 接触模型 …… 52
3.8 损伤接触面模型 …… 53
3.8.1 损伤力学机理 …… 54
3.8.2 损伤接触面本构模型 …… 55
参考文献 …… 58
第 4 章 ABAQUS 有限元平台的开发应用 …… 60
4.1 ABAQUS 有限元平台介绍 …… 60
4.1.1 ABAQUS 有限元平台的功能 …… 60
4.1.2 ABAQUS 平台的用户程序接口 …… 61
4.2 用户材料模型子程序的开发 …… 62
4.2.1 ABAQUS 的用户子程序 …… 62
4.2.2 非线性问题的解法 …… 64
4.2.3 用户子程序的开发流程 …… 65
4.3 土体本构模型库的验证 …… 71
4.3.1 有限元计算结果的试验验证 …… 71
4.3.2 计算结果稳定性分析 …… 75
4.4 接触面本构模型二次开发 …… 76
4.4.1 FRIC 子程序格式和变量说明 …… 76

4.4.2　Goodman 非线性弹性接触面模型二次开发示例……78
4.4.3　损伤接触面模型二次开发示例……80
4.4.4　损伤接触面模型有限元试验验证……81
参考文献……83
第5章　桶式基础防波堤数值模拟……84
5.1　桶式基础防波堤结构特点……84
5.1.1　新型桶式基础防波堤结构优点……85
5.1.2　桶式基础防波堤结构不同阶段工况介绍……85
5.1.3　桶式基础防波堤结构数值分析技术难点……86
5.2　桶式基础防波堤设计方案介绍……86
5.3　桶式基础防波堤数值模拟计算参数确定……90
5.3.1　地基土体弹塑性本构模型参数的确定……90
5.3.2　土体与结构弹性参数确定……92
5.3.3　土体初始侧向土压力系数的确定……93
5.3.4　接触面摩擦系数确定……93
5.3.5　波浪压力的确定……93
5.4　桶式基础防波堤三维有限元框架的建立……94
5.4.1　基本假设……94
5.4.2　防波堤结构与地基的模拟……95
5.4.3　地基与下桶结构接触的模拟……98
5.4.4　地基初始应力场的模拟……99
5.4.5　计算工况……102
5.5　有限元计算结果……103
5.5.1　波浪荷载作用下防波堤的变形与稳定……103
5.5.2　港侧吹填淤泥情况下防波堤的变形与稳定……105
5.6　桶式基础防波堤结构与土相互作用机理分析……109
5.6.1　桶式基础防波堤结构受力变形特性分析……109
5.6.2　不同荷载作用点对结构受力变形影响特性分析……120
5.6.3　不同基础土体对结构受力变形特性影响分析……122
5.7　桶式基础防波堤结构受力简化计算……125
5.7.1　桶体所受土压力简化计算……125
5.7.2　桶式基础防波堤摩擦力及端阻力简化计算……128
5.7.3　桶式基础防波堤结构转动中心位置确定……132
参考文献……133

第 6 章　深水板桩码头数值模拟 …… 134
6.1　单锚式板桩码头的工作机理分析 …… 134
6.1.1　单锚式板桩码头方案 …… 134
6.1.2　三维有限元数值分析模型的建立 …… 135
6.1.3　单锚式板桩的工作机理 …… 137
6.1.4　小结 …… 143
6.2　遮帘式板桩码头的工作机理分析 …… 144
6.2.1　遮帘式板桩码头方案 …… 144
6.2.2　三维有限元数值分析模型的建立 …… 145
6.2.3　遮帘式板桩结构的受力与变形 …… 147
6.2.4　遮帘式与单锚式板桩结构的比较 …… 152
6.2.5　小结 …… 154
6.3　卸荷式板桩码头的工作机理分析 …… 154
6.3.1　卸荷式板桩码头方案 …… 154
6.3.2　三维有限元数值分析模型的建立 …… 155
6.3.3　考虑卸荷效应的土压力计算方法 …… 157
6.3.4　卸荷承台对前墙土压力的影响 …… 159
6.3.5　卸荷承台的卸荷效应分析 …… 162
6.3.6　小结 …… 165
6.4　京唐港 32#泊位 10 万吨级遮帘式板桩码头数值分析 …… 165
6.4.1　工程概况 …… 166
6.4.2　ABAQUS 有限元分析模型的建立 …… 168
6.4.3　遮帘式板桩码头有限元计算结果 …… 170
6.4.4　有限元数值分析结果与现场测试结果的比较 …… 174
6.5　京唐港 36#泊位 20 万吨级卸荷式板桩码头数值分析 …… 177
6.5.1　工程概况 …… 177
6.5.2　三维有限元数值分析模型的建立 …… 178
6.5.3　卸荷式板桩码头数值计算结果分析 …… 180
6.5.4　小结 …… 186
参考文献 …… 187

第 1 章　黏土的变形特性与本构理论

1.1　黏土的单向压缩特性

土在压力作用下体积缩小的特性称为土的压缩性。研究土的压缩性通常采用室内侧限压缩仪（又称为固结仪），如图 1.1 所示。由于土样在压缩过程中只能发生竖向变形，不发生侧向变形，所以这种试验方法称为侧向压缩试验，又称为单向压缩试验或 K_0 压缩试验。

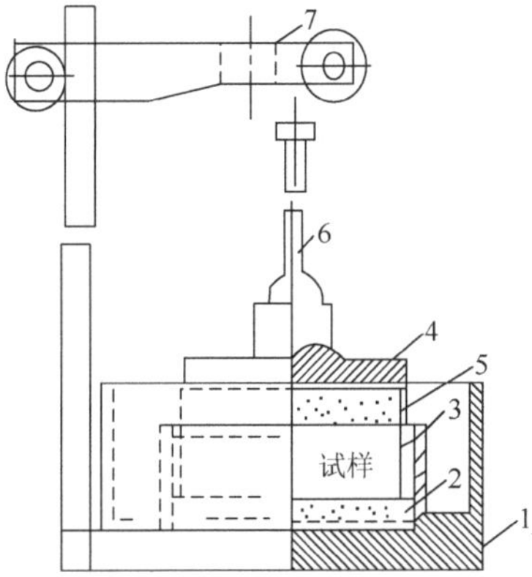

图 1.1　固结仪示意图

1-水槽；2-护环；3-环刀；4-加压上盖；5-透水板；6-量表导杆；7-量表架

图 1.2 为压缩试验得到的荷载时间曲线和相应的各级荷载下土样沉降时间曲线，图中 p 为竖向压力，单位为 kPa；s 为土样沉降，单位为 mm。对于黏土的压缩试验，各级荷载作用下土样的沉降稳定时间一般设定为 24h。

图 1.3 为典型正常固结黏土的单向压缩曲线（e-p 曲线），图中 e 为土样的当前孔隙比，可以通过土样的初始孔隙比 e_0 和各级荷载下的沉降 s 推得。单向压缩曲线的斜率称为压缩系数，用 a 表示，用于反映土体的压缩变形特性，其定义为

$$a = -\frac{\Delta e}{\Delta p} \tag{1.1}$$

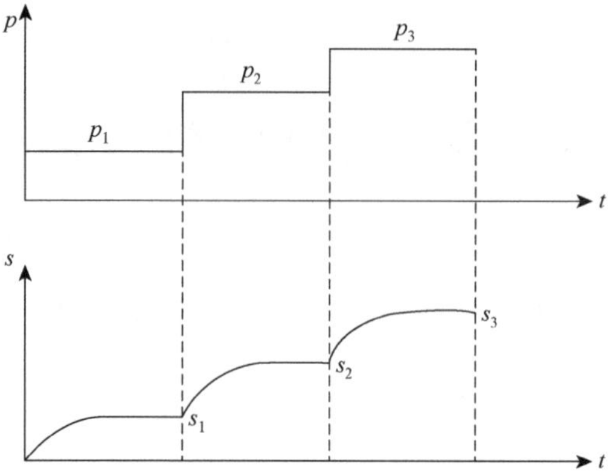

图 1.2　荷载时间曲线和沉降时间曲线

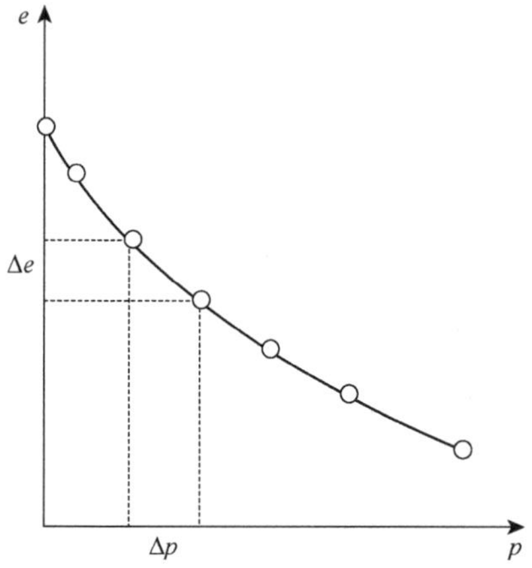

图 1.3　土体 *e-p* 压缩曲线

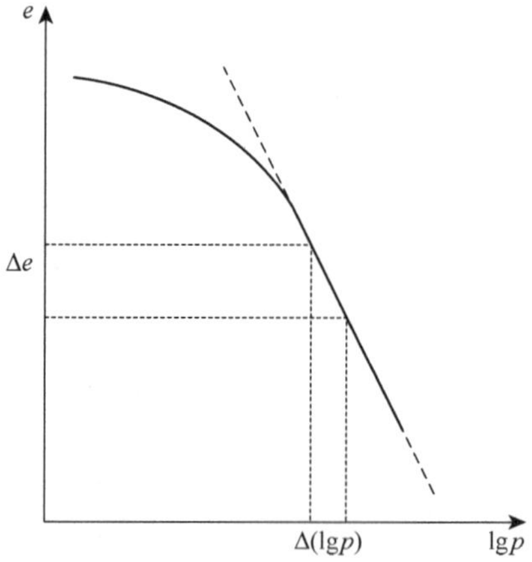

图 1.4　土体 *e*-lg *p* 压缩曲线

从图 1.3 中不难发现，*a* 随着应力区间的变化而变化。如果将竖向应力和孔隙比画在半对数坐标上，如图 1.4 中的实线所示，将会得到一条 *e*-lg *p* 平面上压缩曲线。当竖向应力较高时，该压缩曲线可以用一条直线来表示，如图 1.4 中的虚线所示，通常将该直线称为初始压缩线，其斜率称为压缩指数，用 C_c 表示，定义为

$$C_c = -\frac{\Delta e}{\Delta(\lg p)} \tag{1.2}$$

如果在压缩过程中给土体卸载，然后再加载，土体就会经历压缩—回弹—再压缩过程，然后又沿压缩曲线继续变形，如图 1.5 所示。通常用一根直线来描

述回弹过程，称为回弹线，其斜率 C_e 称为回弹指数，$C_e \ll C_c$，一般 $C_e \approx$（0.1～0.2）C_c。

研究发现，无论土体的初始状态如何，单向压缩后最终趋近于同一条直线——初始压缩线，如图 1.6 所示，这是黏土压缩的一个非常重要的性质。同样，无论在什么阶段回弹，所有的回弹曲线基本相互平行。换言之，对于正常固结的饱和黏土，其单向压缩过程具有唯一的 C_c 和 C_e。

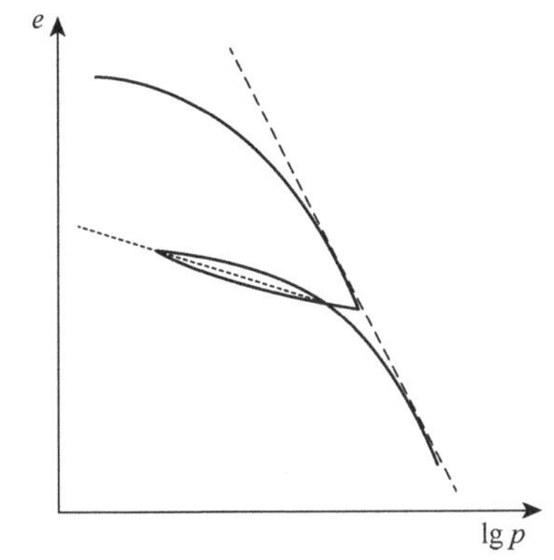

图 1.5　土体压缩—回弹—再压缩曲线

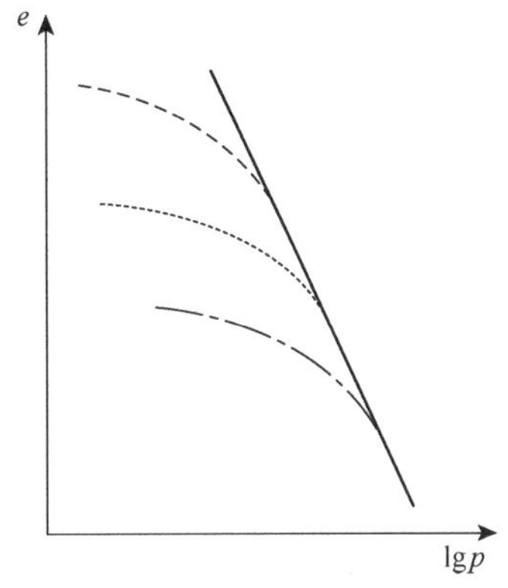

图 1.6　土体的压缩曲线

对于单向压缩，土体的竖向应力为 $\sigma_v = p$，如果将土体近似看成为 K_0 状态，其侧向应力 $\sigma_h = K_0 p$。此时土体的平均有效正应力和剪应力为

$$p' = \frac{1}{3}(\sigma_v + 2\sigma_h) = \frac{p}{3}(1 + 2K_0) \tag{1.3}$$

$$q = \sigma_v - \sigma_h = p(1 - K_0) \tag{1.4}$$

土体的应力比 η 为

$$\eta = \frac{q}{p'} = \frac{3(1 - K_0)}{1 + 2K_0} \tag{1.5}$$

显然，η 为常数，说明土体单向压缩的应力路径在 p'-q 空间为一直线，其斜率为 $\frac{3(1 - K_0)}{1 + 2K_0}$，如图 1.7 所示。对于正常固结的饱和黏土，应力水平［应力路径上的某一点（p'，q）］对应着唯一的土体孔隙比 e 或密度 ρ。换言之，饱和软黏土的应力水平和密度具有相关性，这与砂土完全不同。

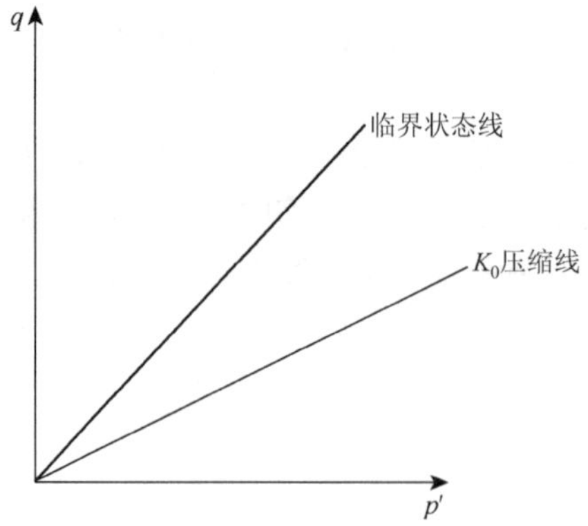

图 1.7　应力空间的 K_0 压缩线

1.2　黏土的等向压缩特性

土体的等向压缩试验一般在三轴仪上进行，常用的应变式三轴仪如图 1.8 所示。该设备既可以进行剪切试验，又可以进行等向压缩试验，而往往等向压缩试验都是作为三轴试验的一个阶段。所谓等向压缩试验是给土样施加围压 σ_c，这样土样在各向等压下固结。

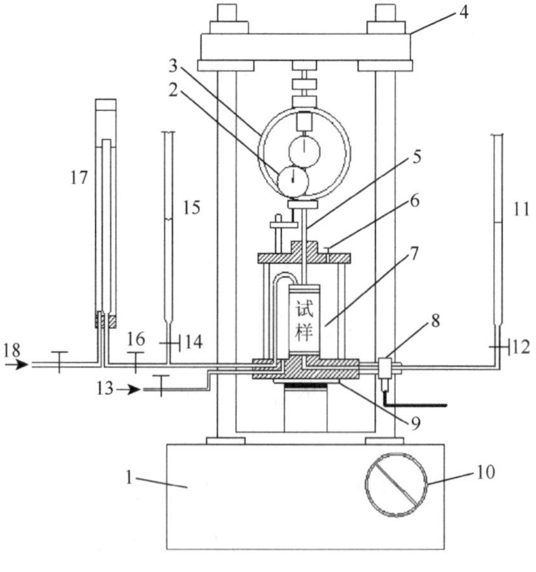

图 1.8　三轴仪示意图

1-试验机；2-轴向位移计；3-轴向测力计；4-试验机横梁；5-活塞；6-排气孔；7-压力室；8-孔隙压力传感器；9-升降台；10-手轮；11-排水管；12-排水管阀；13-周围压力；14-排水管阀；15-量水管；16-体变管阀；17-体变管；18-反压力

与单向压缩试验一样，对于三轴试验，也可得到土样的压缩曲线 e-p'曲线和 e-lg p'曲线。此时 p'为有效平均正应力，$p' = \sigma_c$。在 e-lg p'曲线上，当应力水平较高时，该曲线趋向于一条直线，称为黏土的正常压缩线，如图 1.9 中虚线所示。如果土样沿着正常压缩线上的某一点卸载，其卸载与再加载曲线也可以用一根回弹直线来描述，如图 1.9 实线所示。

为了更好地描述土体的正常压缩线与回弹线，可以将有效平均正应力归一化，并将坐标轴转换，可以得到 e-ln p'空间的正常压缩线和回弹线，如图 1.10 所示。图中 P_a 为标准大气压，λ 和 κ 分别为正常压缩线和回弹线的斜率。这样正常压缩线孔隙比和回弹线孔隙比可以表示为

$$e = e_0 - \lambda \ln\left(\frac{p'}{P_a}\right) \tag{1.6}$$

$$e_a = -\kappa \ln\left(\frac{p'}{P_a}\right) \tag{1.7}$$

式中，e_0 为 $p' = P_a$ 时的孔隙比；e_a 为回弹线孔隙比。

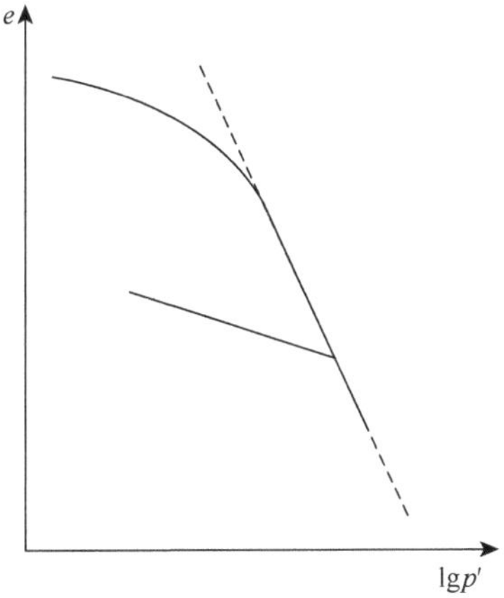

图 1.9　黏土的正常压缩线与回弹线

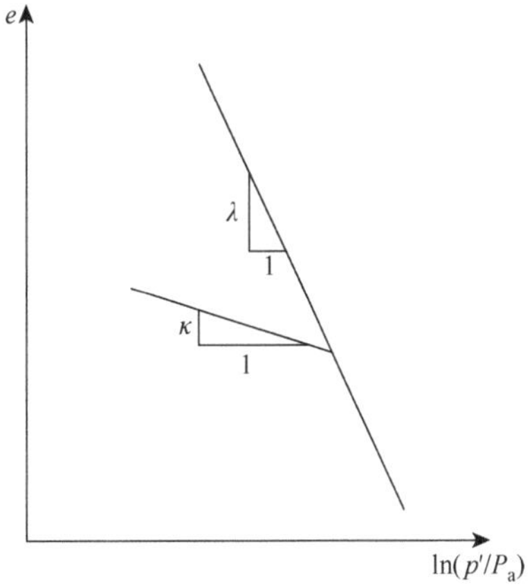

图 1.10　归一化的黏土正常压缩线与回弹线

在 p'-q 空间，土体等向压缩的应力路径为沿 p' 轴的直线。此时 $q = 0$，$p' = \sigma_c$，显然土体的应力比 $\eta = 0$。

大量的研究发现，土体所有等应力比压缩曲线在 e-ln p'空间彼此互相平行，并且平行于黏土的临界状态线，如图 1.11 所示，相应的应力路径如图 1.12 所示。黏土的这种应力和变形互相对应的关系是许多本构模型建立的基础。

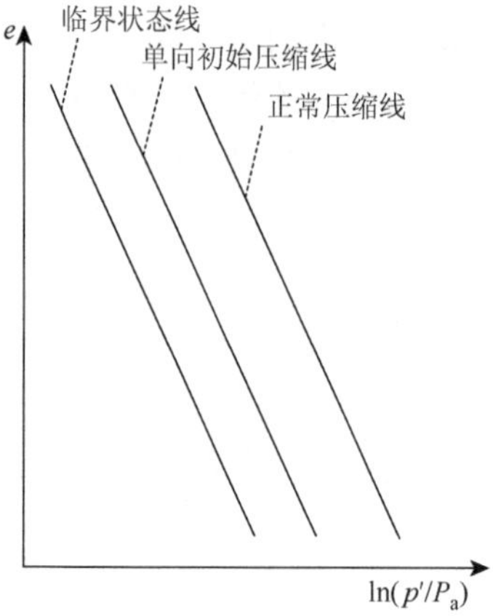

图 1.11　黏土的等应力比压缩线和临界状态线

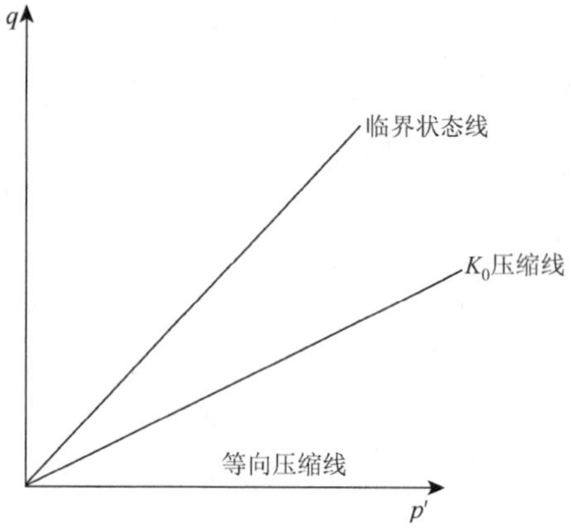

图 1.12　黏土的应力空间的压缩线和临界状态线

1.3　黏土的剪切变形特性

黏土的剪切变形特性研究通常采用三轴压缩试验，常用的三轴仪如图 1.8 所示。根据土样的排水与固结条件，三轴试验又分为不固结不排水、固结不排水和固结排水三种，而研究黏土的剪切变形特性主要采用第三种。

图 1.13 和图 1.14 为一组正常固结饱和黏土在不同围压下的三轴排水剪切的试验结果（四条线代表不同围压下的试验曲线）。从图 1.13 中可以发现，对于正常固结的饱和黏土，其应力-应变关系表现为应变硬化的特性，围压 σ_c 越高，土的强度越高。当剪应变较高时（一般认为 20%左右），土体的强度趋于一个稳定值，且随着剪应变的继续增加，强度不再发生改变，土体的这个状态被称为土体的临界状态。

图 1.14 是试验得到的不同围压下试样体积应变和剪应变之间的关系曲线，围

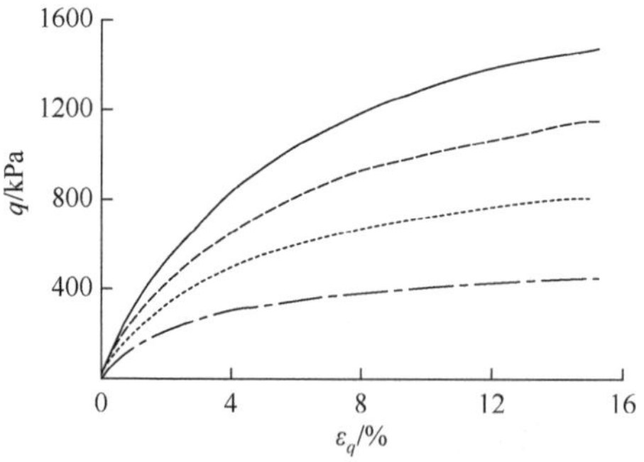

图 1.13　饱和黏土排水剪应力-应变关系

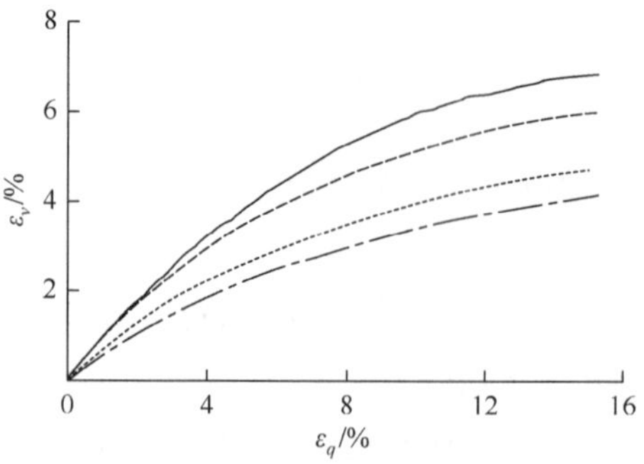

图 1.14　饱和黏土排水剪切体积应变-剪应变关系

压越高，体积应变越大。当剪应变较高时（一般认为 20%左右），土体的体积应变趋于一个稳定值，且随着剪应变的继续增加，体积应变不再发生改变，这也是土体达到临界状态的一个显著特征。

将剪应变达到 16%时的状态近似看成临界状态，可以得到该状态时的有效平均正应力 p'、剪应力 q，并且根据体积应变 ε_v 推算得到该状态下的孔隙比 e。这样可以得到 p'-q 空间和 e-ln p'空间的土体临界状态线，如图 1.15 和图 1.16 所示。从图 1.15 中可以发现，土体达到临界状态时，正应力和剪应力在 p'-q 空间中都会落在一条穿过坐标原点的直线上，该直线即 p'-q 空间的临界状态线，其斜率 M 被称为临界应力比。从图 1.16 中可以发现，土体达到临界状态时，土的孔隙比和正应力在 e-ln p'空间中都会落在一条直线（图 1.16 中的虚线）上，该直线即 e-ln p'空间的临界状态线。图 1.16 中的实线是该组试验得到的正常固结线，可以发现这两条线基本平行，这一点在 1.2 节中已经讨论过。

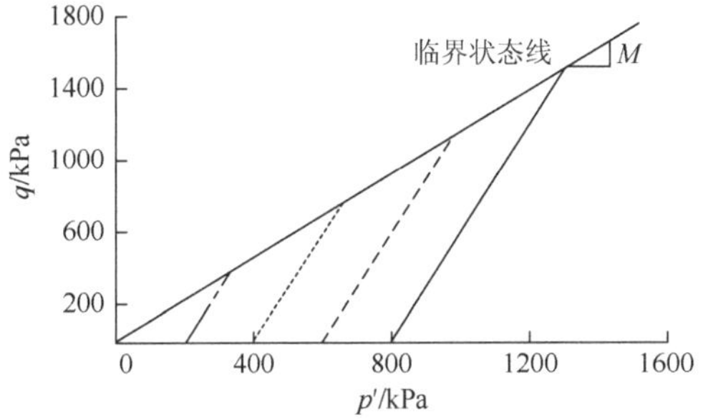

图 1.15　饱和黏土排水应力空间的临界状态线

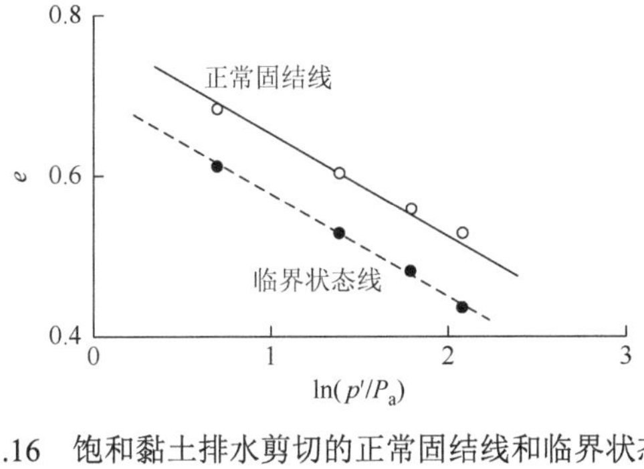

图 1.16　饱和黏土排水剪切的正常固结线和临界状态线

图 1.17 和图 1.18 所示为一组正常固结的饱和黏土三轴固结不排水剪切的试验结果（该组土样与上面排水试验的土样相同）。与排水剪切试验一样，不排水条件下土样的应力-应变关系表现为应变硬化的特性，围压 σ_c 越高，土的强度越高，产生的孔压 u 越大。当剪应变较高时（一般认为 20%左右），土体的强度趋于一个稳

定值，且随着剪应变的继续增加，强度不再发生改变，孔压也不再改变，此时土体达到了土的临界状态。将土体临界状态时的正应力和剪应力画在 p'-q 空间中，也可以得到一条穿过坐标原点的直线，如图 1.19 所示，该直线为不排水条件下 p'-q 空间的临界状态线，通过与图 1.15 中的临界状态线比较可以发现，两条直线的斜率基本相同，说明排水条件对黏土的临界状态基本没有影响。

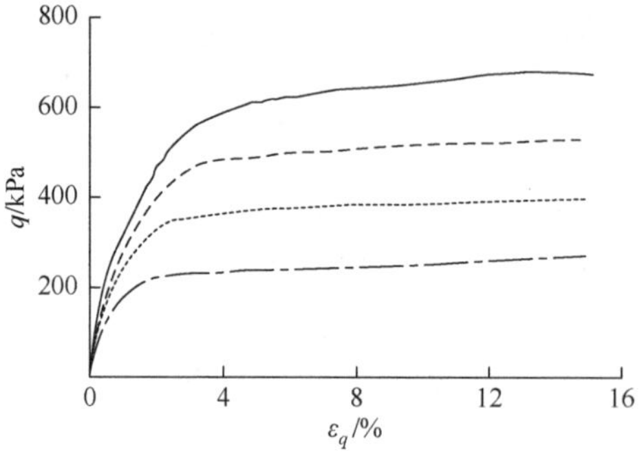

图 1.17　饱和黏土不排水剪应力-应变关系

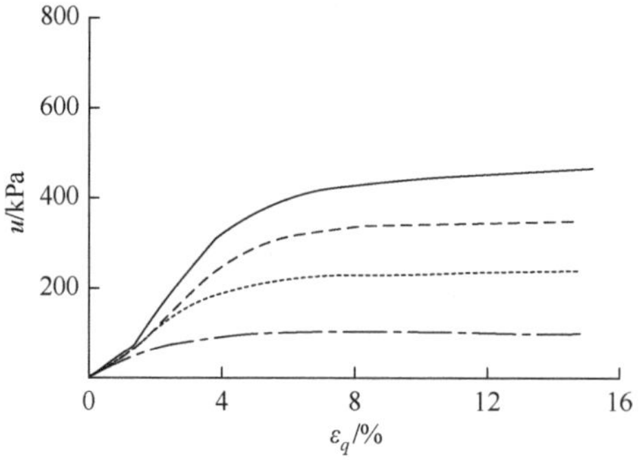

图 1.18　饱和黏土不排水孔压-剪应变关系

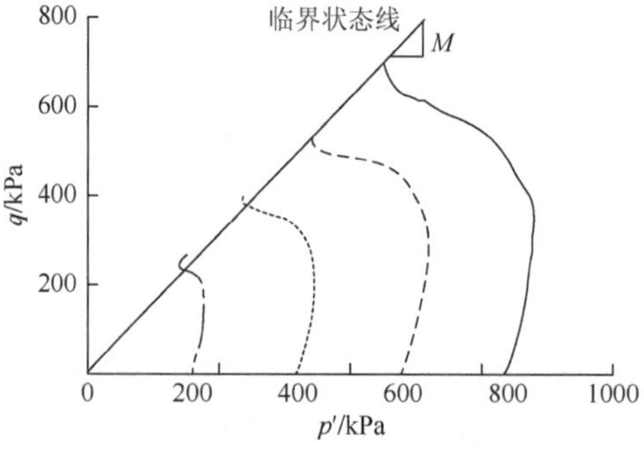

图 1.19　饱和黏土不排水应力空间的临界状态线

1.4　黏土的剪胀理论

1.4.1　剪胀的定义

与其他绝大多数材料不同，土体在剪切条件下除了发生剪切变形，还会产生体积变形，而该变形可能是体积膨胀，也可能是体积压缩，取决于土体的当前状态[1]。土体的这种剪胀特性使得对其的模拟变得非常复杂，合理地描述土体的剪胀特性是正确建立土的弹塑性本构模型的关键。土体的剪胀特性通常用剪胀来描述，在三轴空间，剪胀 d 定义为塑性体积应变增量（$\mathrm{d}\varepsilon_v^{\mathrm{p}}$）与塑性剪应变增量（$\mathrm{d}\varepsilon_q^{\mathrm{p}}$）之比，即 $d=\mathrm{d}\varepsilon_v^{\mathrm{p}}/\mathrm{d}\varepsilon_q^{\mathrm{p}}$，可以证明剪胀与塑性理论中的流动法则密切相关。

在建立土体的弹塑性本构模型时，土体的塑性变形特性由三个准则来确定，即屈服准则、流动法则和硬化法则。按照经典的塑性理论，流动法则表示为

$$\mathrm{d}\varepsilon_{ij}^{\mathrm{p}}=L\frac{\partial Q}{\partial\sigma_{ij}} \tag{1.8}$$

式中，L 为加载因子，是一个非负标量函数；Q 为塑性势函数；梯度矢量 $\frac{\partial Q}{\partial\sigma_{ij}}$ 规定了塑性应变增量矢量 $\mathrm{d}\varepsilon_{ij}^{\mathrm{p}}$ 的方向，也就是塑性势能面 $Q=0$ 在当前应力点的法线方向；塑性应变增量矢量 $\mathrm{d}\varepsilon_{ij}^{\mathrm{p}}$ 的长度或大小由加载因子 L 确定。在三轴空间，流动法则可以简化为

$$\mathrm{d}\varepsilon_v^{\mathrm{p}}=L\frac{\partial Q}{\partial p} \tag{1.9}$$

$$\mathrm{d}\varepsilon_q^{\mathrm{p}}=L\frac{\partial Q}{\partial q} \tag{1.10}$$

必须指出，除 1.1 节单向压缩变量 p 表示竖向压力外，本书其他部分变量 p 均表示平均正应力。由于 $\frac{\partial Q}{\partial p}$ 和 $\frac{\partial Q}{\partial q}$ 只是规定了 $\mathrm{d}\varepsilon_v^{\mathrm{p}}$ 和 $\mathrm{d}\varepsilon_q^{\mathrm{p}}$ 的方向或它们之间的比例，根据剪胀的定义可以将流动法则进一步简化为

$$\begin{cases}\mathrm{d}\varepsilon_v^{\mathrm{p}}=Ld\\ \mathrm{d}\varepsilon_q^{\mathrm{p}}=L\end{cases} \tag{1.11}$$

式（1.11）表明剪胀与塑性流动密切相关，因此正确描述塑性流动必须首先规定土体的剪胀。

1.4.2　经典的应力剪胀理论

1962 年 Rowe[2]假设了一组规则的圆柱堆积体，如图 1.20 所示。对该堆积体施加大主应力σ_1及小主应力σ_3，通过对其进行变形分析，推导了该圆柱体塑性体积应变增量（$d\varepsilon_v^p$）和塑性竖向应变（$d\varepsilon_1^p$）的比值与应力比 R（σ_1/σ_3）之间的关系表达式：

$$R = K_f\left(1+\frac{d\varepsilon_v^p}{d\varepsilon_1^p}\right) = K_f D \qquad (1.12)$$

式中，K_f为材料常数，其值等于$\tan^2(45°+\bar{\phi}_f/2)$，角度$\bar{\phi}_f$为等价摩擦角；$D$ 为圆柱堆积体的剪胀，表示为

$$D = 1 + d\varepsilon_v^p/d\varepsilon_1^p \qquad (1.13)$$

从式（1.12）中可以发现，剪胀 D 与应力比 R 之间有唯一的关系，即剪胀只取决于应力水平，与材料状态无关，这种关系被称为经典的应力剪胀理论。

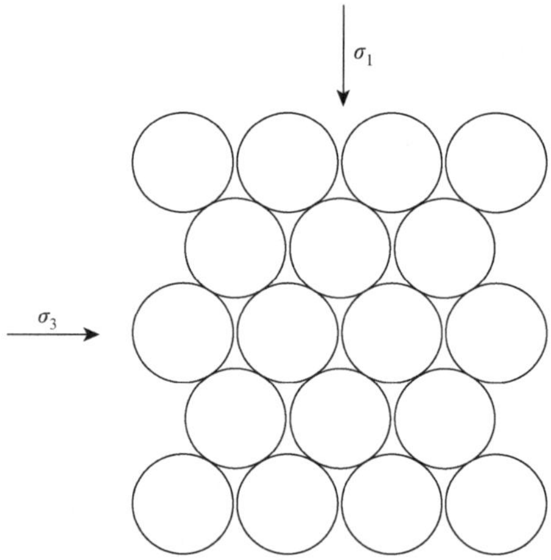

图 1.20　圆柱堆积体加载示意图

历史上在建立黏性土的本构模型时，Rowe 的应力剪胀理论得到了广泛的应用。如著名的剑桥模型中，剪胀的定义为$d = M - \eta$，式中，M 为土的临界应力比，η 为应力比。可见在应力剪胀理论中，剪胀只与土的应力状态有关，而与材料本身的状态无关。由于黏性土本身的状态（如土的密度）与应力状态相对应，故应力剪胀理论隐含了与材料密度的函数关系，能很好地描述其剪胀特性。以下为其他的一些运用应力剪胀理论的例子。

在修正剑桥模型中，剪胀的定义为

$$d=(M^2-\eta^2)/(2\eta) \tag{1.14}$$

对于一般的椭圆屈服面模型，剪胀定义为

$$d=\left(\frac{\alpha}{1-\alpha}\right)^2\frac{1-\alpha f(\alpha)}{\eta}M^2 \tag{1.15}$$

$$f(\alpha)=\frac{\alpha+\sqrt{\alpha^2-(2\alpha+1)\left[1+\left(\frac{1-\alpha}{\alpha}\right)^2\left(\frac{\eta}{M}\right)^2\right]}}{2\alpha-1} \tag{1.16}$$

式中，α 为描述剪胀的一个参数。

在水滴型椭圆屈服面模型中，剪胀定义为

$$d=2\frac{1-(\eta/M)^2}{\eta/M^2} \tag{1.17}$$

1.5　黏土的剑桥模型

英国剑桥大学 Roscoe 等[3, 4]在正常固结黏土试样的排水和不排水三轴试验的基础上，发展了 Rendulic 提出的饱和黏土有效应力和孔隙比呈唯一关系的概念，提出完全状态边界面的思想。他们假定土体是加工硬化材料，服从相关联流动规则，根据能量方程，建立剑桥模型（Cam clay model）。剑桥模型又称为临界状态模型。这个模型从理论上阐明了土体弹塑性变形特性，标志着土的本构理论发展新阶段的开始。

1.5.1　原始剑桥模型的流动法则

任何一个弹塑性本构模型的建立都必须确定屈服准则、流动法则和硬化法则，剑桥模型也不例外。在三轴空间，单位体积的外力功可以表示为

$$\mathrm{d}W=p\mathrm{d}\varepsilon_v+q\mathrm{d}\varepsilon_q \tag{1.18}$$

外力功又可以分解为弹性和塑性部分：

$$\mathrm{d}W=\mathrm{d}W^{\mathrm{e}}+\mathrm{d}W^{\mathrm{p}} \tag{1.19}$$

其中弹性部分可以表示为

$$\mathrm{d}W^{\mathrm{e}}=p\mathrm{d}\varepsilon_v^{\mathrm{e}}+q\mathrm{d}\varepsilon_q^{\mathrm{e}} \tag{1.20}$$

假设 $\mathrm{d}\varepsilon_q^{\mathrm{e}}=0$ ，可得

$$\mathrm{d}W=p\mathrm{d}\varepsilon_v^{\mathrm{e}}+\mathrm{d}W^{\mathrm{p}} \tag{1.21}$$

至于塑性功，参考滑块摩擦做功，如图 1.21 所示，其做功可以表示为

$$\mathrm{d}W = F\mathrm{d}x = N\mu\mathrm{d}x \tag{1.22}$$

式中，F 为水平荷载；N 为法向荷载；μ 为摩擦系数；dx 为水平位移。如果将临界应力比 M 看成摩擦系数，$\mathrm{d}\varepsilon_q^{\mathrm{p}}$ 看成水平位移，如图 1.22 所示，同样可得

$$\mathrm{d}W^{\mathrm{p}} = pM\mathrm{d}\varepsilon_q^{\mathrm{p}} \tag{1.23}$$

$$\mathrm{d}W = \mathrm{d}W^{\mathrm{e}} + \mathrm{d}W^{\mathrm{p}} = p\mathrm{d}\varepsilon_v^{\mathrm{e}} + pM\mathrm{d}\varepsilon_q^{\mathrm{p}} \tag{1.24}$$

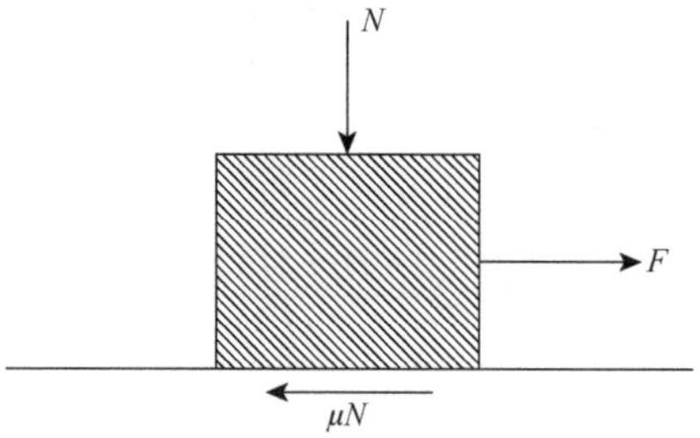

图 1.21 滑块摩擦示意图

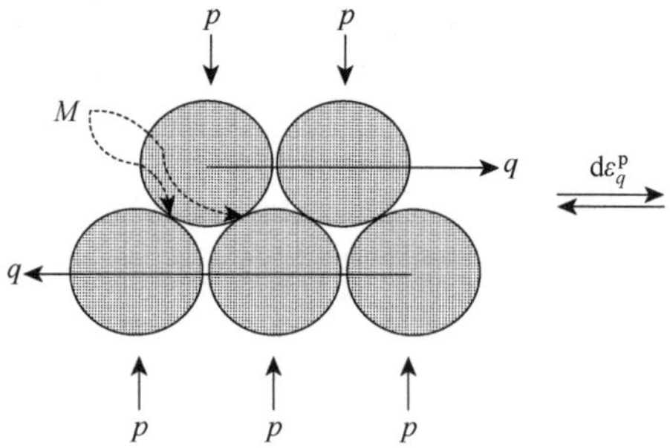

图 1.22 土体剪切做功示意图

由式（1.18）和式（1.24）可得

$$p\mathrm{d}\varepsilon_v + q\mathrm{d}\varepsilon_q = p\mathrm{d}\varepsilon_v^{\mathrm{e}} + Mp\mathrm{d}\varepsilon_q^{\mathrm{p}} \tag{1.25}$$

整理得

$$p(\mathrm{d}\varepsilon_v - \mathrm{d}\varepsilon_v^{\mathrm{e}}) = Mp\mathrm{d}\varepsilon_q^{\mathrm{p}} - q\mathrm{d}\varepsilon_q^{\mathrm{p}} \tag{1.26}$$

$$\mathrm{d}\varepsilon_v^{\mathrm{p}} = \frac{Mp\mathrm{d}\varepsilon_q^{\mathrm{p}} - q\mathrm{d}\varepsilon_q^{\mathrm{p}}}{p} = \left(M - \frac{q}{p}\right)\mathrm{d}\varepsilon_q^{\mathrm{p}} \tag{1.27}$$

$$\frac{\mathrm{d}\varepsilon_v^{\mathrm{p}}}{\mathrm{d}\varepsilon_q^{\mathrm{p}}} = M - \frac{q}{p} \tag{1.28}$$

根据剪胀的定义，整理式（1.28）可得

$$d = M - \eta \tag{1.29}$$

式（1.29）为原始剑桥模型剪胀方程，也是流动法则。很显然，原始剑桥模型是采用经典的应力剪胀理论。

1.5.2　原始剑桥模型的屈服函数

由于原始剑桥模型采用的是相关联的流动法则，在三轴空间，可得

$$\frac{\mathrm{d}q}{\mathrm{d}p} = -\frac{\mathrm{d}\varepsilon_v^{\mathrm{p}}}{\mathrm{d}\varepsilon_q^{\mathrm{p}}} \tag{1.30}$$

将式（1.28）代入式（1.30），整理得

$$\frac{\mathrm{d}q}{\mathrm{d}p} = -\left(M - \frac{q}{p}\right) = \frac{q}{p} - M \tag{1.31}$$

式（1.31）为微分形式的原始剑桥模型屈服面。

应力比 $\eta = q / p$， $q = \eta p$，对 q 进行微分可得

$$\mathrm{d}q = \eta \mathrm{d}p + p\mathrm{d}\eta \tag{1.32}$$

$$\frac{\eta \mathrm{d}p + p\mathrm{d}\eta}{\mathrm{d}p} = \eta - M \tag{1.33}$$

整理得

$$\mathrm{d}\eta + M\frac{\mathrm{d}p}{p} = 0 \tag{1.34}$$

对式（1.34）进行积分可得

$$\int \mathrm{d}\eta + M\int \frac{1}{p}\mathrm{d}p = 0 \tag{1.35}$$

从而可得

$$\eta + M\ln p + c = 0 \tag{1.36}$$

或

$$\frac{q}{p} + M\ln p + c = 0 \tag{1.37}$$

式中，c 为材料常数。当 $q = 0$ 时，$c = -M\ln p_0$，p_0 为屈服面与 p 轴交点的值。式（1.37）可以写成如下屈服函数的格式：

$$f = \frac{q}{p} + M\ln\frac{p}{p_0} = 0 \tag{1.38}$$

式（1.38）就是原始剑桥模型的屈服面。

1.5.3　原始剑桥模型的硬化规律

在 1.2 节中，通过等向固结试验得到了正常压缩线和回弹线，建立了等向压缩和回弹过程中孔隙比 e 与有效平均正应力 p 的关系，如式（1.6）和式（1.7）所示，对这两个方程式进行微分可得

$$\mathrm{d}e=-\lambda \mathrm{d}\ln p=-\lambda\frac{\mathrm{d}p}{p} \tag{1.39}$$

$$\mathrm{d}e^{\mathrm{e}}=-\kappa \mathrm{d}\ln p=-\kappa\frac{\mathrm{d}p}{p} \tag{1.40}$$

因此，

$$\mathrm{d}e^{\mathrm{p}}=\mathrm{d}e-\mathrm{d}e^{\mathrm{e}}=-(\lambda-\kappa)\frac{\mathrm{d}p}{p} \tag{1.41}$$

$$\mathrm{d}\varepsilon_v^{\mathrm{p}}=-\frac{\mathrm{d}e^{\mathrm{p}}}{1+e_0}=\frac{\lambda-\kappa}{1+e_0}\frac{\mathrm{d}p}{p} \tag{1.42}$$

式中，e_0 为初始孔隙比。因为塑性体积应变都是发生于塑性势能面上加载的情况，所以有

$$\mathrm{d}\varepsilon_v^{\mathrm{p}}=-\frac{\mathrm{d}e^{\mathrm{p}}}{1+e_0}=\frac{\lambda-\kappa}{1+e_0}\frac{\mathrm{d}p_0}{p_0} \tag{1.43}$$

式（1.43）即为原始剑桥模型的硬化方程，显然原始剑桥模型采用 $\varepsilon_v^{\mathrm{p}}$ 作为硬化参数。

1.5.4　原始剑桥模型

根据相容性条件，对屈服面进行求导，可得

$$\mathrm{d}f=\frac{\partial f}{\partial p}\mathrm{d}p+\frac{\partial f}{\partial q}\mathrm{d}q+\frac{\partial f}{\partial \varepsilon_v^{\mathrm{p}}}\mathrm{d}\varepsilon_v^{\mathrm{p}}=0 \tag{1.44}$$

式中

$$\frac{\partial f}{\partial p}=\frac{\partial(q/p+M\ln p-M\ln p_0)}{\partial p}=-\frac{q}{p^2}+\frac{M}{p}=\frac{M-\eta}{p} \tag{1.45}$$

$$\frac{\partial f}{\partial q}=\frac{\partial(q/p+M\ln p-M\ln p_0)}{\partial q}=\frac{1}{p} \tag{1.46}$$

$$\frac{\partial f}{\partial \varepsilon_v^{\mathrm{p}}}=\frac{\partial f}{\partial p_0}\frac{\partial p_0}{\partial \varepsilon_v^{\mathrm{p}}}=\frac{\partial(q/p+M\ln p-M\ln p_0)}{\partial p_0}\frac{\partial p_0}{\partial \varepsilon_v^{\mathrm{p}}}=-\frac{M}{p_0}\frac{\partial p_0}{\partial \varepsilon_v^{\mathrm{p}}} \tag{1.47}$$

将式（1.42）代入式（1.47），可得

$$\frac{\partial f}{\partial \varepsilon_v^{\mathrm{p}}}=-\frac{M}{p_0}\frac{\partial p_0}{\partial \varepsilon_v^{\mathrm{p}}}=-\frac{M(1+e_0)}{\lambda-\kappa} \tag{1.48}$$

将式（1.45）、式（1.46）和式（1.48）代入式（1.44），可得

$$\mathrm{d}f=\frac{M-\eta}{p}\mathrm{d}p+\frac{1}{p}\mathrm{d}q-\frac{M(1+e_0)}{\lambda-\kappa}\mathrm{d}\varepsilon_v^{\mathrm{p}}=0 \tag{1.49}$$

根据原始剑桥模型的流动法则，即式（1.29），可得

$$\mathrm{d}\varepsilon_v^{\mathrm{p}}=(M-\eta)\mathrm{d}\varepsilon_q^{\mathrm{p}} \tag{1.50}$$

由于假设 $\mathrm{d}\varepsilon_q^{\mathrm{e}}=0$，式（1.50）可以改写为

$$\mathrm{d}\varepsilon_v^{\mathrm{p}}=(M-\eta)\mathrm{d}\varepsilon_q \tag{1.51}$$

此外

$$\mathrm{d}p=K\mathrm{d}\varepsilon_v^{\mathrm{e}}=K(\mathrm{d}\varepsilon_v-\mathrm{d}\varepsilon_v^{\mathrm{p}})=K\mathrm{d}\varepsilon_v-K(M-\eta)\mathrm{d}\varepsilon_q \tag{1.52}$$

式中，K 为体积模量，$K=\frac{1+e_0}{\kappa}p$。整理式（1.49）可得

$$\mathrm{d}q=\frac{Mp(1+e_0)}{\lambda-\kappa}\mathrm{d}\varepsilon_v^{\mathrm{p}}-(M-\eta)\mathrm{d}p \tag{1.53}$$

将式（1.51）和式（1.52）代入式（1.53）可得

$$\begin{aligned}\mathrm{d}q&=\frac{Mp(1+e_0)(M-\eta)}{\lambda-\kappa}\mathrm{d}\varepsilon_q-K(M-\eta)\mathrm{d}\varepsilon_v+K(M-\eta)^2\mathrm{d}\varepsilon_q\\&=\left[\frac{Mp(1+e_0)(M-\eta)}{\lambda-\kappa}+K(M-\eta)^2\right]\mathrm{d}\varepsilon_q-K(M-\eta)\mathrm{d}\varepsilon_v\end{aligned} \tag{1.54}$$

将式（1.53）和式（1.54）写成矩阵形式：

$$\begin{Bmatrix}\mathrm{d}p\\ \mathrm{d}q\end{Bmatrix}=\begin{bmatrix}K & -K(M-\eta)\\ -K(M-\eta) & \dfrac{Mp(1+e_0)(M-\eta)}{\lambda-\kappa}+K(M-\eta)^2\end{bmatrix}\begin{Bmatrix}\mathrm{d}\varepsilon_v\\ \mathrm{d}\varepsilon_q\end{Bmatrix} \tag{1.55}$$

上述矩阵就是原始剑桥模型的应力-应变关系。模型包括 5 个参数：e_0、λ、κ、M、K，这 5 个参数都可以通过试验得到。

1.5.5　修正剑桥模型

原始剑桥模型于 1963 年被提出，但模型的屈服面与 p 轴不正交，将导致各向同性加载时产生塑性剪应变，这显然不符合实际情况。为了解决这个问题，Roscoe 和 Burland[5]于 1968 年提出了著名的修正剑桥模型。修正剑桥模型与原始剑桥模型的主要区别在于屈服函数和剪胀方程的不同，前者采用的剪胀方程为

$$d=(M^2-\eta^2)/2\eta \tag{1.56}$$

修正剑桥模型的屈服函数为

$$f = M^2 p^2 + M^2 pq + q^2 = 0 \tag{1.57}$$

通过 1.5.4 节一样的推导，也可得到修正剑桥模型的表达式。

1.6　工程上常用的土体本构模型

作为最早真正意义上的弹塑性模型，剑桥模型在模拟正常固结饱和黏土方面得到了广泛的应用，但也存在一些问题，如不能反映土体的应变软化特性，不能反映体积膨胀等[6]。目前，一些土体本构模型在国内工程界得到了广泛的应用，如邓肯-张模型和南水模型[7]。

1.6.1　邓肯-张模型

弹性非线性模型根据广义胡克定律建立弹性矩阵$[D]$，不过考虑到土体应力-应变的非线性，包含在矩阵$[D]$中的弹性模量 E 和泊松比ν不再为常量，而是随着应力状态变化而改变。邓肯（Duncan）和张（Chang）[8]据此提出了著名的土体弹性非线性双曲线模型。

根据康纳（Kondner）[9]的建议，在常规三轴试验中，当围压σ_3不变时，$(\sigma_1-\sigma_3)$-ε_1函数关系与ε_1-ε_3函数关系可以近似地用双曲线来描述，如图 1.23 所示，其公式为

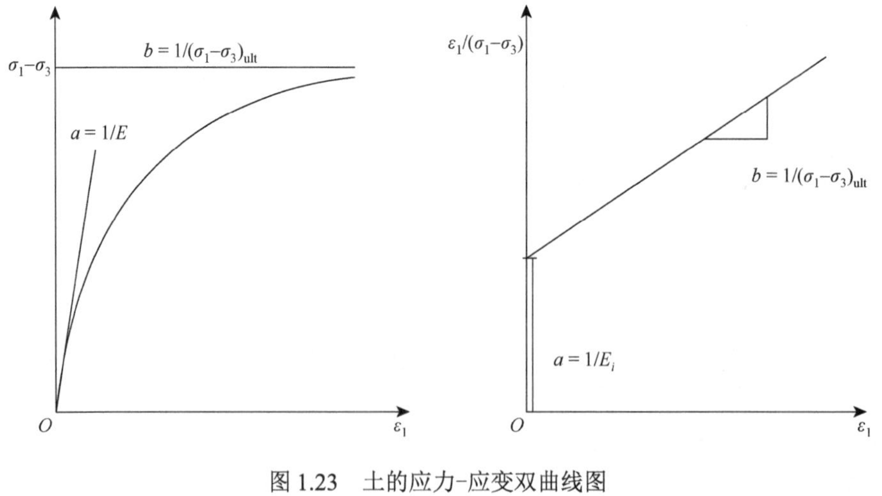

图 1.23　土的应力-应变双曲线图

$$\sigma_1-\sigma_3=\frac{\varepsilon_1}{a+b\varepsilon_1} \tag{1.58}$$

$$\varepsilon_3=\frac{f\varepsilon_1}{1-\mathrm{d}\varepsilon_1} \tag{1.59}$$

依据以上两个基本假定关系，提出了目前被国内工程界广泛应用的增量弹性非线性模型，即邓肯-张模型。该模型中的切线杨氏模量 E_t 和切线泊松比 ν_t 是应力的函数，表达式为

$$E_t=\left[1-\frac{R_f(1-\sin\varphi)(\sigma_1-\sigma_3)}{2c\cos\varphi+2\sigma_3\sin\varphi}\right]^2 KP_a\left(\frac{\sigma_3}{P_a}\right)^n \tag{1.60}$$

$$\nu_t=\frac{\mathrm{d}\varepsilon_3}{\mathrm{d}\varepsilon_1}=\frac{G-F\lg\left(\dfrac{\sigma_3}{P_a}\right)^n}{1-\dfrac{D(\sigma_1-\sigma_1)}{\left[1-\dfrac{R_f(1-\sin\varphi)(\sigma_1-\sigma_3)}{2c\cos\varphi-2\sigma_3\sin\varphi}\right]KP_a\left(\dfrac{\sigma_3}{P_a}\right)^n}} \tag{1.61}$$

$$R_f=\frac{(\sigma_1-\sigma_3)_f}{(\sigma_1-\sigma_3)_{ult}} \tag{1.62}$$

$$(\sigma_1-\sigma_3)_f=\frac{2c\cos\varphi+2\sigma_3\sin\varphi}{1-\sin\varphi} \tag{1.63}$$

式（1.60）～式（1.63）中，K、n、R_f、G、F、D 为模型参数；R_f 为破坏比；$(\sigma_1-\sigma_3)_{ult}$ 为极限剪应力；$(\sigma_1-\sigma_3)_f$ 为破坏剪应力；c 为黏聚力；φ 为内摩擦角。

为了反映土体变形与不可恢复部分，模型在弹性理论范围内，采用卸载-重复加载模量不同于初始加载模量的方法，卸载和重复加载的回弹模量表达式为

$$E_{ur}=K_{ur}\left(\frac{\sigma_3}{P_a}\right)^n \tag{1.64}$$

式中，E_{ur} 为回弹模量，一般取 $K_{ur}=(1.5\sim3)K$，式（1.60）～式（1.64）构成了邓肯-张 E-ν 模型，共 9 个参数。

1980 年，Duncan 等提出了修正模型[10]，用切线体积模量 K_t 替换原模型中的切线泊松比 ν_t，假定 K_t 与围压 σ_3 关系采用 Janbu 公式形式：

$$K_t=\frac{\mathrm{d}\sigma}{\mathrm{d}\varepsilon_v}=B_bP_a\left(\frac{\sigma_3}{P_a}\right)^m \tag{1.65}$$

式中，K_b、m 分别为切线体积模量和指数，式（1.60）～式（1.65）共同构成了邓肯-张 E-B 模型，模型共 9 个参数。

邓肯-张模型具有以下特点：

（1）模型中 E，ν 或 B 为应力的函数，随应力的变化而变化，反映了土体非线性变形特征，非线性是土体变形最显著的特征，而模型反映了土体在加载一开始就存在显著的非线性。

（2）模型适当地反映了土体剪切变形随应力水平的增加而增加，随围压的增加而减小的特征；反映了土体体积变形随围压的增大而减小的特征。

（3）模型将初始加载模量与卸载-再加载模量区分开来，初始加载时，模量小、变形大，卸载-再加载模量大、变形小，因而近似反映土体不可恢复的塑性变形。

当然，模型也有其固有的不足，如不能反映土体的剪胀性，不能反映土体的软化及土体的各向异性。

邓肯-张模型反映了土体变形的主要规律，因而在学术和工程界得到广泛的应用，主要因为该模型理论简单，模型参数不多，有较为明确的物理意义，通过常规三轴试验就能确定。而且在广泛的应用过程中，积累了丰富的使用经验，掌握了对各种土体模型所需参数的变化规律、范围，从而使计算结果较为可靠。

1.6.2　南水模型

沈珠江在 1990 年第五届全国土力学及基础工程学术讨论会上提出了椭圆-幂函数双屈服面模型。他把屈服面看作弹性区域的边界，用塑性系数的概念代替传统的硬化参数概念，其重要的特点是可以利用大家熟知的邓肯-张模型参数进行计算，从而方便推广，具体思想如下[11]。

采用下列双屈服面：

$$f_1 = p^2 + r^2\tau^2 \tag{1.66}$$

$$f_2 = \tau^s / p \tag{1.67}$$

式中，$p=\dfrac{1}{3}(\sigma_1+\sigma_2+\sigma_3)$；$\tau=\dfrac{1}{2}[(\sigma_1-\sigma_2)^2+(\sigma_2-\sigma_3)^2+(\sigma_3-\sigma_1)^2]^{1/2}$，为剪应力，可以取不同的形式，这里以八面体剪应力为例；r 为椭圆的长短轴之比；s 为幂次，对于堆石料，两个值都建议取 2。应变增量按式（1.68）和式（1.69）计算：

$$\{\Delta\varepsilon^{\mathrm{p}}\} = A_1\{n_1\}\left\{\frac{\partial f_1}{\partial\sigma}\right\}\{\Delta\sigma\} + A_2\{n_2\}\left\{\frac{\partial f_2}{\partial\sigma}\right\}\{\Delta\sigma\} \tag{1.68}$$

$$\Delta\varepsilon_{ij} = \Delta\varepsilon_{ij}^{\mathrm{e}} + A_1\Delta f_1\frac{\partial f_1}{\partial\sigma_{ij}} + A_2\Delta f_2\frac{\partial f_2}{\partial\sigma_{ij}} = [D]^{-1}\{\Delta\sigma\} + A_1\Delta f_1\frac{\partial f_1}{\partial\sigma_{ij}} + A_2\Delta f_2\frac{\partial f_2}{\partial\sigma_{ij}} \tag{1.69}$$

写成具体形式为

$$\Delta\varepsilon_v=\frac{\Delta p}{K}+A_1\frac{\partial f_1}{\partial p}\Delta f_1+A_2\frac{\partial f_2}{\partial p}\Delta f_2=\frac{\Delta p}{K}+\left(4p^2A_1+\frac{\tau^{2s}}{p^4}A_2\right)\Delta p+\left(4r^2p\tau A_1-\frac{s\tau^{2s}}{p^3\tau}A_2\right)\Delta\tau \tag{1.70}$$

$$\Delta\varepsilon_q=\frac{\Delta\tau}{G}+\frac{2}{3}\left(A_1\frac{\partial f_1}{\partial q}\Delta f_1+A_2\frac{\partial f_2}{\partial q}\Delta f_2\right)=\frac{\Delta\tau}{G}+\frac{2}{3}\left[\left(4r^4\tau^2A_1+\frac{s^2\tau^{2s}}{p^2\tau^2}A_2\right)\Delta q+\left(4r^2p\tau A_1-\frac{s\tau^{2s}}{p^3\tau}A_2\right)\Delta p\right] \tag{1.71}$$

或表示为

$$\{\Delta\sigma\}=[D]_{\text{ep}}\{\Delta\varepsilon\} \tag{1.72}$$

式中，A_1、A_2为相应于屈服面f_1、f_2的塑性系数，为非负数；$\{n_1\}$、$\{n_2\}$为屈服面法线的方向余弦。设$f_{1\max}$和$f_{2\max}$为历史上最大的f_1和f_2，则当$f_1>f_{1\max}$且$f_2>f_{2\max}$时判为全加荷，A_1和A_2均大于零；当$f_1\leqslant f_{1\max}$或$f_2\leqslant f_{2\max}$时判为部分加荷，$A_1=0$或$A_2=0$；当$f_1\leqslant f_{1\max}$且$f_2\leqslant f_{2\max}$时判为全卸荷，$A_1=A_2=0$。$[D]$为弹性矩阵；$[D]_{\text{ep}}$为弹塑性矩阵。

针对常规三轴试验：

$$\Delta p=\frac{1}{3}(\Delta\sigma_1+2\Delta\sigma_3)=\frac{\Delta\sigma_1}{3} \tag{1.73}$$

$$\Delta\tau=\Delta\sigma_1-\Delta\sigma_3=\Delta\sigma_1 \tag{1.74}$$

$$\Delta\varepsilon_v=\Delta\varepsilon_1+2\Delta\varepsilon_3 \tag{1.75}$$

$$\Delta\varepsilon_q=(2/3)[(\Delta\varepsilon_1-\Delta\varepsilon_2)^2+(\Delta\varepsilon_2-\Delta\varepsilon_3)^2+(\Delta\varepsilon_3-\Delta\varepsilon_1)^2]^{1/2} \tag{1.76}$$

$$E_{\text{t}}=\frac{\Delta\sigma_1}{\Delta\varepsilon_1},\quad \mu_{\text{t}}=-\frac{\Delta\varepsilon_3}{\Delta\varepsilon_1} \tag{1.77}$$

将式（1.73）～式（1.77）代入式（1.70）和式（1.71），可求得A_1和A_2为

$$A_1=\frac{r^2\left(\dfrac{9}{E_{\text{t}}}-\dfrac{3\mu_{\text{t}}}{E_{\text{t}}}-\dfrac{3}{G_{\text{ur}}}\right)+2s\left(\dfrac{3\mu_{\text{t}}}{E_{\text{t}}}-\dfrac{1}{B_{\text{ur}}}\right)}{(s+\eta^2r^2)(1+\eta r^2)} \tag{1.78}$$

$$A_2=\frac{\left(\dfrac{9}{E_{\text{t}}}-\dfrac{3\mu_{\text{t}}}{E_{\text{t}}}-\dfrac{3}{G_{\text{e}}}\right)-r^2\eta\left(\dfrac{3\mu_{\text{t}}}{E_{\text{t}}}-\dfrac{1}{B_{\text{e}}}\right)}{(s+\eta^2r^2)(s-\eta)} \tag{1.79}$$

式（1.78）和式（1.79）中，$\eta=\tau/p$；E_{t}为邓肯-张模型中的切线杨氏模量，按式（1.60）计算。体变部分将邓肯-张模型的切线泊松比改用切线体积比$\mu_{\text{t}}=\dfrac{\Delta\varepsilon_v}{\Delta\varepsilon_1}$，并按式（1.80）计算：

$$\mu_{\mathrm{t}}=2c_{\mathrm{d}}\left(\frac{\sigma_3}{P_{\mathrm{a}}}\right)^{n_{\mathrm{d}}}\frac{E_{\mathrm{i}}R_{\mathrm{s}}}{\sigma_1-\sigma_3}\frac{1-R_{\mathrm{d}}}{R_{\mathrm{d}}}\left(1-\frac{R_{\mathrm{s}}}{1-R_{\mathrm{s}}}\frac{1-R_{\mathrm{d}}}{R_{\mathrm{d}}}\right) \tag{1.80}$$

式中，c_{d}、n_{d} 和 R_{d} 为代替 G、F、D 的另外三个参数，c_{d} 的物理意义为 $\sigma_3=P_{\mathrm{a}}$ 时的最大收缩体应变；n_{d} 为收缩体应变随 σ_3 的增加而增加的幂次；R_{d} 为发生最大收缩时的 $(\sigma_1-\sigma_3)_{\mathrm{d}}$ 与极限值 $(\sigma_1-\sigma_3)_{\mathrm{ult}}$ 之比。回弹时的体积模量 (E_{ur}) 和剪切模量 (G_{ur}) 按式（1.81）～式（1.83）计算：

$$K_{\mathrm{ur}}=\frac{E_{\mathrm{ur}}}{3(1-2\nu)} \tag{1.81}$$

$$G_{\mathrm{ur}}=\frac{E_{\mathrm{ur}}}{3(1+\nu)} \tag{1.82}$$

$$E_{\mathrm{ur}}=K_{\mathrm{ur}}P_{\mathrm{a}}\left(\frac{\sigma_3}{P_{\mathrm{a}}}\right)^{n} \tag{1.83}$$

应用普朗特-罗伊斯（Prandtl-Reuss）流动法则可以推出应力-应变关系：

$$\Delta p=B_p\Delta\varepsilon_v-P\frac{\Delta e_{\mathrm{hk}}}{\sigma_{\mathrm{s}}}\Delta e_{\mathrm{hk}} \tag{1.84}$$

$$\Delta s_{ij}=2G\Delta e_{ij}-P\frac{\Delta s_{ij}}{\sigma_{\mathrm{s}}}\Delta\varepsilon_v-Q\frac{s_{ij}s_{\mathrm{hk}}}{\sigma_{\mathrm{s}}^2}\Delta e_{\mathrm{hk}} \tag{1.85}$$

$$\Delta\sigma_{ij}=\Delta p+\Delta s_{ij} \tag{1.86}$$

将式（1.72）展开后，可得弹塑性矩阵 $[D]_{\mathrm{ep}}$ 的具体形式为

$$\left[\begin{matrix}
\left(B_{\mathrm{p}}+\frac{4}{3}G\right)-\frac{P}{\sigma_{\mathrm{s}}}(s_{11}+s_{11})-Q\frac{s_{11}}{\sigma_{\mathrm{s}}^2}s_{11} & \left(B_{\mathrm{p}}-\frac{2}{3}G\right)-\frac{P}{\sigma_{\mathrm{s}}}(s_{11}+s_{22})-Q\frac{s_{11}}{\sigma_{\mathrm{s}}^2}s_{22} \\
\left(B_{\mathrm{p}}-\frac{2}{3}G\right)-\frac{P}{\sigma_{\mathrm{s}}}(s_{11}+s_{22})-Q\frac{s_{22}}{\sigma_{\mathrm{s}}^2}s_{11} & \left(B_{\mathrm{p}}+\frac{4}{3}G\right)-\frac{P}{\sigma_{\mathrm{s}}}(s_{22}+s_{22})-Q\frac{s_{22}}{\sigma_{\mathrm{s}}^2}s_{22} \\
\left(B_{\mathrm{p}}-\frac{2}{3}G\right)-\frac{P}{\sigma_{\mathrm{s}}}(s_{11}+s_{33})-Q\frac{s_{33}}{\sigma_{\mathrm{s}}^2}s_{11} & \left(B_{\mathrm{p}}-\frac{2}{3}G\right)-\frac{P}{\sigma_{\mathrm{s}}}(s_{22}+s_{33})-Q\frac{s_{33}}{\sigma_{\mathrm{s}}^2}s_{22} \\
-\frac{P}{\sigma_{\mathrm{s}}}s_{12}-Q\frac{s_{12}}{\sigma_{\mathrm{s}}^2}s_{11} & -\frac{P}{\sigma_{\mathrm{s}}}s_{12}-Q\frac{s_{12}}{\sigma_{\mathrm{s}}^2}s_{22} \\
-\frac{P}{\sigma_{\mathrm{s}}}s_{13}-Q\frac{s_{13}}{\sigma_{\mathrm{s}}^2}s_{11} & -\frac{P}{\sigma_{\mathrm{s}}}s_{13}-Q\frac{s_{13}}{\sigma_{\mathrm{s}}^2}s_{22} \\
-\frac{P}{\sigma_{\mathrm{s}}}s_{23}-Q\frac{s_{23}}{\sigma_{\mathrm{s}}^2}s_{11} & -\frac{P}{\sigma_{\mathrm{s}}}s_{23}-Q\frac{s_{23}}{\sigma_{\mathrm{s}}^2}s_{22}
\end{matrix}\right.$$

$$
\left.\begin{matrix}
\left(B_{\mathrm{p}}-\dfrac{2}{3}G\right)-\dfrac{P}{\sigma_{\mathrm{s}}}(s_{11}+s_{33})-Q\dfrac{s_{11}}{\sigma_{\mathrm{s}}^{2}}s_{33} & s_{12}\left[-\dfrac{P}{\sigma_{\mathrm{s}}}-Q\dfrac{s_{11}}{\sigma_{\mathrm{s}}^{2}}\right] & s_{13}\left[-\dfrac{P}{\sigma_{\mathrm{s}}}-Q\dfrac{s_{11}}{\sigma_{\mathrm{s}}^{2}}\right] & s_{23}\left[-\dfrac{P}{\sigma_{\mathrm{s}}}-Q\dfrac{s_{11}}{\sigma_{\mathrm{s}}^{2}}\right] \\
\left(B_{\mathrm{p}}-\dfrac{2}{3}G\right)-\dfrac{P}{\sigma_{\mathrm{s}}}(s_{22}+s_{33})-Q\dfrac{s_{22}}{\sigma_{\mathrm{s}}^{2}}s_{33} & s_{12}\left[-\dfrac{P}{\sigma_{\mathrm{s}}}-Q\dfrac{s_{22}}{\sigma_{\mathrm{s}}^{2}}\right] & s_{13}\left[-\dfrac{P}{\sigma_{\mathrm{s}}}-Q\dfrac{s_{22}}{\sigma_{\mathrm{s}}^{2}}\right] & s_{23}\left[-\dfrac{P}{\sigma_{\mathrm{s}}}-Q\dfrac{s_{22}}{\sigma_{\mathrm{s}}^{2}}\right] \\
\left(B_{\mathrm{p}}+\dfrac{4}{3}G\right)-\dfrac{P}{\sigma_{\mathrm{s}}}(s_{33}+s_{33})-Q\dfrac{s_{33}}{\sigma_{\mathrm{s}}^{2}}s_{33} & s_{12}\left[-\dfrac{P}{\sigma_{\mathrm{s}}}-Q\dfrac{s_{33}}{\sigma_{\mathrm{s}}^{2}}\right] & s_{13}\left[-\dfrac{P}{\sigma_{\mathrm{s}}}-Q\dfrac{s_{33}}{\sigma_{\mathrm{s}}^{2}}\right] & s_{23}\left[-\dfrac{P}{\sigma_{\mathrm{s}}}-Q\dfrac{s_{33}}{\sigma_{\mathrm{s}}^{2}}\right] \\
-\dfrac{P}{\sigma_{\mathrm{s}}}s_{12}-Q\dfrac{s_{12}}{\sigma_{\mathrm{s}}^{2}}s_{33} & -\left(G-Q\dfrac{s_{12}}{\sigma_{\mathrm{s}}^{2}}\right)s_{12} & -Q\dfrac{s_{12}}{\sigma_{\mathrm{s}}^{2}}s_{13} & -Q\dfrac{s_{12}}{\sigma_{\mathrm{s}}^{2}}s_{23} \\
-\dfrac{P}{\sigma_{\mathrm{s}}}s_{13}-Q\dfrac{s_{13}}{\sigma_{\mathrm{s}}^{2}}s_{33} & -Q\dfrac{s_{13}}{\sigma_{\mathrm{s}}^{2}}s_{12} & \left(G-Q\dfrac{s_{13}}{\sigma_{\mathrm{s}}^{2}}s_{13}\right) & -Q\dfrac{s_{13}}{\sigma_{\mathrm{s}}^{2}}s_{23} \\
-\dfrac{P}{\sigma_{\mathrm{s}}}s_{23}-Q\dfrac{s_{23}}{\sigma_{\mathrm{s}}^{2}}s_{33} & -Q\dfrac{s_{23}}{\sigma_{\mathrm{s}}^{2}}s_{12} & -Q\dfrac{s_{23}}{\sigma_{\mathrm{s}}^{2}}s_{13} & -\left(G-Q\dfrac{s_{23}}{\sigma_{\mathrm{s}}^{2}}s_{23}\right)
\end{matrix}\right]
$$

南水模型具有以下特点。

（1）南水模型为弹塑性模型，在理论上比较接近土体应力变形的实际情况，理论体系比较严密；

（2）体积应变和轴向应变 ε_v-ε_a 的抛物线假设，使其能够反映土体的剪胀性；

（3）模型的大部分参数与邓肯-张模型的参数一致，参数获取简单，且与邓肯-张模型一样在工程分析中积累了大量的经验。

参 考 文 献

[1] 蔡正银，李相菘. 砂土的剪胀理论及其本构模型的发展. 岩土工程学报，2007，(8)：13-19.

[2] Rowe P W. The stress-dilatancy relation for static equilibrium of an assembly of particles in contact//Proceedings of Royal Society，London，1962：500-527.

[3] Roscoe K H，Schofield A N，Wroth C P. On the yielding of soils.Geotechnique，1958，8（1）：22-53.

[4] Roscoe K H，Poorooshasb H B. A fundamental principle of similarity in model tests for earth pressure problem//Proceedings of the 2nd Regional Conference on SMFE，Tokyo，1963：134-140.

[5] Roscoe K H，Burland J B. On the generalized stress strain behavior of “Wet” clay//Hoyman J，Leekie F A. Engineering Plasticity. Cambridge：Cambridge University Press，1968.

[6] 姚仰平. UH 模型系列研究. 岩土工程学报，2015，37（2）：193-217.

[7] 黄茂松，姚仰平，尹振宇，等. 土的基本特性及本构关系与强度理论. 土木工程学报，2016，(7)：9-35.

[8] Duncan J M，Chang C Y. Nonlinear analysis of stress and strain in soils. Journal of the Soil Mechanic and Foundation Engineering Division ASCE，1970，(SM5)：1629-1633.

[9] Kondner R L. Hyperbolic stress strain response：Cohesive soils. Journal of the Soil Mechanics and Foundations Divisionf，ASCE，1963，89（1）：115.

[10] Duncan J M，Wong K S，Mabry P. Report No. UCB/GT/SO-01. Los Angeles：University of California，1980.

[11] 沈珠江. 理论土力学. 北京：中国水利水电出版社，2000.

第 2 章　砂土的变形特性与本构理论

一般认为，松砂受剪时体积缩小，其应力-应变关系为应变硬化，表现为正常固结黏土的特性，而紧砂受剪时体积增大，其应力-应变关系为应变软化，表现为超固结黏土的特性，如图 2.1 所示。这个认识只有在排水条件下才是基本正确的。事实上，在高围压条件下，无论紧砂还是松砂，排水剪切时都会发生体积压缩，应力-应变关系都表现为应变硬化。不排水条件下，砂土剪切时的变形特性正好相反，即松砂产生正孔隙水压力，其应力-应变关系表现为塑性流动，而紧砂产生负孔隙水压力，其应力-应变关系表现为应变硬化。

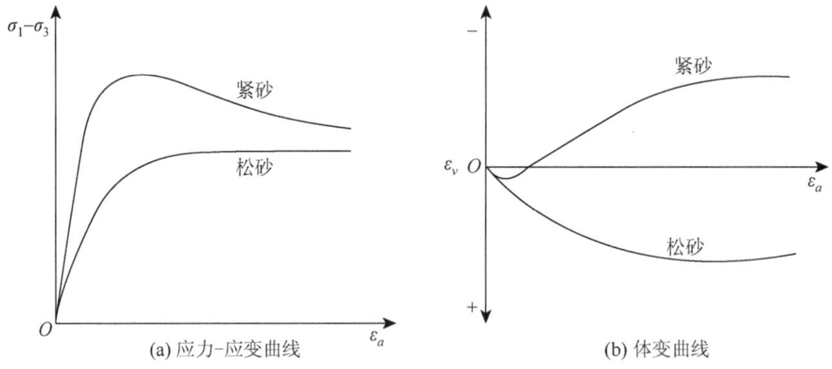

图 2.1　砂土的应力-应变曲线与体变曲线

显然，砂土的变形特性取决于两个关键因素，即砂土的密度（孔隙比）和应力水平（围压）。对于正常固结的黏土，孔隙比和围压之间的关系一一对应，这已被大量的固结试验所证实。对于砂土，这种关系是不存在的，如砂土在制样时，可以人为地制备得松一点或紧一点，而此时的应力水平基本为零，即同一应力水平下砂土可以有不同的密度。基于这一点考虑，有人将砂土称为“二元”材料，而将黏土称为“一元”材料，其本质上的区别在于是否考虑密度和应力水平之间的关系。

本章首先介绍砂土的压缩与剪切特性，然后叙述砂土的各种状态与剪胀理论，重点介绍砂土的状态相关本构方程，以及如何模拟砂土的各种变形特性。

2.1　砂土的压缩特性

很少有人关心砂土的“固结”，这是由于砂土的渗透性很好，固结时间很短，因此一般将此过程称为压缩。第 1 章介绍了黏土的压缩特性，其正常固结线（等向固结）只有一条，而且平行于临界状态线，这是黏土很重要的性质，也是建立黏土本构模型的基础。对于砂土，情况完全不同。砂土的初始密度可以人为地控制，其松紧程度与应力水平无关。

图 2.2 为典型的砂土压缩曲线，从图中可以发现，由于砂土的初始密度可以不同，因此其正常压缩曲线也可以是任意的，而不具有唯一性。所有的砂土压缩曲线互相不平行，也不平行于临界状态线，这与黏土的固结特性完全不同。

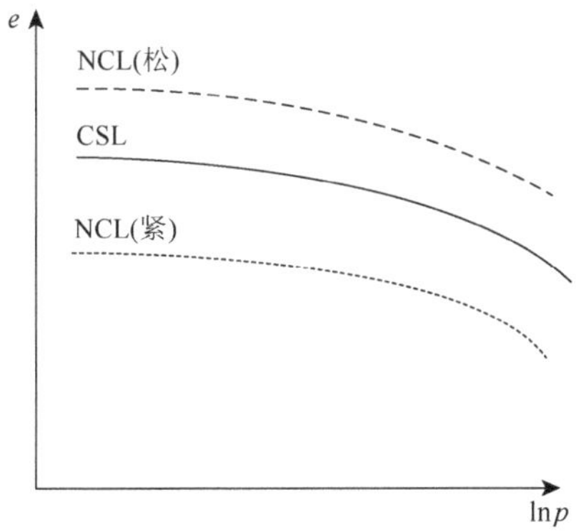

图 2.2　砂土的压缩曲线

NCL 为正常压缩曲线；CSL 为临界状态线

2.2　砂土的剪切特性

2.2.1　常规三轴压缩条件下砂土的变形特性

常规三轴压缩试验被广泛地用来研究土体的强度和变形特性，许多土体本构模型的参数也是通过该种试验方法获得。试验时保持围压不变，通过不断增加轴向压力使试样剪切，从而得到土体的应力-应变关系和强度指标。按排水条件，三轴压缩试验又分为三轴排水剪切试验（CD）和三轴不排水剪切试验（UD）。在进行三轴排水剪切试验时，剪切过程中让土样保持充分排水（不产生孔压），这样可得到土体的应力-应变关系和体积变形规律；在进行三轴不排水剪切试验时，剪切过程中不允许土样排水（不产生体变），这样可得到土体的应力-应变关系，以及孔隙水压力的变化规律。

影响砂土变形特性的主要因素是砂土的松紧程度，这与传统的紧砂和松砂的概念是不一样的。大量的研究表明，再松的砂只要围压足够小，可以表现为紧砂的特性，而再紧的砂只要围压足够大，可以表现为松砂的特性。因此，砂土的松紧程度及其剪胀特性，不但取决于砂土的密度，还与应力水平密切相关。此外，排水条件不一样，砂土的变形特性也完全不同。下面以 Leighton-Buzzard 标准砂为例，来研究具有不同初始状态的砂土在三轴压缩条件下的变形特性。试验的初始条件如表 2.1 所示。

表 2.1　标准砂三轴试验初始条件

编号	试验种类	e_0	p'_0/kPa
1	三轴不排水剪切试验（UD）	0.992	100
2		0.912	
3		0.886	
4		0.983	500
5		0.894	
6		0.864	
7		0.970	1000
8		0.883	
9		0.848	
10	三轴排水剪切试验（CD）	0.999	100
11		0.926	
12		0.869	
13		0.962	500
14		0.915	
15		0.879	
16		0.928	1000
17		0.901	
18		0.850	

图 2.3 为砂土排水剪切试验的结果，从图中可以发现，排水条件下，砂土的剪切表现为两种特性：应变硬化和应变软化。当砂土较紧密时，其应力-应变关系表现为应变硬化型，随着剪应变的增加，剪应力（强度）不断增加，最后达到稳定值，砂土的这种最终状态被称为临界状态。而当砂土较松时，其应力-应变关系表现为应变软化型，随着剪应变的增加，剪应力（强度）先增加到某一峰值，然后开始下降，直至临界状态。

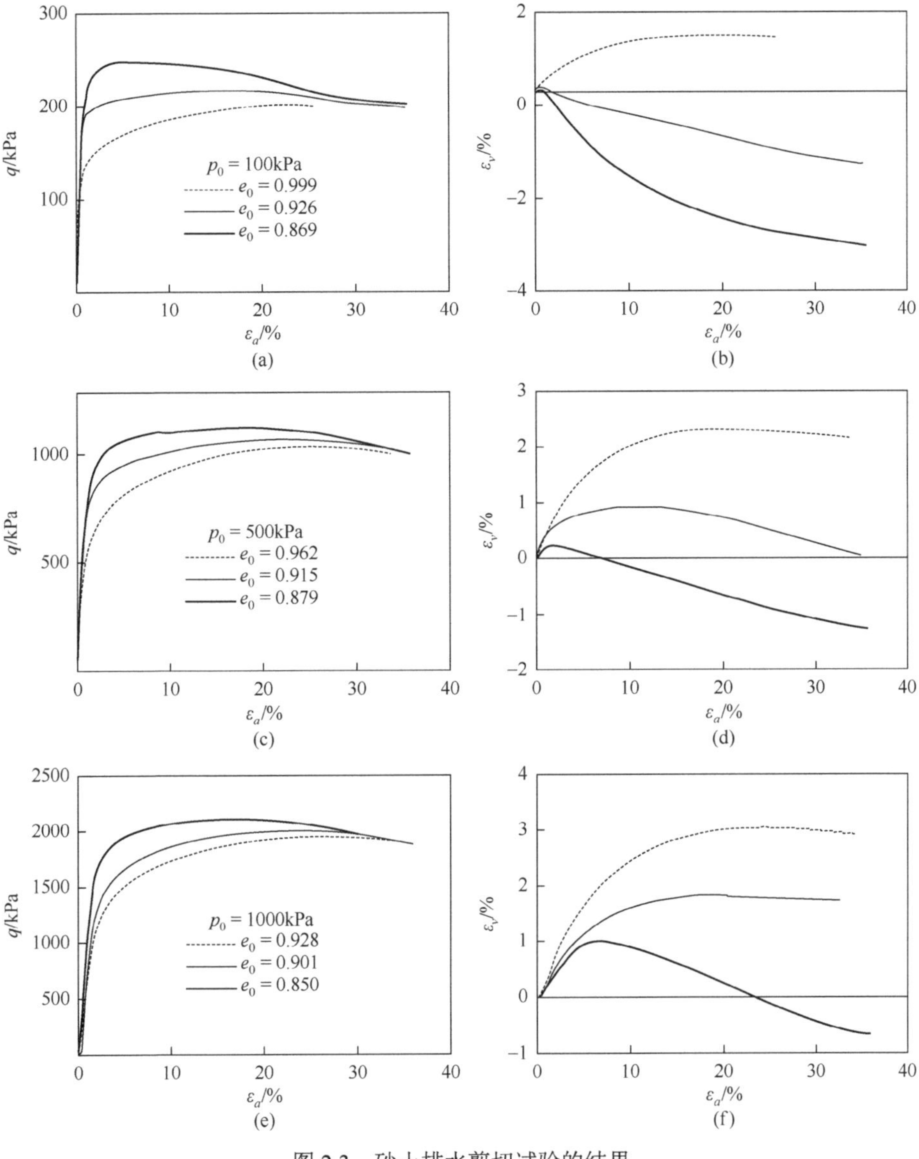

图 2.3　砂土排水剪切试验的结果

图 2.4 为砂土不排水剪切试验的结果，从图中可以发现，不排水条件下，砂土的剪切同样表现为应变硬化和应变软化两种特性。当砂土较松时，其应力-应变关系表现为应变硬化型，随着剪应变的增加，剪应力（强度）不断增加，最后达到稳定值。而当砂土较紧密时，其应力-应变关系表现为应变软化型，随着剪应变的增加，剪应力（强度）先增加到某一峰值，然后开始下降，直至临界状态。显然，砂土在排水和不排水条件下其应力-应变关系截然相反。

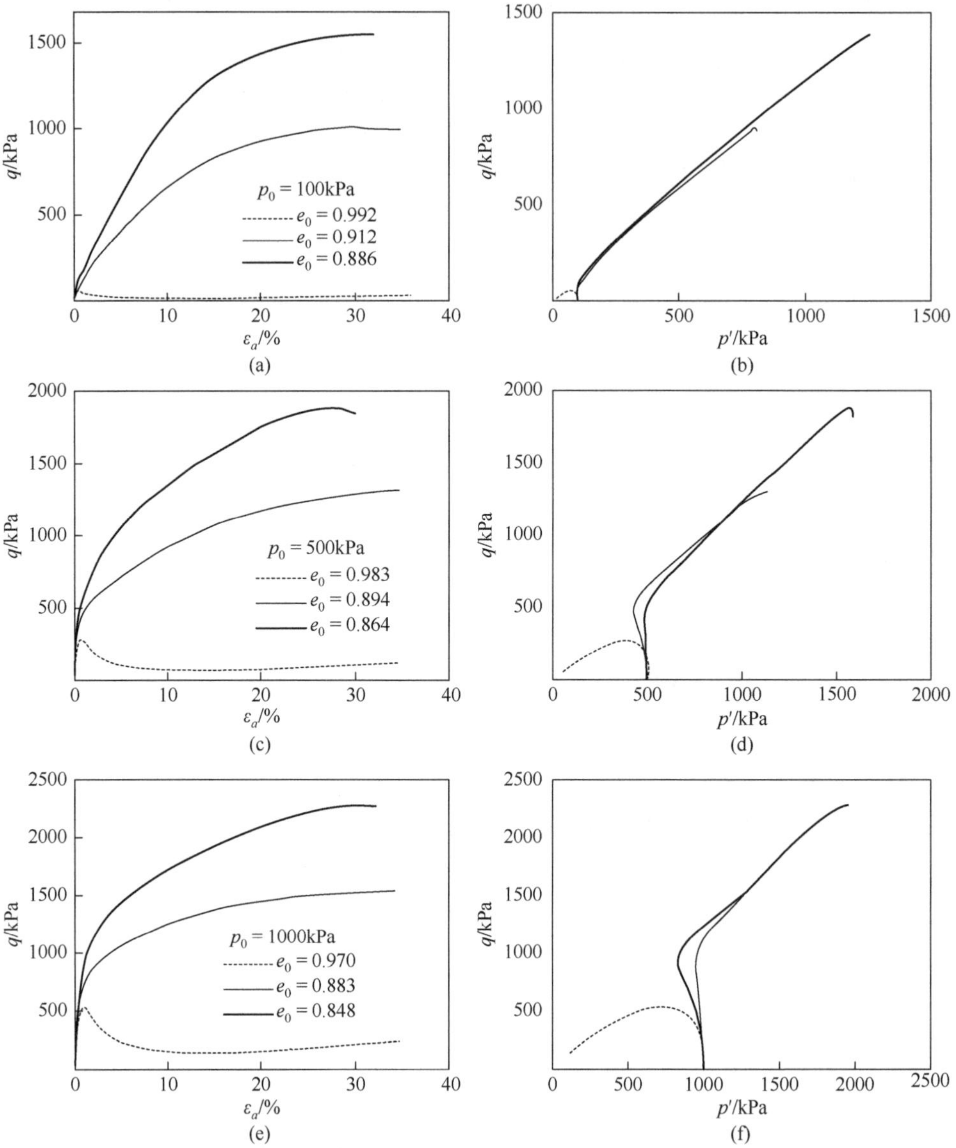

图 2.4　砂土不排水剪切试验的结果

从以上两组试验结果可以得到如下结论：砂土在剪切过程中可以发生剪缩，也可以发生剪胀，其变形特性既取决于砂土本身的密度，又取决于应力水平（有效平均正应力）。换言之，砂土的变形特性取决于其当前状态，而当前状态可以用密度和有效平均正应力来描述。这与黏土，特别是正常固结黏土的变形特性有着本质的区别。对于正常固结的黏土，有效平均正应力和土样的密度（或含水量）之间有着一一对应的关系，所以它的特性可以完全由应力水平决定。

2.2.2　多种三轴应力路径条件下砂土的变形特性

由于土本身是一种弹塑性材料，其应力-应变呈非线性关系，对于任一具有相同的初始和最终应力状态的加载或卸载过程，因为加载、卸载、再加载的路径不同，所对应的应变增量也不同。所以研究土的性质，不仅需要知道土体的初始和最终应力状态，还需要了解荷载的整个变化过程。

1967 年 Lamber[1]首次提出了应力路径的方法，为现场和室内试验室研究土的性质提供了一个合理有效的方法。由于应力路径可以直观地描述应力状态的变化，通常采用应力路径变化研究分析土的性状和应力-应变规律，国内外许多专家和学者都曾进行过应力路径的研究，探讨了逼近真实应力路径的方法，分析了应力路径对变形模量的影响，并提出了若干应力-应变关系曲线的归一化方法。但是，由于测试手段的限制，国内外对应力路径的研究工作至今尚未充分展开，而现有的研究结果也不一致。

目前土工数值计算中常用的土体本构模型大多建立在常规三轴试验的基础上，其模型参数也是基于简单的试验。在一些实际工程的建设过程中，随着施工阶段、方式和手段的变化，土的加载或卸载总是近似地遵循某一应力路径进行，如等主应力增量比、等轴向应力、等平均主应力及其他一些更为复杂的应力路径。这些路径与常规三轴试验中的应力路径有很大差异，如基坑开挖的过程中，各部分土体的应力路径是不同的，且同一点的应力路径也是变化的。图 2.5 给出了四个典型土体单元的受力情况。图 2.5（a）代表半无限体表面受到均布荷载作用，产生竖直方向的变形，称为主动压缩，它的应力条件与常规三轴试验基本相似；图 2.5（b）代表基坑开挖中侧壁土单元的应力条件，土单元竖向应力基本不变，侧向应力减小，产生竖向压缩变形，称为被动压缩；图 2.5（c）代表基坑开挖中轴线上土单元的应力条件，单元侧向应力基本不变，竖向应力减小，产生竖向伸长变形，称为主动伸长；图 2.5（d）代表受被动土压力作用下挡土墙后一填土单元的应力条件，土单元竖向应力基本不变，侧向应力增加，产生竖向伸长变形，称为被动伸长。理论和实践证明，土体应力-应变关系不但是非线性的，而且受应力路径的影响。

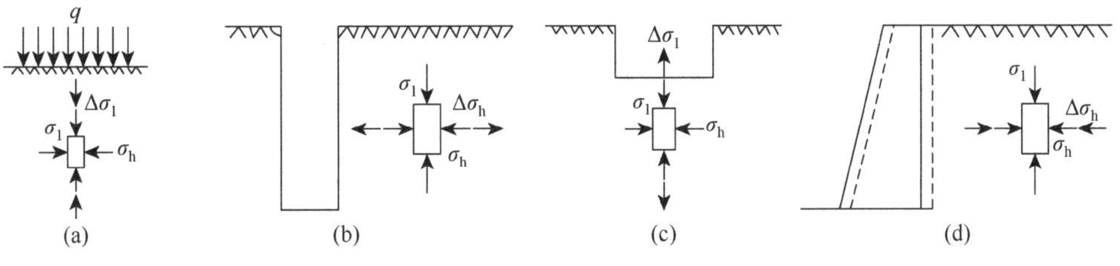

图 2.5　工程中典型的应力条件

越来越多的工程实测结果表明，常规三轴试验参数无法真实地反映土体受荷后应力状态的改变。因此，进行不同应力路径下土体变形特性和本构关系模型的研究，比较其与常规三轴试验结果的差异，并从土的基本性质入手揭示这些现象产生的根源，具有较大的理论意义和实用价值。

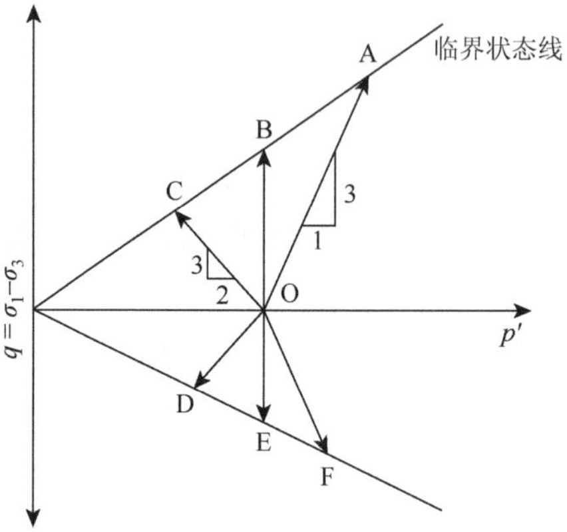

图 2.6　p'-q 空间应力路径

土体最典型的 6 种应力路径如图 2.6 所示。其中 OA 为最典型的三轴压缩试验应力路径，各应力路径的定义如下。

（1）路径 1：三轴主动压缩应力路径（OA），也就是常规三轴试验路径，即保持 σ_3 不变，增大 σ_1，应力比 $\Delta p'/\Delta q=1/3$。

（2）路径 2：等 p 压缩应力路径（OB），试验中保持有效平均正应力不变，即 $\Delta p'=0$。通过增加 σ_1，减小 σ_3 来实现，且保持 $\Delta\sigma_1=-2\Delta\sigma_3>0$。

（3）路径 3：三轴被动压缩应力路径（OC），保持 σ_1 不变，减小 σ_3，应力比 $\Delta p'/\Delta q=-2/3$。

（4）路径 4：三轴主动伸长应力路径（OD），保持 σ_3 不变，减小 σ_1，应力比 $\Delta p'/\Delta q=1/3$。

（5）路径 5：等 p 伸长应力路径（OE），试验中保持有效平均正应力不变，即 $\Delta p'=0$。通过减小 σ_1，增加 σ_3 来实现，且保持 $\Delta\sigma_1=-2\Delta\sigma_3<0$。

（6）路径 6：三轴被动伸长应力路径（OF），保持 σ_3 不变，减小 σ_1，应力比 $\Delta p'/\Delta q=-2/3$。

为了研究砂土在不同应力路径下的剪切特性，设置了如表 2.2 所示的应力路径试验，包括 2 种密度和 2 种围压下的 24 组试验。

表 2.2　砂土应力路径试验初始条件

试样编号	相对密度 D_r/%	试验类型	围压 σ_3/kPa	应力路径	$\Delta\sigma_3$	$\Delta\sigma_1$	应力增量比
1	40	C	100	路径 1	0	＞0	1/3
2				路径 2	＜0	$-2\Delta\sigma_3$	等 p
3				路径 3	＜0	0	−2/3
4				路径 4	＜0	$4\Delta\sigma_3$	2/3
5				路径 5	＞0	$-2\Delta\sigma_3$	等 p
6				路径 6	＞0	$-\Delta\sigma_3/2$	1/3
7		E	200	路径 1	0	＞0	1/3
8				路径 2	＜0	$-2\Delta\sigma_3$	等 p
9				路径 3	＜0	0	−2/3
10				路径 4	＜0	$4\Delta\sigma_3$	2/3
11				路径 5	＞0	$-2\Delta\sigma_3$	等 p
12				路径 6	＞0	$-\Delta\sigma_3/2$	1/3
25	80	C	100	路径 1	0	＞0	1/3
26				路径 2	＜0	$-2\Delta\sigma_3$	等 p
27				路径 3	＜0	0	−2/3
28				路径 4	＜0	$4\Delta\sigma_3$	2/3
29				路径 5	＞0	$-2\Delta\sigma_3$	等 p
30				路径 6	＞0	$-\Delta\sigma_3/2$	1/3
31		E	200	路径 1	0	＞0	1/3
32				路径 2	＜0	$-2\Delta\sigma_3$	等 p
33				路径 3	＜0	0	−2/3
34				路径 4	＜0	$4\Delta\sigma_3$	2/3
35				路径 5	＞0	$-2\Delta\sigma_3$	等 p
36				路径 6	＞0	$-\Delta\sigma_3/2d$	1/3

图 2.7 为 12 个土样在不同应力路径下剪切的偏应变与体变的关系，这 12 个土样具有相同的初始相对密度 $D_r=40\%$，固结应力分别为 $p_0'=100\text{kPa}$ 和 $p_0'=200\text{kPa}$。从图中可以看出，不同的加荷路径对土体的变形有很大影响。对于压缩试验，破坏时试样均呈现剪胀现象，在剪切过程中，相同的偏应变下，路径 1 对应的体变值最大，路径 3 对应的体变值最小。而且在围压不变、增加轴向力的常规三轴加荷方式下，试样在小应变时有明显的体缩，继而转为剪胀，最终体变基本保持为

常量。而当采用轴向力不变、减少围压的加荷方式时，试样只在受剪初期出现微小的剪缩即转为剪胀。在拉伸试验中，相同的偏应变下，路径 6 所对应的体变值最大，路径 4 对应的体变值最小。对于相对密度为 40%的中密砂，在路径 6 这种加荷方式下表现出完全的剪缩特性，而在路径 4 和路径 5 对应的拉伸方式下，试样虽有较大的压缩变形，但其最终都表现为剪胀。更值得注意的是，初始状态相同的试样，在三轴拉伸试验中所表现出的剪胀性要比在三轴压缩试验中的小得多，而且中密砂在被动拉伸的路径下几乎没有剪胀性。

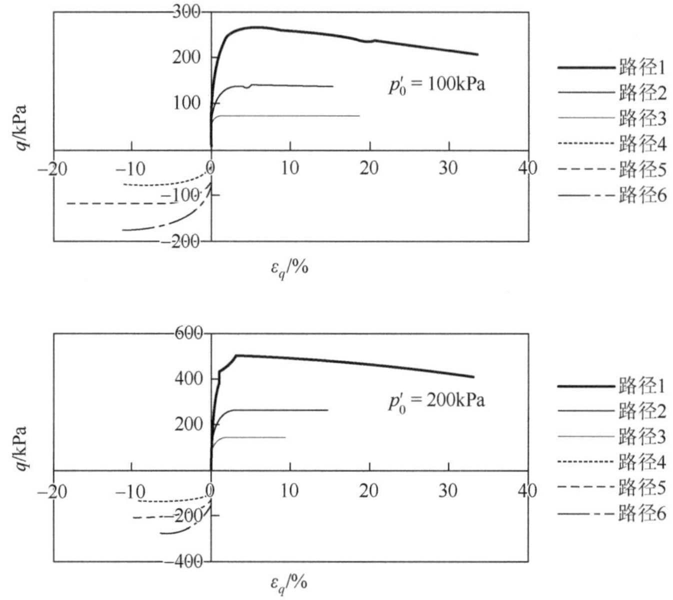

图 2.7　砂土不同应力路径下的应力-应变关系（$D_r = 40\%$）

图 2.8 为 $D_r = 80\%$ 的土样在初始固结应力分别为 $p_0' = 100\text{kPa}$ 和 $p_0' = 200\text{kPa}$ 下的试验结果。试验结果显示不同密度条件下土样的体变特性基本相似。

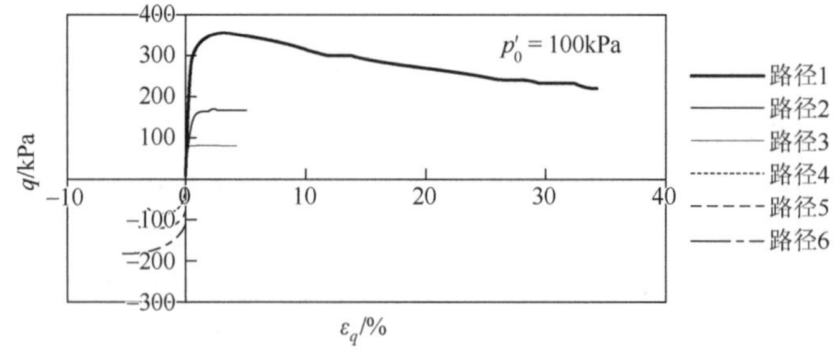

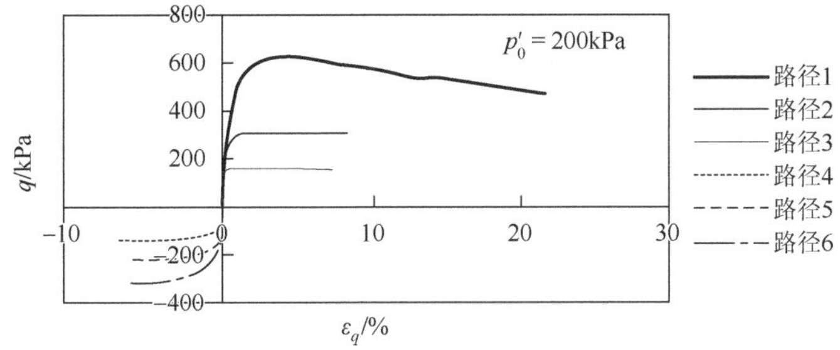

图 2.8　砂土不同应力路径下的应力-应变关系（$D_r=80\%$）

2.3　砂土的各种状态

2.3.1　砂土的当前状态

对于砂土，人们通常用孔隙比 e 或相对密度 D_r 来描述其松紧程度，工程上将 $0<D_r<1/3$ 的砂称为松砂，将 $1/3\leqslant D_r<2/3$ 的砂称为中密砂，而将 $2/3\leqslant D_r<1$ 的砂称为紧砂。大量的试验结果表明，砂土在剪切时的应力-应变关系非常复杂：排水条件下，松砂剪切时发生剪缩，其应力-应变关系表现为应变硬化，而紧砂剪切时发生剪胀，其应力-应变关系表现为应变软化；不排水条件下，松砂剪切时的应力-应变关系表现为塑性流动（液化），而紧砂剪切时的应力-应变关系表现为应变硬化。可见，砂土的变形特性由其当前状态（松紧程度）所决定，问题是如何来描述砂土的当前状态。

图 2.9 为 3 个相对密度分别为 11.5%、46.3%和 69.8%的 Leighton-Buzzard 砂土试样在三轴固结不排水条件下的试验结果，试样的初始固结应力都为 500kPa。试验过程中紧砂（$D_r=69.8\%$）产生了很强的剪胀，其应力-应变关系表现为应变

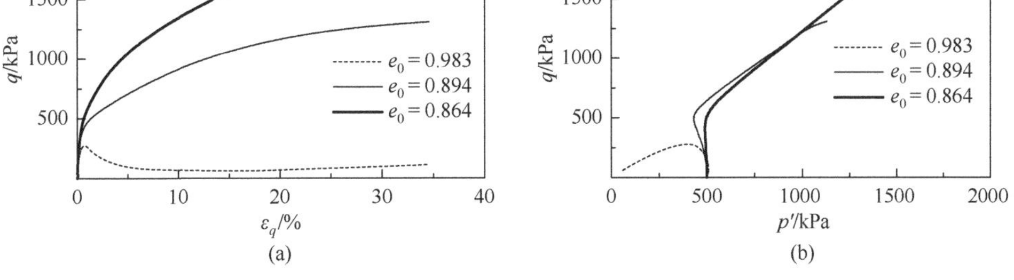

图 2.9　Leighton-Buzzard 砂土的三轴不排水试验

硬化。反之松砂（$D_r = 11.5\%$）剪切时的应力-应变关系表现为塑性流动，而中密砂（$D_r = 46.3\%$）的剪胀特性介于紧砂和松砂之间。试验表明砂土的变形特性取决于其相对密度（D_r）或孔隙比e。

图 2.10 为 4 个具有相同相对密度（$D_r = 37.9\%$）的 Toyoura 砂土试样在三轴固结不排水条件下的试验结果，试样的初始固结应力p_0'分别为 100kPa、1000kPa、2000kPa 和 3000kPa。当$p_0' = 3000$kPa 时，试样表现为松砂的特性，其应力-应变关系表现为塑性流动。而当$p_0' = 100$kPa 时，试样表现为紧砂的特性，其应力-应变关系表现为应变硬化。研究表明，对于具有同样密度的砂土，剪切时可以表现为松砂的特性，也可以表现为密砂的特性，取决于其初始固结应力，通常又称为有效平均正应力。

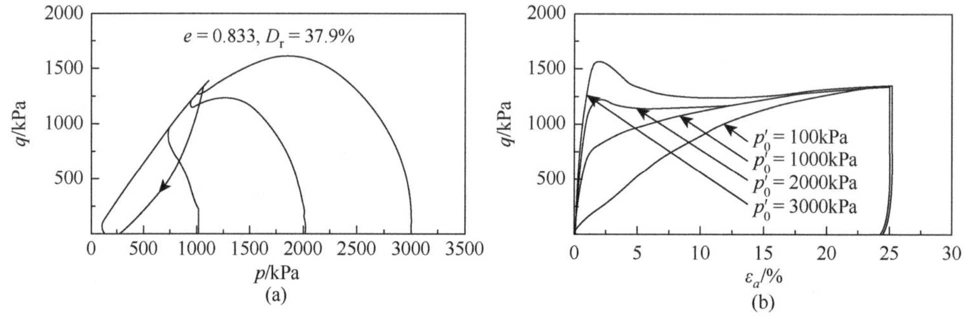

图 2.10　Toyoura 砂土的三轴不排水试验

2.3.2　土体的临界状态和相变状态

1958 年 Roscoe 等[2]为了描述黏土的应力-应变特性提出了临界状态的概念。临界状态是指土体变形过程中达到的极限状态，在土体的继续变形过程中，体积、有效平均正应力和剪应力都不再发生变化。用公式表示为

$$\frac{\partial p'}{\partial \varepsilon_q} = \frac{\partial q}{\partial \varepsilon_q} = \frac{\partial \varepsilon_v}{\partial \varepsilon_q} = 0 \tag{2.1}$$

土的临界状态首先是从三轴排水试验中观测到的。对于黏土，大量的研究结果证实其临界状态线在$e\text{-}\ln p'$平面内为一条直线，该线平行于正常固结线，如图 2.11 所示。在一些土体本构模型的建立过程中，临界状态线经常被用来作为参考线，如剑桥模型。临界状态土力学被认为是土体弹塑性本构模型发展的基础，已成为描述土体本构特性的框架，被广泛应用于土体的本构模拟中，特别是用来描述黏土的应力-应变关系。

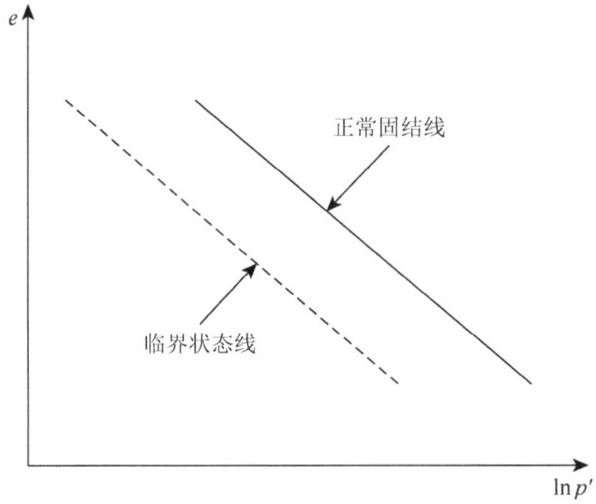

图 2.11　黏土的临界状态线

对于砂土，其固结特性与黏土截然不同。在 e-ln p' 平面内不存在唯一的正常固结线，而是有无数条正常固结线，彼此之间也不平行，因此不能将用于黏土本构模拟的基于临界状态土力学的框架直接移植到砂土中。最近的研究结果显示，砂土的临界状态线在 e-ln p' 平面内不是直线，这与黏土也有很大的差别。通过对有效平均正应力进行归一化，在 e-$(p'/P_a)^{\xi}$ 平面得到了一条直线，其数学表达式为

$$e_c = e_\Gamma - \lambda_c \left(\frac{p'_c}{P_a}\right)^{\xi} \tag{2.2}$$

式中，P_a 为标准大气压；e_Γ、λ_c 和 ξ 为率定系数，可由常规三轴压缩试验得到。除此以外，在 q-p' 平面内存在一条临界应力比线，它是一条通过坐标圆点的直线，其斜率 M 为临界应力比。图 2.12 为通过三轴压缩试验得到的 Leighton-Buzzard 砂土的临界状态线。

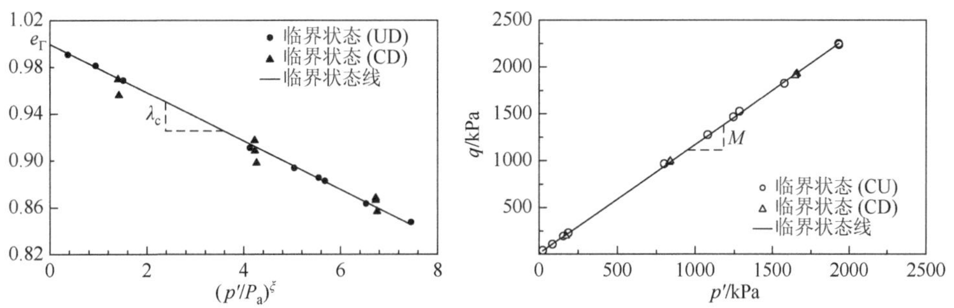

图 2.12　Leighton-Buzzard 砂土的临界状态线

除了临界状态以外，砂土在变形过程中经常出现的另外一个特殊的状态是相变状态（特征状态），该状态在模拟土的应力-应变关系时也常常被用来作为参考。砂土的相变状态是紧砂或中密砂在不排水过程中出现的状态，是指孔隙水压力由增加到减小的突变状态。而砂土的特征状态是紧砂或中密砂在排水过程中出现的状态，是指土体体积变形由压缩到开始膨胀的突变状态。Chu[3]通过试验证明相变状态和特征状态是等价的。对于松砂来说，一般也可以认为相变状态（特征状态）等同于临界状态。

2.4　砂土状态参量、状态指数和相对剪胀指数

如果仅知道e和p'的值，还不足以确定该砂土的紧密程度，因为缺乏一个相对固定的状态作为参考。1985 年 Been 等[4]将砂土的临界状态作为参考，定义了一个状态参量ψ，用来描述砂土的当前状态。ψ的定义如图 2.13 所示，其值为当前有效平均正应力下的孔隙比与临界孔隙比（e_c）之差，用公式表示为

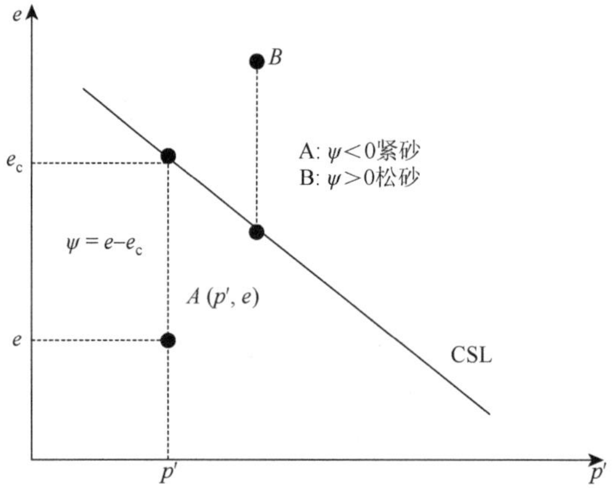

图 2.13　砂土的状态参量

$$\psi = e - e_c \tag{2.3}$$

将式（2.2）代入式（2.3），可得

$$\psi = e - [e_\Gamma - \lambda (p'/P_a)^\xi] \tag{2.4}$$

这样，只要知道砂土的当前状态（e, p'），就能确定目前该砂处于什么状态。当$\psi < 0$，表示该砂目前比临界状态紧密，处于相对紧密状态，剪切时会发生剪胀，而且ψ越大，其剪胀性就越强。反之，当$\psi > 0$，表示该砂目前比临界状态疏松，处于相对疏松状态，剪切时会发生剪缩，而且$|\psi|$越大，其剪缩性就越强。可见，

ψ 可以作为反映砂土剪胀程度的参量。正因为如此，在砂土弹塑性本构模型建立过程中，ψ 得到广泛的使用。

基于一系列砂土三轴不排水剪切试验结果，1993 年 Ishihara[5]发现任何两个具有相同相对初始状态的砂土试样剪切时具有相同的应力-应变关系。为了量化这个相对初始状态，Verdugo 和 Ishihara[6]提出了一个状态指数 I_s，其表达式为

$$I_s = \frac{e_U - e}{e_U - e_Q} \tag{2.5}$$

式中，e_U 和 e_Q 的定义如图 2.14 所示。图中 QSS 线为砂土的准稳定状态线，UR 线（斜线部分）为极松砂的等向排水固结线。IC 线为砂土的各向等压固结曲线。UR 线（直线部分）对应的孔隙比为极限孔隙比，大于此孔隙比土体的稳定状态强度都为 0。从图中可以发现，I_s 的大小由 e 和 p' 决定，I_s 越大，土的剪胀性越强，因此 I_s 可以作为衡量土体当前状态的指标。$I_s = 0$ 和 $I_s = 1$ 的初始状态分别对应 UR 线和 QSS 线。

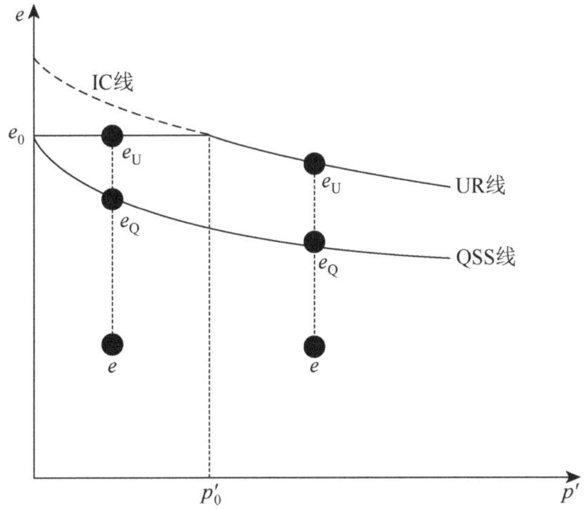

图 2.14　砂土的状态指数

1986 年 Bolton[7]通过对 17 种砂土的三轴试验和平面应变试验结果进行分析指出：①临界状态的剪胀特性是理解砂土变形特性的关键；②有效平均正应力 p' 和孔隙比 e 都会影响砂土的剪胀和强度指标。为了量化 p' 和 e 对砂土剪胀特性的影响，Bolton 定义了一个相对剪胀指数 I_R，其表达式为

$$I_R = I_D(Q - \ln p') - R \tag{2.6}$$

$$I_D = \frac{e_{max} - e}{e_{max} - e_{min}} \tag{2.7}$$

式中，Q和R为两个常数；I_D为砂土的相对密度。

ψ、I_s和I_R都将砂土的状态和有效平均正应力p'和孔隙比e联系起来，可以用来作为砂土状态变量。

2.5　砂土的剪胀理论

许多黏土的本构模型都建立在应力剪胀理论的基础上，包括一些砂土的本构模型。如前所述，对于砂土，其剪胀特性不仅取决于应力状态，而且取决于土的密度，而土的密度与当前应力状态基本无关。因此，应力剪胀理论不适宜描述砂土的剪胀特性。

图 2.15 为三个具有不同密度砂土试样的三轴不排水试验中剪胀d的变化，试验时的初始固结应力都相同。图中的虚线代表某一应力比，它与松砂、中密砂和紧砂的应力路径分别相交于A、B、C三点。显然，在A点，孔隙水应力增量为正，土样表现为剪缩的特性，$d>0$；而在B点和C点，孔隙水应力增量为负，土样表现为剪胀的特性，$d<0$。这说明对于同一种砂，当土体的密度不一样时，剪胀与应力比之间没有一一对应的关系，这同时说明剪胀应该与密度联系起来。

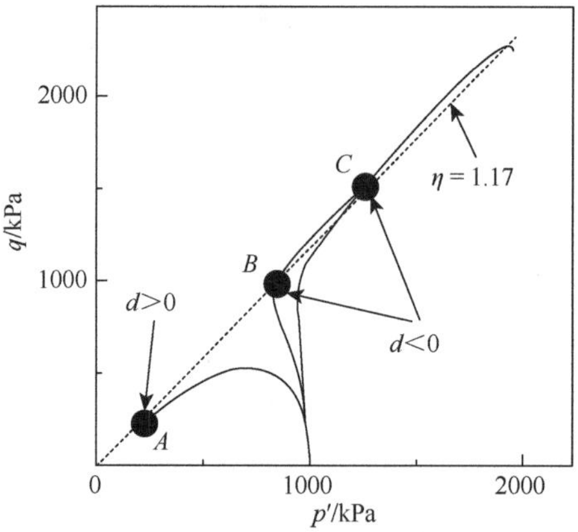

图 2.15　三轴不排水试验中剪胀d的变化

经典的应力剪胀理论没有考虑材料内部状态的影响，导致在利用其对砂土进行模拟时出现困难。为了解决这个问题，近年来众学者将应力水平与土体密度同时引入剪胀方程，建立了一系列状态相关的砂土本构模型。在这些新提出的剪胀方程中，有的直接将孔隙比引入，有的将砂土的状态参量或状态指数引入，统称为状态相关剪胀方程。

1997 年 Manzari 和 Dafalias[8]提出了一个基于临界状态的砂土双屈服面弹塑性本构模型，模型中的剪胀方程表示为

$$D = \sqrt{2/3}A(M_{c,e}^{d} - \eta) \tag{2.8}$$

式中，A 为模型常数；$M_{c,e}^{d}$ 为三轴压缩和拉伸时的剪胀应力比，表示为

$$M_c^d = M_c + k_c^d \psi \tag{2.9}$$

$$M_e^d = M_e + k_e^d \psi \tag{2.10}$$

式中，k_c^d 和 k_e^d 为模型常数；M_c 和 M_e 分别为三轴压缩和拉伸时的临界应力比；ψ 为状态参量。从式中可以发现，当 $\psi = 0$ 时，$M_{c,e}^{d} = M_{c,e}$，说明土体达到临界状态。当 ψ 为任一数值时，剪胀应变比永远不等于临界应力比，其数值取决于 ψ 的大小。由于引入状态参量，该本构模型较好地反映了砂土从很松到紧密状态的变形特性。

1998 年 Cubrinovski 和 Ishihara[9]基于状态的概念提出了一个砂土应力-应变-剪胀模型。模型中的剪胀方程表示为

$$d = \mu - \frac{q}{p'}c \tag{2.11}$$

式中，$q = (\sigma_1 + \sigma_2)/2$ 为剪应力；c 为一个常数。μ 与状态有关，其表达式为

$$\mu = \mu_0 + \frac{2}{\pi}(M - \mu_0)\arctan\left(\frac{\varepsilon_q^{\mathrm{p}}}{S_{\mathrm{c}}}\right) \tag{2.12}$$

式中，μ_0、M 和 S_{c} 都为常数。可见剪胀与塑性剪切变形有关。

1999 年 Gajo 和 Wood[10]基于临界状态的概念建立了一个砂土本构模型，取名为 Severn-Trent。该模型中提出了两个剪胀方程，分别为

$$d = A[M(1 + k_d \psi) - \eta] \tag{2.13}$$

$$d = A(M - \eta)^{\gamma} \tag{2.14}$$

式中，A，k_d 和 γ 都为模型常数。显然，式（2.13）为状态相关剪胀方程，式（2.14）为应力剪胀方程。模拟的结果显示式（2.13）较好地反映了砂土的变形特性。

1998 年 Wan 和 Guo[11]直接将孔隙比引入剪胀方程，建立了一个基于当前状态的砂土本构模型，其剪胀方程表达式为

$$d = \frac{(e/e_{\mathrm{cri}})M - \eta}{1 - (e/e_{\mathrm{cri}})M\eta} \tag{2.15}$$

$$\eta = \frac{\sigma_1 - \sigma_3}{\sigma_1 + \sigma_3} \tag{2.16}$$

$$M = \left(\frac{\sigma_1 - \sigma_3}{\sigma_1 + \sigma_3} \right)_{\text{cri}} \tag{2.17}$$

式中，e_{cri} 为砂土的临界孔隙比。

2000 年 Li 和 Dafalias[12]明确提出了砂土状态相关剪胀理论，其一般形式可表示为

$$d = f(\eta, e, Q, C) \tag{2.18}$$

式中，Q 和 C 代表除孔隙比以外的其他的材料内部状态变量。这样，式（2.18）将剪胀与材料的当前状态紧密地联系起来。经过对砂土变形特性的深入研究，Li 和 Dafalias 进一步提出了砂土状态相关剪胀理论的特殊形式：

$$d = d_0 [1 - \mathrm{e}^{(\operatorname{sgn}\psi) m |\psi|^n}] \tag{2.19}$$

后又改进为

$$d = d_0 \left(\mathrm{e}^{m\psi} - \frac{\eta}{M} \right) \tag{2.20}$$

式中，d_0 和 m 为模型参数，这两个参数都可从常规三轴试验结果得到。可以发现当 $m = 0$，$d_0 = M$ 时，式（2.20）还原为剑桥模型的剪胀方程。

2.6 砂土的状态相关本构模型

2.6.1 砂土的屈服准则

大量研究表明，对于砂土来说，由固结引起的土体体积变形很少，可以忽略，1967 年 Poorooshasb 等[13]通过对渥太华砂的试验研究，假定其屈服轨迹为一系列应力比为常数的直线。换言之，沿着任一等应力比直线加载或卸载不会发生体积变性。按照屈服准则，这些等应力比的直线在空间上可以作为屈服面，其表达式为

$$f = q - \eta_{\text{y}} p' = 0 \tag{2.21}$$

式中，η_{y} 为屈服应力比。

但是这种假定有一定的误差，因为它忽略了有效平均正应力沿常应力比路径增加而引起的塑性变形。如果要考虑该塑性变形，可以通过增加一条垂直于 p' 轴的屈服面来解决。

2.6.2　砂土的流动法则

根据塑性力学理论，流动法则定义为

$$\mathrm{d}\varepsilon_{ij}^{\mathrm{p}}=\frac{\partial Q}{\partial \sigma_{ij}} \tag{2.22}$$

式中，Q 代表塑性势面。在三轴空间，流动法则可以表示为

$$\begin{cases}\mathrm{d}\varepsilon_{v}^{\mathrm{p}}=L\dfrac{\partial Q}{\partial p}\\[2ex]\mathrm{d}\varepsilon_{q}^{\mathrm{p}}=L\dfrac{\partial Q}{\partial q}\end{cases} \tag{2.23}$$

根据剪胀的定义，可以将三轴空间的流动法则简化为

$$\mathrm{d}\varepsilon_{v}^{\mathrm{p}}=Ld \tag{2.24}$$

$$\mathrm{d}\varepsilon_{q}^{\mathrm{p}}=L \tag{2.25}$$

式（2.24）中的 d 可以用式（2.20）来描述。从式（2.25）可知，三轴空间的流动法则完全由剪胀决定。由于剪胀是随着砂土当前状态的变化而变化的，即使在同一屈服面上状态也是不同的，这就意味着上述流动法则所定义的塑性应变增量方向与屈服面并不是垂直的。因此，上述流动法则是不相关联的。

2.6.3　砂土的硬化规律

塑性变形是土体变形的突出特点，即使是在加荷初始应力-应变关系接近直线的阶段，变形仍然包括弹性和塑性两部分，完全的弹性阶段是不存在的。砂土的塑性变形大小与剪胀性大小有很大关系，从而与土体本身的状态、应力路径、剪切方式和排水条件等有密切关系，这就要求模型中的塑性模量 K_{p} 必须满足一些条件。以三轴排水试验为例，塑性模量 K_{p} 必须满足以下几个条件。

（1）在极小应变时，$\eta \approx 0$，土样处于弹性变形区域，应力-应变关系应以弹性理论来描述，这就要求当 $\eta=0$ 时，$K_{\mathrm{p}} \to \infty$；

（2）当 $\eta=M^{\mathrm{p}}$（M^{p} 为峰值应力比）时，$\mathrm{d}q/\mathrm{d}\varepsilon_q=0$，从而要求此时 $K_{\mathrm{p}}=0$；

（3）当 $0<\eta<M^{\mathrm{p}}$ 时，$\mathrm{d}q/\mathrm{d}\varepsilon_q>0$，因而必须满足 $K_{\mathrm{p}}>0$，而且随着 η 的增加 K_{p} 不断变小；

（4）在临界状态时，$\eta=M$ 且 $\mathrm{d}q/\mathrm{d}\varepsilon_q=0$，从而要求在临界状态时亦有 $K_{\mathrm{p}}=0$；

（5）在应变软化阶段，$\mathrm{d}q/\mathrm{d}\varepsilon_q<0$，要求 $K_{\mathrm{p}}<0$。

2000 年 Li 和 Dafalias[14]通过研究提出了状态相关的塑性模量表达式：

$$K_{\mathrm{p}} = hG\left(\frac{M}{\eta} - \mathrm{e}^{n\psi}\right) \tag{2.26}$$

式中，h 和 η 为两个材料参数；G 为弹性剪切模量，hG 也可看作硬化参数。研究发现参数 h 和孔隙比之间存在如式（2.27）所示的线性关系：

$$h = h_1 - eh_2 \tag{2.27}$$

式中，h_1 和 h_2 为两个材料常数；e 为当前孔隙比。

从式（2.26）中可以看出 K_{p} 与状态参量 ψ 有关，因此它也是状态相关的，而且满足上述所有条件。

2.6.4　砂土的状态相关本构模型

基于上述砂土的屈服准则、流动法则和硬化法则的定义，Li 和 Dafalias[13]推导了一个适用于三轴压缩试验的简单的砂土本构模型，其表达式如式（2.28）所示：

$$\begin{Bmatrix} \mathrm{d}q \\ \mathrm{d}p' \end{Bmatrix} = \left[\begin{pmatrix} 3G & 0 \\ 0 & K \end{pmatrix} - \frac{h(L)}{3G - \eta_{\mathrm{y}}Kd + K_{\mathrm{p}}}\begin{pmatrix} 9G^2 & -3\eta_{\mathrm{y}}KG \\ 3KGd & -\eta_{\mathrm{y}}K^2 d \end{pmatrix}\right] \cdot \begin{Bmatrix} \mathrm{d}\varepsilon_q \\ \mathrm{d}\varepsilon_v \end{Bmatrix} \tag{2.28}$$

式中，$h(L)$ 为赫维赛德（Heaviside）函数，有 $h(L) = \begin{cases} 1, & L > 0 \\ 0, & L \leqslant 0 \end{cases}$；$G$ 和 K 分别为弹性剪切模量和体积模量；K_{p} 为塑性模量；η_{y} 为屈服应力比，与土样的应力历史有关；d 为剪胀，可由式（2.20）得到。

对于砂土本构方程［式（2.28）］，可以看出模型中共定义了 12 个参数，按功能可以分为以下三类。

（1）临界状态参数：共 5 个，分别为 M，c，e_{Γ}，λ_{c} 和 ξ；

（2）与状态有关的参数：共 5 个，分别为 d_1，m，h_1，h_2 和 n；

（3）弹性参数：共 2 个，为 G_0 和 K（或 μ）。

所有模型的参数都可通过室内试验来确定。

2.7　砂土应力路径的数值模拟

图 2.16～图 2.21 为 Leighton-Buzzard 砂土各种三轴应力路径试验结果和利用状态相关剪胀模型模拟结果的比较。可见由于采用了状态相关剪胀理论，该本构模型能较好地反映砂土的各种变形特性。

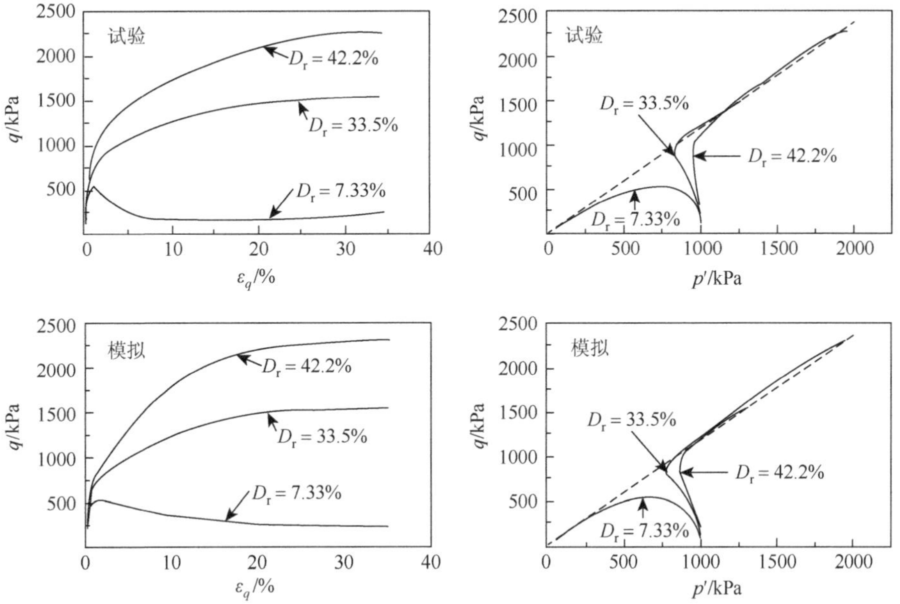

图 2.16　三轴不排水剪切试验及模拟

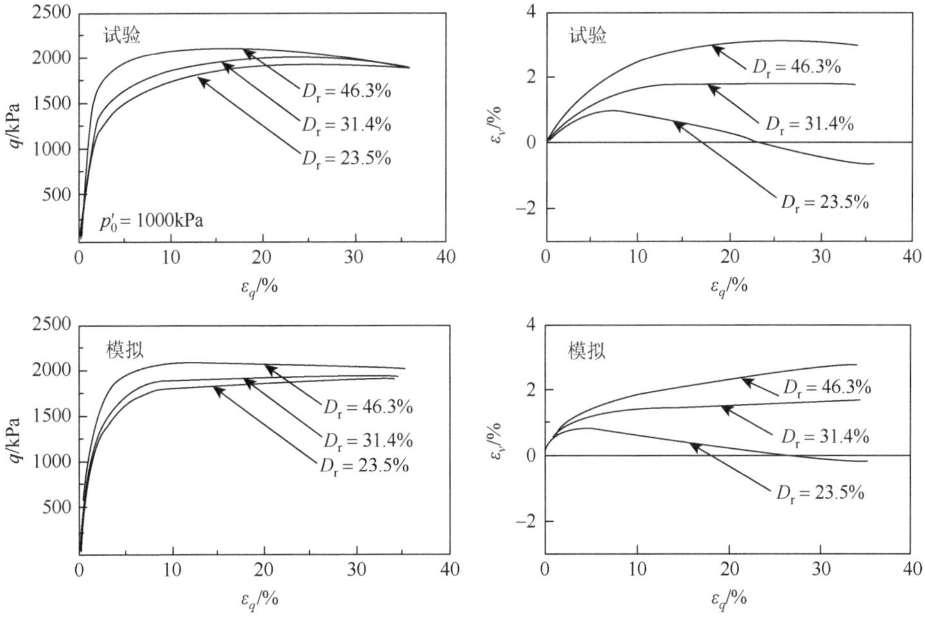

图 2.17　三轴排水剪切试验及模拟

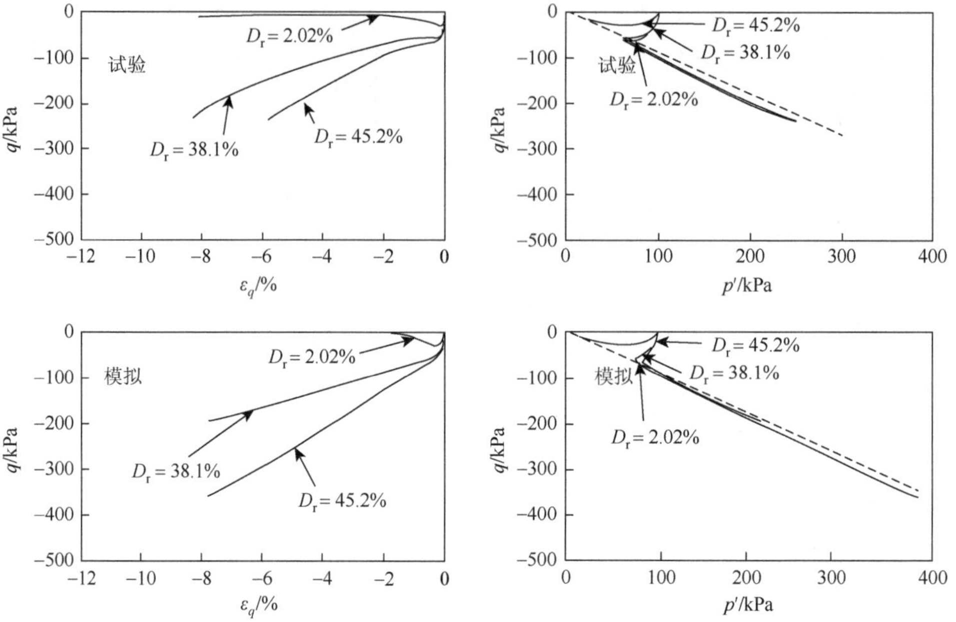

图 2.18　三轴不排水拉伸试验及模拟

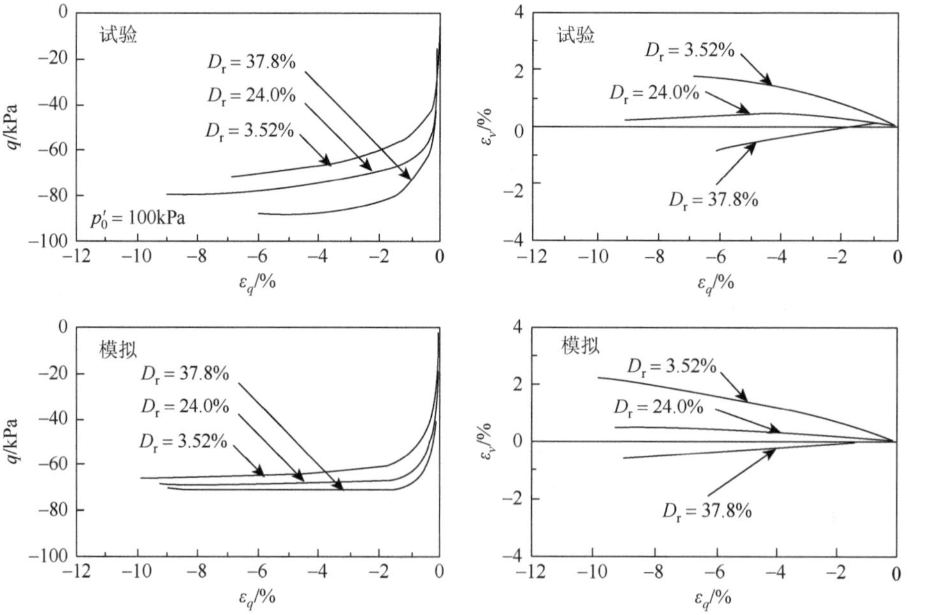

图 2.19　三轴排水拉伸试验及模拟

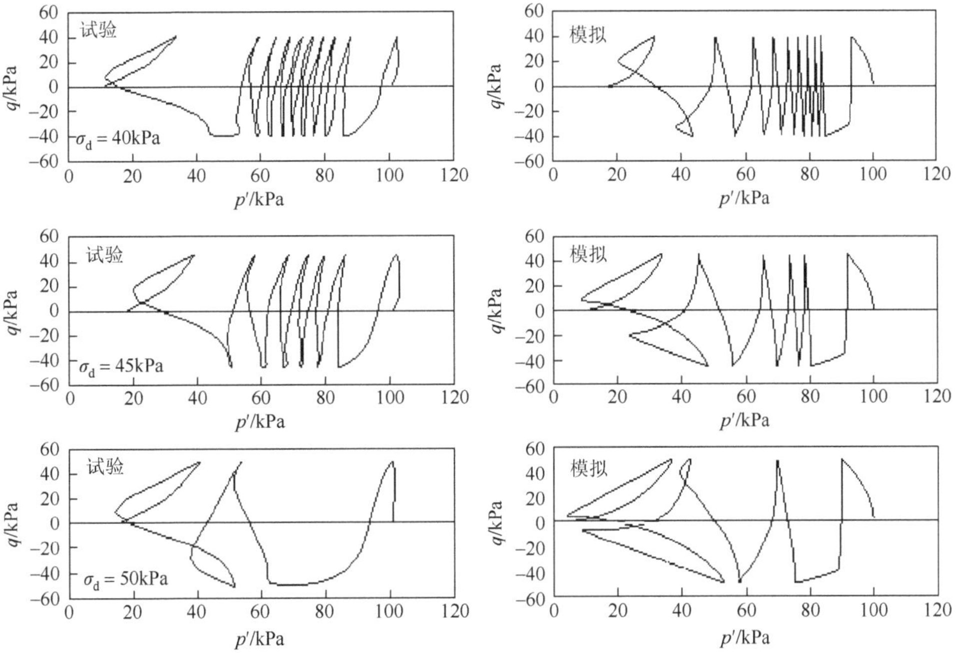

图 2.20　三轴循环荷载试验及模拟(q-p')

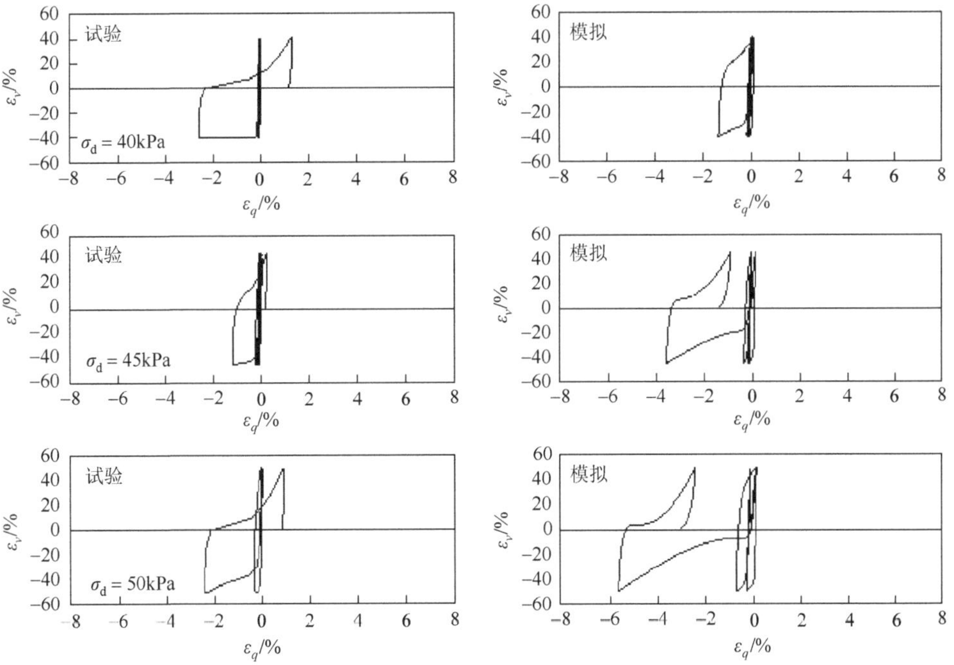

图 2.21　三轴循环荷载试验及模拟(ε_v-ε_q)

参 考 文 献

[1] Lamber T W. Stress path method. Journal of Soil Mechanics and Foundations Division，ASCE，1967，93（SM6）：268-277.

[2] Roscoe K H，Schofield A N，Worth C P. On the yielding of soils. Geotechnique，1958，8（1）：22-53.

[3] Chu J. An experimental examination of the critical state and other similar concepts for granular soils. Canadian Geotechnical Journal，1995，32（6）：1065-1075.

[4] Been K，Jefferies M G. A state parameter for sands. Geotechnique，1985，35（2）：99-112.

[5] Ishihara K. Liquefaction and flow failure during earthquakes. Geotechnique，1993，43（3）：351-415.

[6] Verdugo R，Ishihara K. The steady state of sandy soils. Soils and Foundaitons，1996，36（2）：81-91.

[7] Bolton M D. The strength and dilatancy of sands. Geotechnique，1986，36（1）：65-78.

[8] Manzari M T，Dafalias Y F. A critical state two-surface plasticity model for sands. Geotechnique，1997，47（2）：255-272.

[9] Cubrinovski M，Ishihara K. Modeling of sand behavior based on state concept. Soils and Foundations，1998，38（3）：115-127.

[10] Gajo A，Wood D M. Severn-Trent sand：A kinematic-hardening constitutive model：the q-p formulation. Geotechnique，1999，49（5）：595-614.

[11] Wan R G，Guo R G. A simple constitutive model for granular soils：Modified stress-dilatancy approach. Computers and Geotechnics，1998，22（2）：109-133.

[12] Li X S，Dafalias Y F. Constitutive modeling of inherently anisotropic sand behavior. Journal of Geotechnical and Geoenvironmental Engineering，2002，128（10）：868-880.

[13] Poorooshasb H B，Holubec I，Sherbourben A N. Yielding and flow of sand in triaxial compression. Canadian Geotechnical Journal，1967，4（4）：376-397.

[14] Li X S，Dafalias Y F. Dilatancy for cohesionless soils. Geotechnique，2000，50（4）：449-460.

第 3 章　土与结构的接触模拟方法

对于遮帘式板桩码头，如何正确地模拟前墙、遮帘桩等结构与土之间的相互作用问题是数值分析必须解决的难点问题。土体与结构体之间相互作用在岩土工程中非常普遍，由于土体与结构体一般在力学性质方面相差很大，在受力情况下，土体与结构体之间除了力的传递外，还可能产生相对位移，如相对错位或开裂等，这使得土体与结构体之间将不再是一个变形连续的整体。如果在有限单元法计算过程中将两种不同介质的单元直接耦合计算，必然导致较大误差甚至不合理，同时存在计算收敛的问题。为了解决这类问题，采用有限单元法时，往往仍然把土体与结构体看成连续体，土体和结构体采用不同的本构模型，对于土体与结构体之间的接触问题，则进行相应的处理。

对接触问题的处理主要有三种方法：①直接法，将接触问题转化为一个约束二次规划问题来处理。②接触面单元法，是在土体与结构体之间建立接触面单元。接触面单元是一种无厚度[1]或薄层的特殊单元[2]，在土体与结构体之间起到过渡作用，通过建立接触面单元本构模型，近似模拟土体与结构体之间的应力-应变关系，主要包括接触面本构模型和接触面单元。接触面本构模型是指接触面上相互作用应力与接触面上相应位移之间的相互关系，主要为切向应力 σ_s 与切向应变 μ_s，法向应力 σ_n 与法向应变 μ_n 之间的函数关系。目前着重研究 σ_s 与 μ_s 之间的关系，而对 σ_n 与 μ_n 之间的关系的研究则相对较少。接触面单元是指为了适应有限元数值方法而在土体与结构体之间设置的特殊单元。③接触力学法，将土体与结构体的接触面处理为边界条件，其中以拉格朗日（Lagrange）乘子法[3]和罚函数法[4]为代表。拉格朗日乘子法的乘子和罚函数法的罚值相当于接触面上接触应力，这两种方法能够精确满足边界条件，但形成的刚度矩阵容易出现病态而无法求解。罚函数法虽然克服了刚度矩阵的病态，但只能近似满足边界条件。后来发展了修正的拉格朗日乘子法，取两者共同的优点，从而比较真实地得到接触面的应力。

目前，接触力学法主要应用于刚性接触面，而对于处理土体这类复杂非线性材料的应用还很少，存在收敛困难等问题。本书基于接触力学的思想，将其引入板桩码头计算，解决了土与结构相互作用的复杂技术问题。

3.1　接触的基本概念

对于一般土体与结构体相互作用问题，如大型箱型基础或片筏基础等与周围土体的相互作用，由于这些结构体为连续完整的块体，所以土体与结构体相互作用界面较为完整和规则，从模型离散化角度看，这一类接触问题就比较简单，可采用的数值计算方法较多。而对于遮帘式地连墙板桩码头结构，土体中不仅存在桩群，而且还设置了前墙和锚碇墙，使得结构体系在土体中构成了一定的拓扑特征，桩土相互作用愈发复杂。例如，较大的桩（墙）体与土体接触“比表面积”；复杂的桩（墙）体与土体相互作用机理。

随着码头前沿港池的开挖和码头表面加载，遮帘桩和墙体受力状态与受力水平差异较大，而且还受到拉杆的约束，其力学相应有主动、被动的区别以及两者兼而有之的复杂状态。

这些特征导致接触计算呈现高度的非线性，具体表现为三重非线性问题，除了大变形引起材料非线性和几何非线性外，还有接触界面上的非线性，这是接触问题所特有的[5]。接触界面非线性源于两个方面。一方面，接触区域界面大小和位置以及接触状态不仅事先都是未知的，而且是随着时间变化的，需要在求解过程中确定；另一方面，接触条件的非线性，接触条件包括接触物体不可相互侵入、接触力的法向分量只能是压力、切向接触的摩擦条件。这些条件有别于一般的约束条件，特别是其单边性的不等式约束，具有强烈的非线性。

对此通常的数值计算方法无法适用，而有限单元法作为普适性较好、模型化能力强的数值计算方法，提供了解决复杂接触问题的途径。随着土体与结构体相互作用问题研究的不断深入，在可预见的将来，有限单元法将会成为解决这一复杂问题的根本途径。

（1）接触的定义。理论上，如果某一单元节点恰好位于某个接触段/片上时即认为产生了接触。但在数值计算接触过程中，要精确描述节点恰好在一个接触段/片是困难的，因此引入了接触距离容限来解决这一问题。如果某一节点的空间位置位于接触距离容限之内，就被当成与接触段/片相接触，如图 3.1 所示。

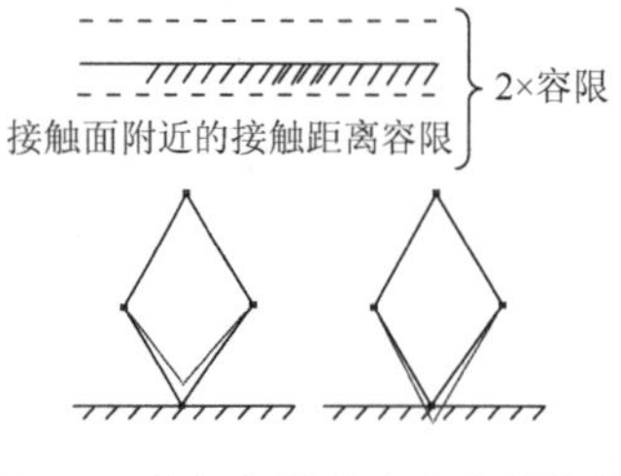

图 3.1　落入容限节点产生的接触

（2）穿透的定义及判断方法。在接触分析中，当在某一时间增量步 t 到 $t+\Delta t$ 内，如果接触物体移动超出了接触距离容限则认为发生了穿透，当检测到穿透时，必须进一步细化该增量步，使得细化后的各增量步都不发生穿透。因此，在分析时必须在接触区域施加约束才能确保一个物体接触而不会发生穿透现象。

3.2　接触的力学描述

桩与土体相互接触作用是一个复杂的力学行为，桩身材料的强度远远大于土体强度，因而通常认定桩体界面为接触主面，而土体界面为接触从面。在接触过程中，当出现侵入现象时，规定从面节点不容许侵入主面，而主面节点没有限制，可以在从面节点之间发生侵入，这与实际工程是一致的。

结构体与土体相互作用抽象为力学模型时，应满足以下三个条件：主面法向不可贯入性，即在变形过程中，主接触面上各点对应的位移应满足相容性，主面不可侵入；法向接触力为压应力条件；切向为摩擦力条件[6]。当作用在接触面上某一点的切向力达到并超过该方向上最大抗力时，接触体将沿该方向滑动，并采用广义莫尔-库仑准则来描述，如图 3.2 所示。

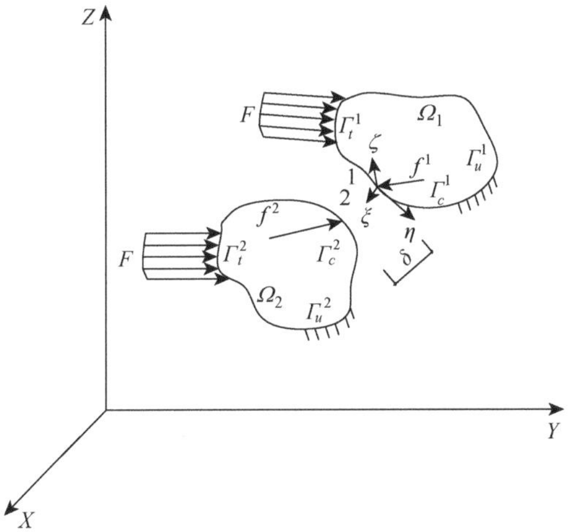

图 3.2　接触问题力学模型示意图

应力边界 $\Gamma_t^I\ (I=1,2)$和位移边界 Γ_u^I 的两个接触体 Ω_1、Ω_2，假定其可能的接触边界为 Γ_c^1、Γ_c^2 上的任意点对 1，2，u_1、p^1 分别为边界 Γ_c^1 上的位移和接触力，ξ、η、ζ 定义在可能的接触边界上的局部坐标系，其中 ξ 为法线方向，η、ζ 为两个切线方向。点对 1，2 间的法向间隙为 $h=(u_1-u_2)\ \xi$，假定点对 1，2 控制对应面积为 A，A 可以由接触区域单元面积对点对的贡献确定，考虑接触面摩擦系数为 μ，凝聚力为 c，则接触问题力学模型如表 3.1 所示。

表 3.1　接触面力学模型

接触状体	等式约束	不等式约束
张开	$p^1 = p^2 = 0$	$h < 0$
闭合	$p^1 = -p^2$	$h \geqslant 0,\ \ p_\xi > 0,\ \ \sqrt{p_\eta^2 + p_\zeta^2} < \mu p_\xi + Ac$
滑移	$\sqrt{p_\eta^2 + p_\zeta^2} = \mu p_\xi + Ac$	$h \geqslant 0,\ \ p_\xi > 0$

接触面之间的相互作用包括两部分，一是接触面法向作用，二是接触面切向作用，3.3 节和 3.4 节就这两方面展开分析。

3.3　接触面的法向模型

本次研究区域主要为混凝土面与土体的接触，所以在法向接触采用硬接触，即压力直接传递，没有衰减。因而接触面压力可以表示为当 $p=0$，$h<0$ 时，接触面分离；当 $p>0$，$h=0$ 时，两接触面发生接触。以接触面为边界条件，采用带罚值的修正拉格朗日乘子法，得到接触压力实际功为

$$\delta \Pi = \delta p h + p \delta h \tag{3.1}$$

式（3.1）写成微分式为

$$\mathrm{d}\delta \Pi = \delta p \mathrm{d}h + \mathrm{d}p \delta h \tag{3.2}$$

3.4　接触面的切向模型

当接触面处于闭合状态时，接触面存在摩擦力。当摩擦力小于某一极限值 τ_{crit} 时，认为接触面处于黏结状态；当摩擦力大于 τ_{crit} 时，接触面开始出现滑移，认为处于滑移状态。

$$\tau_{\text{crit}} = \mu p \tag{3.3}$$

式中，μ 为摩擦系数，可以随剪切速率、温度或其他场变量变化。

在某些情况下，接触压力可能比较大，导致极限剪应力也比较大，可能超过结构体真正能承受的值，此时必须指定一个所容许的最大剪应力 $\tau_{\max}$，此时最大 τ_{crit} 表示为

$$\tau_{\text{crit}} = \min(\mu p, \tau_{\max}) \tag{3.4}$$

由于考虑摩擦力，求解方程组会添加不对称项，一般来说当 $\mu < 0.2$ 时，不对称项的值及其影响很小，可以采用对称求解器求解，其他须采用非对称求解器求解，否则会导致求解不收敛。另外对于 $\tau_{\max}$，一般可以采用式（3.5）计算：

$$\tau_{\max} = \sigma_{\mathrm{M}} \tag{3.5}$$

式中，σ_{M} 为桩身材料的米泽斯（Mises）屈服应力。

对于接触面各向异性材料，给定不同方向的摩擦系数 μ_1、μ_2，式（3.5）稍加推广，即可应用。

在理想状况下，接触面在滑移状态之前，没有产生剪切变形，因而这会导致数值计算收敛上的困难，为此需要对数值进行光滑处理——引入弹性滑移变形。弹性滑移变形是指两接触表面黏结在一起时，容许从面发生少量的相对滑移变形，如图 3.3 中两条虚线的斜率。一般弹性滑移变形由接触面单元长度确定，然后选择罚摩擦计算方法中的刚度。

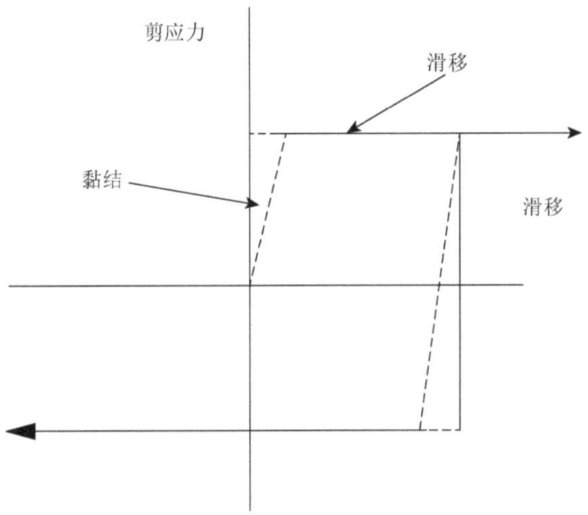

图 3.3　接触摩擦行为

3.5　接 触 算 法

接触问题属于带约束条件的泛函极值问题，最常用的方法包括拉格朗日乘子法、罚函数法以及基于求解器的直接约束法。用直接约束法处理接触问题是追踪物体的运动轨迹，一旦探测出发生接触，便将接触所需的运动约束（即法向无相对运动，切向可滑动）和节点力（法向压力和切向摩擦力）作为边界条件直接施加在产生接触的节点上[7]。这种方法对接触的描述精度较高，具有普遍适应性，此外不需要增加特殊的界面单元，也不涉及复杂的接触条件变化。该方法不增加系统的自由度，本书中采用基于直接约束法的接触迭代算法来处理边界非线性问题。根据以上分析，建立有限元平衡方程为

$$[K]\{\Delta U_n\} = \{\Delta F\} + \{\Delta R\} \tag{3.6}$$

式中，$[K]$为总的刚度矩阵；$\{\Delta U_n\}$为位移增量；$\{\Delta F\}$为节点外载荷矢量增量；$\{\Delta R\}$为接触界面节点接触力矢量增量。

由于接触面的非线性，在用直接约束法进行接触分析时，主要采用的是试探-校核的迭代方法（也称为探测法）来探测接触面的接触情况，每一增量步的试探-校核过程可以表述如下。

（1）根据前一增量步的计算结果和本步给定的载荷条件，通过接触条件的检查和搜寻，假设此步第 1 次迭代求解时接触面的区域和状态。

（2）根据上述关于接触区域和状态所做的假设，对于接触面上的每一点，将运动学或动力学上的不等式约束作为定解条件，引入方程并进行方程的求解。

（3）利用接触界面上的约束条件与所对应的动力学和运动学的不等式作为校核条件，对解的结果进行检查，如果物体表面的每一点都不违反条件，则完成本步求解，转入下一增量步的计算。否则，回到步骤（1）再次进行搜寻和迭代求解，直至每点都满足校核条件，然后转入下一增量步的求解，直到判断出两个面处在刚好接触的状态。

在接触问题的有限元分析中，对接触面是否接触的判断，是进行整个有限元分析的关键。按探测法搜索和判断出接触的两个面处于刚好接触时就按有限元的步骤进行求解。这里刚好接触指的是接触面的距离在接触容限之内，即认为刚好接触，接触面力学分析计算流程如图 3.4 所示。

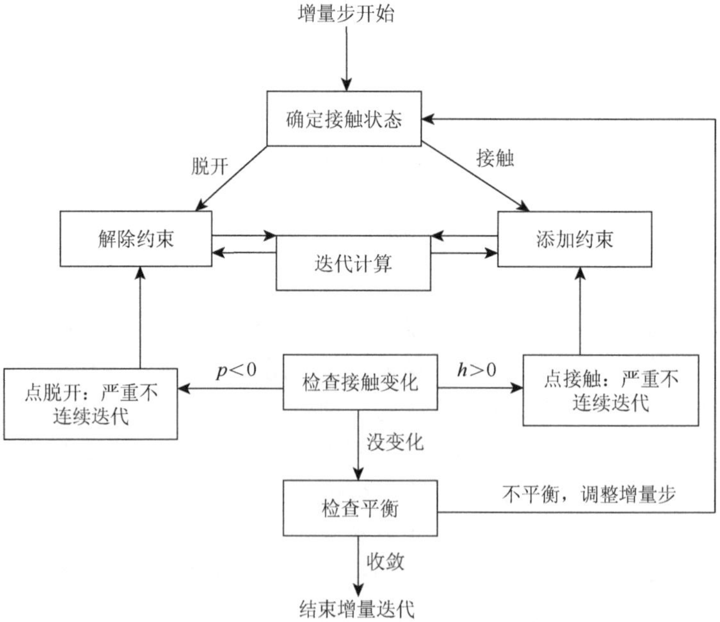

图 3.4　接触面力学分析计算流程

3.6　接触面的相互作用

接触面间的相互作用包括两个方面：一方面是接触面间的法向作用，另一方面是接触面间的切向作用。切向作用又包括接触面间的相对运动（滑动）和可能存在的摩擦剪应力。每一种接触相互作用都可以代表一种接触特性，它定义了在接触面之间相互作用的模型[8, 9]。在 ABAQUS 中，有几种相互作用的模型，默认的模型是没有黏结的无摩擦模型。

3.6.1　接触面的法向行为

一对接触面之间分开的距离称为间隙。当两个面之间的间隙变为零（或小于某定义的位置误差限度）时，在 ABAQUS 中定义了施加约束。在接触问题的公式中，对接触面之间能够传递的接触压力的量值未作任何的限制。当接触面之间的压力变为零或负值时，两个接触面分离，并且接触被移开，这种行为代表了硬接触。

当接触条件从“开”到“闭”时，接触应力会发生剧烈的变化，有时可能会使得接触模拟难以完成。

3.6.2　表面的滑动

除了要确定在某一点是否发生接触外，ABAQUS 分析还必须计算两个表面之间的相互滑动，这可能是一个非常复杂的计算。因此，ABAQUS 分析对哪些滑动的量级是小的以及哪些滑动的量级可能是有限的问题做了区分。对于在接触表面之间可能是小滑动的模型问题，其计算成本是很小的。对于小滑动的定义可以遵循一般的原则：对于一点与一个表面接触的问题，只要该点的滑动量不超过一个单元典型尺度的一小部分，就可以近似地应用小滑动。

3.6.3　摩擦模型

当表面发生接触时，在接触面之间一般传递切向力和法向力，这样就要考虑阻止表面之间相对滑动的摩擦力。库仑摩擦是经常用来描述接触面之间相互作用的摩擦模型，该模型应用摩擦系数 μ 来表征两个表面之间的摩擦行为。

默认的摩擦系数为零。在表面拽力达到一个临界剪应力值之前，切向运动一直保持为零。根据式（3.7），临界应力取决于法向接触应力的大小：

$$\tau_{\text{crip}} = \mu p \tag{3.7}$$

式中，μ 为摩擦系数；p 为两接触面之间的接触应力，τ_{crip} 为临界摩擦剪应力。直到在接触面之间的剪应力 τ 等于临界摩擦剪应力 τ_{crip} 时，接触面之间才会发生相对滑动。对于大多数接触面，μ 通常小于 τ_{crip}。图 3.3 中描述了库仑摩擦模型的行为，当它们处于黏结状态时，表面之间没有相对滑移。

模拟理想的摩擦行为可能是非常困难的。因此，在默认的大多数情况下，ABAQUS 使用一个允许“弹性滑动”的罚摩擦公式，图 3.3 中用虚线表示。“弹性滑动”是在黏结的接触面之间所发生的小量的相对运动。ABAQUS 自动地选择罚刚度（虚线的斜率），因此这个允许的“弹性滑动”是单元特征长度的很小的一部分。通常从黏结条件下进入初始滑动的摩擦系数不同于已经处于滑动中的摩擦系数，前者代表了静摩擦系数，后者代表了动摩擦系数。在 ABAQUS 中，用指数衰减规律来模拟静摩擦和动摩擦之间的转换。

3.6.4　小滑动与有限滑动

当应用小滑动时，ABAQUS 在模拟开始时就建立了从面节点与主面节点之间的关系。ABAQUS 确定了在主面上哪一段将与从面上的每个节点发生相互作用，在整个分析过程中将会保持这些关系，绝不会改变主面部分与从面节点的相互作用关系。如果在模型中包括了几何非线性，小滑动算法将考虑主面的任何转动和变形，并更新接触力传递的路径。如果在模型中没有考虑几何非线性，则忽略主面的任何转动和变形，荷载的路径保持不变。

3.7　Goodman 接触模型

Goodman 接触模型是 Goodman 等[10]于 1968 年提出的一种模拟岩石当中存在的断层、节理的模型，该模型没有厚度，只有长度与宽度。

Goodman 接触模型如图 3.5 所示，它是一个非线性接触面模型，它没有厚度，有 1、2、3、4 四个节点，每个节点有两个自由度，共计 8 个自由度，此处的两个接触面为 12、34。Goodman 把它们看作由无数个小弹簧相连接，其中水平的弹簧与竖向的弹簧并不相互影响。反映在接触模型中，表示接触面上的法向应力与切向应力之间；法向相对位移与切向相对位移之间没有相互影响。由此，应力与应变的关系可以表示为

$$\{\sigma\} = [k_0]\{\varepsilon\} \tag{3.8}$$

式中，$\{\sigma\}=\begin{Bmatrix}\tau_1\\ \tau_2\end{Bmatrix}$；$[k_0]=\begin{bmatrix}k_{s1} & 0\\ 0 & k_{s2}\end{bmatrix}$；$\{\varepsilon\}=\begin{Bmatrix}\gamma_1\\ \gamma_2\end{Bmatrix}$。$k_{s1}$ 与 k_{s2} 分别是两个切向剪切系数，其表达式为

$$k_{s1}=\left(1-R_f\frac{\tau_1}{\sigma_n\tan\delta}\right)^2 K_1\gamma_w\left(\frac{\sigma_n}{P_a}\right)^n \tag{3.9}$$

$$k_{s2}=\left(1-R_f\frac{\tau_2}{\sigma_n\tan\delta}\right)^2 K_2\gamma_w\left(\frac{\sigma_n}{P_a}\right)^n \tag{3.10}$$

由式（3.9）和式（3.10），Goodman 单元的参数共有 5 个，包括 K_1、K_2、n、R_f、δ。其中 δ 为界面摩擦角；P_a 为大气压强；γ_w 为水重度。

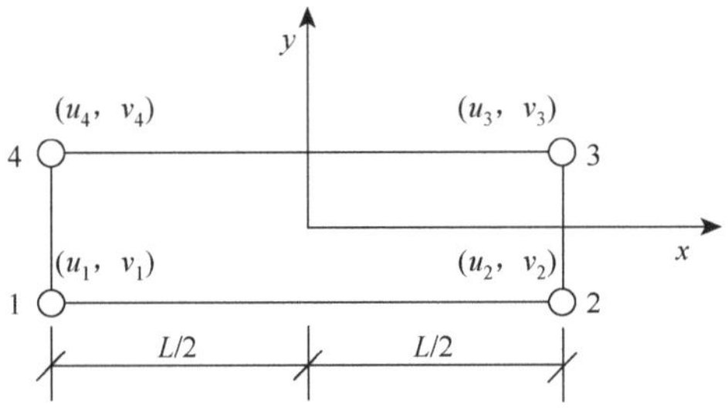

图 3.5　Goodman 接触模型示意图

在有限元计算分析中，Goodman 无厚度单元以其简单方便、参数容易确定（易通过常规直剪试验得到），且有明确的物理意义从而得到了广泛应用。其缺点一是单元无厚度，接触面两侧单元会发生嵌入或脱离，不得不靠调整法向刚度的取值来解决，而法向刚度的取值带有任意性，位移计算的一个微小误差，将会使应力产生较大的误差；二是切向刚度的参数是采用双曲线函数拟合不同法向应力下的实验数据确定的，存在局限性，因为一些试验曲线不符合双曲线，这就使得由试验确定的参数对某些法向应力下的试验数据拟合得很好，对某些法向应力下的试验数据拟合较差。

为了克服 Goodman 单元的一些不足，李守德和俞洪良[11]提出了一种修正方法，仍然采用无厚度单元，切向由无数弹簧相连，但是法向采用无数刚连杆相连。单元受压时，法向无相对位移；单元受拉时，刚连杆断开，单元不贡献劲度。

3.8　损伤接触面模型

接触面应力变形关系的数学模拟一直是岩土工程数值分析中的一个主要难

题，是进行数学计算的基础。目前接触面的本构模型可以大致分为双曲线模型、弹塑性模型（或黏弹塑性模型）、损伤模型三类。双曲线模型仅是对试验曲线的简单数值近似拟合，并没有考虑接触面本身的力学特性，该应力-应变关系没有任何理论依据，所以只能近似描述应力-应变状态，不能很好地说明其变形发展过程的力学机理，但是由于该模型简单，参数比较容易确定，至今应用较为广泛；弹塑性模型（或黏弹塑性模型）可以很好地解释和解决很多土力学现象和问题，但是，通过试验和实际工程发现的土体应变软化问题，却没有很好地从理论上加以解释；损伤模型是近几十年发展起来的新模型，它可以很好地模拟应变软化现象，然而目前的研究多从数学方法出发，没有密切结合土的力学特性，从而使得很多损伤模型没能很好地从理论上解释土体的变形特性，所以将分析理论与本构模型相结合可能是未来损伤模型发展的一个方向。

3.8.1　损伤力学机理

损伤力学（damage mechanics）是研究材料或构件在各种加载条件下，损伤随着变形的演化而发展并最终导致破坏的过程中的力学规律学科，它是固体力学的分支[12]。

材料微细结构不可逆的劣化过程引起材料性能变化，称为损伤。损伤力学认为，材料内部存在着分布的缺陷，如位错、微裂纹、微孔洞、剪切带等，这些不同尺度的细结构是损伤的典型表现。损伤在热力学中，视为不可逆的耗散过程。物体中的损伤有多种，如脆性损伤、塑性损伤、蠕变损伤、疲劳损伤等。

损伤本身并不是一种独立的物理特性，它是作为一种劣化因素与弹性、塑性、黏弹性物质结合。因此，连续损伤介质就其物理性能而言，又可分为弹性损伤数学模型、弹塑性损伤数学模型、黏弹性损伤数学模型等物理数值模型。弹性损伤材料加载时，由损伤所引起模量的减少，加载应力-应变曲线呈现出非线性特性（假定损伤是从受力一开始就发展起来的），但卸载后能立刻恢复至初始状态。弹塑性损伤材料的加载与卸载模量显然不同，不再像无损伤弹塑性材料那样，卸载曲线平行于初始的弹性加载曲线，所有这些现象（如模量的改变、体积的膨胀、试件的软化等）都不能用塑性流动理论加以说明。损伤材料受到重复加载、卸载时，即使是弹性损伤材料，也有类似于黏弹性材料的能量耗损，只是黏弹性材料的变形和恢复过程表现出更大的时间延迟性。

损伤力学选取合适的损伤变量（可以是标量、矢量或张量），利用连续介质力学的宏观方法或细观力学、统计力学的方法，导出含损伤的材料本构关系和损伤演化方程，形成损伤力学的初、边值问题的提法，并求解物体的应力变形场和损伤场。

宏观的损伤理论把含有各种缺陷（如分散出现在细观组织之间的瑕隙、细屑、孔穴和微位错等）的材料个体笼统地认为是一种含有“微损伤场”的连续介质，并把这种“微损伤场”的形成和发展看作损伤演变的过程。并引入适当的“损伤变量”来表达这种连续损伤介质的物理力学性质，这种既连续又损伤的介质，看似是矛盾的概念，但从宏观的角度来说，却是可以接受的。它是把“损伤”作为物质细观结构的一部分引入连续介质的模型。可以把损伤材料看成以孔穴等组成的二相体复合材料，按照复合材料弹性模量的混合律，连续损伤介质的弹性模量 $E(\omega)$ 为

$$E(\omega) = E_{\mathrm{i}}(1-\omega) + E_{\mathrm{d}}\omega \tag{3.11}$$

式中，ω 为材料中孔穴所占的百分数，当孔穴的模量 $E_{\mathrm{d}} = 0$ 时，则由式（3.11）可以推出：

$$\omega = 1 - \frac{E(\omega)}{E_{\mathrm{i}}} \tag{3.12}$$

式中，E_{i} 为材料在无损伤状态下的弹性模量。可以把 ω 称为“损伤变量”，它并不是一个不变的量。

3.8.2　损伤接触面本构模型

由试验结果可知，接触面剪切变形可以大致分为试验土样的剪切变形和土与结构接触表面的剪切变形两部分。在试验开始时，接触面的剪切变形以试验土样剪切变形为主，随着剪切变形的逐渐增大，接触面剪切变形的主体逐渐由试验土样的剪切变形向土与结构接触表面的剪切变形转变，当达到剪应力峰值以后，接触面的剪切变形基本上以土与结构接触表面的剪切变形为主。

联系损伤力学机理我们可以发现，采用损伤演化的概念可以很好地解释接触面破坏的整个过程。

接触面破坏损伤主要是较弱的介质出现损伤导致的，对于土体与混凝土接触面而言，混凝土在整个过程中的损伤可忽略不计，因此在研究接触面损伤问题时，主要考虑土体的损伤。试验土样与结构接触面在剪切过程中损伤不断累积，整个接触面土体由无损伤土向损伤土逐渐转化。对于损伤土的定义考虑了土与结构接触面相互剪切作用时的塑性变形问题、接触面材料在剪切过程中相对粗糙度变化的问题以及土体自身和土与结构接触面剪切强度的差异而导致的最终接触面剪切变形情况的问题。

1）基本假设

在试验基础上结合损伤原理，提出如下假设。

（1）设无损伤土的特性可用参数 S_{i} 表示，损伤土的特性可用 S_{d} 表示，则根据

损伤概念，处于过渡状态的土体参数可以用式（3.13）计算：

$$S=(1-\omega)S_{\mathrm{i}}+\omega S_{\mathrm{d}} \tag{3.13}$$

式中，ω为损伤参数，即损伤土在整个土体中所占的比重，下标i和d分别代表无损伤土和损伤土。

（2）过渡状态的土体由无损伤土与损伤土两者混合而成，所以当过渡状态的土体受剪切力发生剪切位移时，两种土也会发生相应的剪切位移，并且该剪切位移应该与过渡状态的土体剪切位移大小相同、方向一致。接触面剪切位移γ可采用式（3.14）计算：

$$\gamma=\gamma_{\mathrm{i}}+\gamma_{\mathrm{d}} \tag{3.14}$$

式中，γ_{i}和γ_{d}分别为无损伤土和损伤土的剪切位移。

（3）过渡状态的土体由无损伤土与损伤土两者混合而成，所以当过渡状态的土体受到接触面剪切应力作用时，其接触面剪切应力必然由两种土体共同承担，即两种土剪应力的合力应与接触面剪切应力相同，由于两种土之间的转化符合损伤演化的原则，所以接触面的剪应力τ可用式（3.15）计算：

$$\tau A=\tau_{\mathrm{i}}A_{\mathrm{i}}+\tau_{\mathrm{d}}A_{\mathrm{d}} \tag{3.15}$$

式中，A为剪切面积；A_{i}为无损伤土所占的面积；A_{d}为损伤土所占的面积。由损伤理论可得

$$A=A_{\mathrm{i}}+A_{\mathrm{d}} \tag{3.16}$$

根据损伤理论引入损伤变量，以反映损伤演化：

$$\omega=\frac{A_{\mathrm{d}}}{A} \tag{3.17}$$

即

$$\begin{cases}A_{\mathrm{d}}=\omega\times A\\ A_{\mathrm{i}}=(1-\omega)A\end{cases} \tag{3.18}$$

将式（3.18）代入式（3.15）可得

$$\tau=(1-\omega)\tau_{\mathrm{i}}+\omega\tau_{\mathrm{d}} \tag{3.19}$$

式中，τ_{i}和τ_{d}分别为无损伤土和损伤土的抗剪强度。

设无损伤土的剪应力与位移关系为

$$\tau_{\mathrm{i}}=f_{\mathrm{i}}(\gamma_{\mathrm{i}}) \tag{3.20}$$

损伤土的剪应力与位移关系为

$$\tau_{\mathrm{d}}=f_{\mathrm{d}}(\gamma_{\mathrm{d}}) \tag{3.21}$$

则将式（3.20）和式（3.21）代入式（3.19）可得

$$\tau = f(\gamma) = (1-\omega) f_{\mathrm{i}}(\gamma) + \omega f_{\mathrm{d}}(\gamma) \tag{3.22}$$

以上推导都建立在没有涉及无损伤土与损伤土的自身本构关系的基础上，所以该结论适合各种土与结构接触面本构关系。

2）无损伤土接触面模型

无损伤土接触面模型假设为非线性弹性模型，为符合土体自身的变形特点，其表述形式按照 Goodman 接触模型的表达式，即

$$\tau_{\mathrm{i}} = f_{\mathrm{i}}(\gamma) = \frac{\gamma}{a_{\mathrm{i}} + b_{\mathrm{i}}\gamma} \tag{3.23}$$

式中，τ 为接触面上的平均剪应力；γ 为接触面相对滑移量；a_{i}、b_{i} 为系数。从双曲线几何性质可知，a_{i} 的倒数为应力-应变曲线的初始斜率，记为剪切刚度 K_{si}，该值取决于接触面的法向压力，可用式（3.24）表示：

$$K_{\mathrm{si}} = K_{\mathrm{i}}\gamma_{\mathrm{w}}\left(\frac{\sigma_{\mathrm{n}}}{P_{\mathrm{a}}}\right)^{n} \tag{3.24}$$

式中，K_{i} 为刚度系数；n 为刚度指数；γ_{w}、P_{a} 分别为水重度和标准大气压；b_{i} 的倒数为应力-应变曲线；当应变趋于无限大时的应力值记为 τ_{ult}，接触面达到破坏时的剪应力为 τ_{f}，定义破坏比为 R_{f}，令

$$R_{\mathrm{f}} = \frac{\tau_{\mathrm{f}}}{\tau_{\mathrm{ult}}} \tag{3.25}$$

式中，$\tau_{\mathrm{f}} = \tau_0 + \sigma_{\mathrm{n}}\tan\delta$，对于碾压堆石料，$\tau_0$ 为初始抗剪强度；对于黏性土，$\tau_{\mathrm{f}} = c + \sigma_{\mathrm{n}}\tan\delta$；$c$ 为黏聚力；δ 为接触面摩擦角。

$$K_{\mathrm{t}} = \left(1 - R_{\mathrm{f}}\frac{\tau}{\tau_{\mathrm{f}}}\right)^{2} K_{\mathrm{si}} \tag{3.26}$$

式中，K_{t} 为切线剪切刚度。

将式（3.24）代入式（3.26），得到切线剪切刚度表达式为

$$K_{\mathrm{t}} = \left(1 - R_{\mathrm{f}}\frac{\tau}{\tau_{\mathrm{f}}}\right)^{2} K_{\mathrm{i}}\gamma_{\mathrm{w}}\left(\frac{\sigma_{\mathrm{n}}}{P_{\mathrm{a}}}\right)^{n} \tag{3.27}$$

式（3.24）～式（3.27）中，非线性弹性模型一共有 6 个参数：K_{i}、n、R_{f}、τ_0、c 和 δ。

3）损伤土接触面模型

由接触面剪切试验可知，在达到剪应力峰值以后，随着剪切位移的增加，剪应力值逐渐减少并趋于稳定，剪应力达到峰值后，接触面剪切位移主要发生在土与结构的接触表面，随着剪切位移的发展，试验土料不断滚动、滑动，土颗粒与结构体之间的摩擦力逐渐趋于稳定，数据分析发现趋于稳定时的剪应力与法向应力符合莫尔-库仑强度理论，则假设损伤土接触面本构关系如下。

$$\tau_d = \sigma_n \tan(\delta_d) + \tau_n \tag{3.28}$$

式中，σ_n 为法向压力；δ_d 为残余摩擦角；τ_n 为残余抗剪强度，可由试验数据求得。

根据损伤理论可知，损伤变量应该满足以下几点要求：①损伤变量应该反映损伤演化过程，即方程应以反映损伤过程有关的量为自变量；②损伤演化方程应该可微，以满足建立有限元刚度矩阵的要求；③根据损伤理论的概念，损伤变量取值范围应为 0～1，并且随着剪切过程，损伤变量取值从 0 向 1 逼近；④在不同法向压力下接触区土体剪切变形达到不同峰值剪应力所需的剪切位移是不同的，即损失变量应与法向压力有关。损伤变量的方程采用双曲线函数，为

$$\omega = \frac{\gamma}{k'\left(\dfrac{\sigma_n}{P_a}\right)^m + \gamma} \tag{3.29}$$

式中，γ 为标准长度相对剪切变形率；k' 和 m 为双曲线参数，m 反映了法向压力对损伤的影响。这两个参数可通过试验曲线求得。

将损伤函数代入式（3.22），可得出接触面损伤模型的表达式：

$$\tau = (1-\omega)\tau_i + \omega\tau_d \tag{3.30}$$

设 t 时刻接触面剪切位移为 γ_t，应变增量 $\Delta\gamma$ 可根据无损伤土剪切面模型求得。则在 $t+\Delta t$ 时刻的损伤因子 $\omega_{t+\Delta t}$ 表达式为

$$\omega_{t+\Delta t} = \frac{\gamma_t + \Delta\gamma}{k'\left(\dfrac{\sigma_n}{P_a}\right) + (\gamma_t + \Delta\gamma)} \tag{3.31}$$

式中，t 为计算总步长；Δt 为计算子步长。

无损伤情况下的剪应力为

$$\tau_{i(t+\Delta t)} = \tau_{i(t)} + K_t \Delta\gamma \tag{3.32}$$

考虑损伤影响后，接触面剪应力表达式为

$$\tau_{t+\Delta t} = (1+\omega_{t+\Delta t})\tau_{i(t+\Delta t)} + \omega_{t+\Delta t}\tau_d \tag{3.33}$$

考虑不同应力路径下损伤累积，由于试验资料有限，对其损伤累积的机理认识不足，在此做出假设，认为其在反复剪切过程中，损伤函数中的剪应变 γ 为应变增量绝对值的累加，这样可基本反映在反复剪切过程中接触面损伤的累积。

参 考 文 献

[1] 袁凡凡，詹云刚，栾茂田. 弹塑性无厚度接触面单元的本构积分算法及验证. 岩土力学，2008，29(3)：734-740.

[2] Desai C S，Zaman M M，Lightner J G. Thin-layer element for interfaces and joints. International Journal for Numerical & Analytical Methods in Geomechanics，2010，8（1）：19-43.

[3] 周伟，靳萍，常晓林，等. 基于扩展Lagrange乘子的Clough接触面模型及应用. 岩土力学，2008，29（1）：69-74.
[4] 左熹，陈国兴，杜修力，等. 强地震动作用下地基土-地铁隧道结构的动力接触效应. 防灾减灾工程学报，2009，29（1）：9-15.
[5] 周爱兆，卢廷浩，刘尧. 土与结构接触面力学特性研究现状与展望. 河海大学学报（自然科学版），2007，35（5）：524-528.
[6] 殷宗泽，朱泓，许国华. 土与结构材料接触面的变形及其数学模拟. 岩土工程学报，1994，16（3）：14-22.
[7] 栾茂田，武亚军. 土与结构间接触面的非线性弹性-理想塑性模型及其应用. 岩土力学，2004，25(4)：507-513.
[8] 胡黎明. 土与结构物接触面数值模拟//中国力学学会.第十届全国结构工程学术会议论文集第Ⅱ卷，南京，2001：5.
[9] 胡黎明，濮家骝. 土与结构物接触面物理力学特性试验研究. 岩土工程学报，2001，(4)：431-435.
[10] Goodman R E，Taylor R L，Brekke T L. A model for the mechanics of jointed rock. ASCE，1968，94（SM3）：637-660.
[11] 李守德，俞洪良. Goodman接触面单元的修正与探讨. 岩石力学与工程学报，2004，23（15）：2628-2631.
[12] 胡黎明，濮家骝. 土与结构物接触面损伤本构模型. 岩土力学，2002，23（1）：6-11.

第 4 章　ABAQUS 有限元平台的开发应用

对于一个具体工程实际问题，可采用的数值分析方法很多，包括有限元、有限差分、边界元、离散元等，工程上用得最多的是有限单元法。目前可供选择的有限元商业软件平台也很多，包括 ABAQUS、ANSYS、ADANA 等，这些平台有许多优点，包括前后数据处理能力强，非线性计算能力强，可以解决复杂的工程问题且操作非常方便等。然而对于岩土工程问题，这些平台中自带的本构模型不能很好地模拟土体复杂的应力变形特性，使其的应用受到限制。

在大量涉及岩土工程的数值分析过程中，许多有限元程序都是完全靠自行开发，其优点是植入了一些实用的土体本构模型，可以较好地模拟土的应力变形特性。但这些软件普遍存在前后数据处理能力差、不能模拟复杂结构、难以推广应用等问题，特别是关于计算过程中的收敛问题，一般分析软件中都是采用“强制收敛”的方法，造成了很大的计算误差。

本章重点介绍如何将用户自编的土体本构模型植入 ABAQUS 有限元平台，拓展该平台的应用范围，使其具有合理分析岩土工程问题的能力。

4.1　ABAQUS 有限元平台介绍

4.1.1　ABAQUS 有限元平台的功能

ABAQUS 是一套功能强大的有限元分析软件平台，可以解决从相对简单的线性分析到复杂的非线性问题。其包含一个丰富的、可以模拟复杂几何形状的单元库，拥有多种类型的材料模型库，可以模拟典型工程材料的性能，如金属、橡胶、高分子材料等，特别是能够驾驭非常复杂、高度非线性问题。ABAQUS 平台具有以下优点[1]。

（1）功能强大。ABAQUS 是集结构、热、流体、电磁及声学于一体的通用分析软件，为用户提供了广泛的分析功能。大量的复杂问题可以通过选项块的不同组合，很方便地模拟出来，大部分工程问题，甚至是高度非线性问题，用户只需一些工程数据，如结构几何形状、材料性能及载荷工况等。

（2）非线性处理能力强。ABAQUS 有优良的非线性计算功能，对于非线性静态分析，是将载荷分解成一系列增量的载荷步，在每一载荷步内进行一系列线性逼近以达到平衡。对于瞬态或动力非线性问题，可以分解为连续时间变化的载荷增量，在每一步进行平衡和迭代。

（3）丰富的单元库和材料模型库。ABAQUS 包含内容丰富的单元库，可选用的单元有 8 大类 433 种，如实体单元、壳单元、连接单元等。ABAQUS 自带的多种材料本构关系可以模拟工程中典型的材料性能。

（4）良好的开放性。ABAQUS 是一个开放的体系结构，提供二次开发的接口，利用其强大的分析求解平台，可以解决更为复杂、困难的问题，而且节省大量时间，避免重复性的编程工作，使工程分析和优化设计更快更好。

作为通用的模拟工具，必然有其自身不足，如缺乏模拟土体复杂力学特性的本构模型等。所以充分利用其强大非线性计算能力，有针对性地进行二次开发，是解决岩土工程数值问题的有效途径。

4.1.2　ABAQUS 平台的用户程序接口

ABAQUS 允许通过子程序以代码的形式来拓展主程序的功能，并提供了强大而又灵活的子程序和应用程序接口。ABAQUS 包括 43 个子程序接口和 15 个应用程序接口，这些子程序及应用程序接口，主要提供了以下功能。

（1）对 ABAQUS 数据库函数进行操作；

（2）定义特定载荷类型；

（3）定义新的用户单元；

（4）定义特定的边界条件；

（5）在非线性功能中实现对用户实参的运算；

（6）接触问题中实现用户自定义摩擦系数；

（7）定义特定的非线性材料，如用户塑性准则、蠕变方程、超弹性准则、失效准则、黏弹性等；

（8）用户可以优化和介入计算过程。在每个运算求解、载荷步、增量步和平衡迭代的开始和结束，容许用户介入，评估计算结果。

子程序使得解决具体工程问题具有很大的灵活性，极大地拓展了软件功能。例如，通过定义单元接口，可以将任何自定义类型的线性或非线性单元引入模型中，也可以通过材料子程序接口，定义任何补充的材料本构模型，任意数量的材料常数可以作为资料被读取，而且对任意数量的与求解相关的状态变量在每一材料积分点都提供存储功能，以便调用。

4.2 用户材料模型子程序的开发

4.2.1 ABAQUS 的用户子程序

4.1.2 节提到 ABAQUS 的用户子程序给用户的介入提供了很大的方便，用户可以将自己的需要植入 ABAQUS 平台中，如植入用户自编的土体本构模型。用户子程序必须按照 ABAQUS 提供的相应接口，按照 FORTRAN 或 C 语言语法，编写代码。用户子程序是一个独立的程序单元，可以独立存储和编译，也可以被其他程序引用，可以带回大量数据供引用程序使用，也可以完成各种特性功能。用户子程序一般结构形式如下。

```
    SUBROUTINE UMAT(STRESS,STATEV,DDSDDE,SSE,SPD,SCD,RPL,DDSDDT,
DRPLDE,DRPLDT,STRAN,DSTRAN,TIME,DTIME,TEMP,DTEMP,PREDEF,DPRED,
CMNAME,NDI,NSHR,NTENS,NSTATV,PROPS,NPROPS,COORDS,DROT,PNEWDT,
CELENT,DFGRD0,DFGRD1,NOEL,NPT,LAYER,KSPT,KSTEP,KINC)
     INCLUDE 'ABA_PARAM.INC'(适用于 ABAQUS/Standard 子程序)
        CHARACTER*80 CMNAME(适用于 ABAQUS/Explicit 子程序)
    DIMENSION:STRESS(NTENS),STATEV(NTENS),DDSDDE(NTENS),DDS
DDT(NTENS),DRPLDE(NTENS),STRAN(NTENS),DSTRAN(NTENS),TIME(2),
PREDEF(1),DPRED(NTENS),PROPS(N  PROPS),COORDE(3),DROT(3,3),
DFGRD1(3,3)
    …………(用户定义 DDSDDE,STRESS,STATEV 等变量数组)
      RETURN
    END
```

UMAT 括号内的是用户子程序参数接口，有些参数是 ABAQUS 传递给用户子程序的，有的需要自己定义，文件 aba_param.inc 或 vaba_param.inc 随着 ABAQUS 软件的安装而包含在操作系统中，它们含有重要的参数，帮助 ABAQUS 主求解程序对子程序进行编译和链接。当控制遇到 RETURN 语句时便返回到引用程序单元中去，END 语句是用户子程序结束的标志。需要用到多个子程序时，就必须把它们放在一个以.for 为扩展名的文件中。运行包含子程序的任务有两种方法[2]：第一种方法是在 ABAQUS/cae 中进行，在任务模块中选择【job】/【edit】/【job-name】命令，在弹出的 edit job 对话框中切换到 general 选项下，在 user subroutine file 下方的输入框中设置好用户子程序正确路径；第二种方法是在 ABAQUS 命令行中输入命令，运行子程序，语法如下：

abaqus job = job name user = 用户子程序文件名。

下面就用户子程序 UMAT 主要变量做一下简单说明。

DDSDDE（NTENS，NTENS）为本构关系的雅可比（Jacobi）矩阵（刚度矩阵），即 $\partial\Delta\sigma / \partial\Delta\varepsilon$，$\Delta\sigma$ 为应力增量，$\Delta\varepsilon$ 为应变增量，DDSDDE（I，J）表示增量步结束时第 J 个变量分量的改变引起的第 I 个分量的变化。通常 DDSDDE 为一对称矩阵，如若为非对称矩阵，应在*user material 语句中加入 unsymn 参数。雅可比矩阵的正确定义对问题的求解速度和稳定性十分关键，但只要求解收敛，雅可比矩阵的具体数值只会影响收敛速度，而对计算结果没有影响。

STATEV（NTENS）为用于储存与解有关的状态变量的数组，数组在增量步开始时将数值从主程序传递到子程序，在增量步结束时，必须更新状态变量矩阵中的数值，并将此更新后的数值返回给主程序。状态变量矩阵的维数通过 ABAQUS 输入文件的关键词*Depvar 定义，关键词下面数据行输入的数值即为状态变量矩阵的维数。

STRESS（NTENS）为应力张量数组，对应 NDI 个直接分量和 NSHR 个剪切分量。在增量步开始时，应力张量矩阵中的数值通过子程序接口传递给子程序并运算，在增量步结束时必须更新应力张量数组的数值并返回主程序。子程序中的应力张量为柯西应力。

PROPS（NPROPS）为材料常数数组。材料常数的个数，是在关键词*user material 中的 constants 设定的值，矩阵中元素的数值对应于关键词 user material 下面的数据行。

SSE，SPD，SCD 分别定义了每一增量步的弹性应变能、塑性耗散能和蠕变耗散能。它们对计算结果没有影响，仅作为能量数值的输出。

STRAN（NTENS）为应变数组。是增量步开始时的应变分量，包括弹性和塑性应变。

DSTRAN（NTENS）为应变增量数组。是 NTENS 应力分量或应变分量之和，NTENS = NDI + NSHR。

NDI 为直接应力（应变）分量个数。

NSHR 为剪切应力（应变）分量个数。

TIME（1）为当前增量步开始的分析步内时间。

TIME（2）为当前增量步开始时的总时间。

DTIME 为增量步的时间增量步长。

KSTEP 为当前分析步次序编号。

KINC 为当前增量步次序编号。

编制子程序时应注意以下几点。

（1）用户子程序相互之间不能调用，但可以调用用户自己编写的 FORTRAN

子程序、ABAQUS 应用程序。ABAQUS 应用程序必须由用户子程序调用。当用户编写 FORTRAN 子程序时，建议子程序名以 K 开头，以免和 ABAQUS 内部程序冲突。

（2）当用户在用户子程序中利用 Open 打开外部文件时，要注意以下两点：一是设备号的选择是有限制的，只能取 15～18 和大于 100 的设备号，其余的都已被 ABAQUS 占用；二是用户需提供外部文件的绝对路径而不是相对路径。

（3）对于不同的用户子程序 ABAQUS 调用的时间是不同的，有的是在每个 Step 的开始，有的是在每个 Step 的结尾，有的是在每个 Increment 的开始等。当 ABAQUS 调用用户子程序时，都会把当前的 Step 和 Increment 利用用户子程序的两个实参 KSTEP 和 KINC 传递给用户子程序，用户可把它们输出到外部文件中，这样就可清楚地知道 ABAQUS 何时调用该用户子程序。

（4）UMAT 中的应力矩阵、应变矩阵以及矩阵 DDSDDE、DDSDDT、DRPLDE 等，都是直接分量存储在前，剪切分量存储在后，直接分量有 NDI 个，剪切分量有 NSHR 个，分量之间顺序根据单元自由度的不同而会有差异，所以在编写子程序时要考虑所使用单元的类型。

（5）在编写用户子程序时，应在应用之前进行完整的调试，确保子程序的正确性。调试过程可以将数据输出到*msg 文件或*sta 文件中。用户子程序若要终止计算，应调用应用程序 XIT（abaqus/standard）或 XPLB_EXIT（abaqus/explicit），实现退出操作。

4.2.2 非线性问题的解法

岩土工程问题都属于高度非线性问题，由于非线性问题的复杂性，能采用解析方法得到的解答是非常有限的。有限单元法在线性分析中得到成功应用，其在非线性分析中的应用也取得了很大的进展，已经获得了很多不同类型问题的求解方案。

材料非线性问题的处理不需要重新列出问题的表达形式，只要将材料本构关系线性化，就可以将线性问题表达形式推广到非线性问题的求解。一般来说，通过试探和迭代的过程可求解一系列线性方程组，如果在最后阶段，材料状态参数被调整到满足材料的非线性本构关系，则最终可以得到问题的解答。下面简单介绍两种常用的非线性方程组解法[3]。

1. 直接迭代法

直接迭代法的基本思想是，在每次迭代的过程中，都施加全部载荷，因而会出现不平衡荷载，将此不平衡荷载与真实荷载相加，供下一次迭代计算用，直到连续两次迭代位移差或不平衡荷载差值小于某一指定的最小值，迭代结束。因此直接迭代法就是对某一暂定的解答逐次修改，最后使得土体的平衡条件和位移连续性条件近似地得到满足。其计算方法如下。

（1）由初始的应力状态求解柔度矩阵 $[D]_0$，进而建立刚度矩阵 $[K]_0$；

（2）施加全部载荷 $\{R\}$，求解方程组求得位移 $\{\delta\}_1$、应变 $\{\varepsilon\}_1$ 及应力 $\{\sigma\}_1$；

（3）由于应力是由弹性分析得到，因而不符合非线性本构关系对应的应力，于是出现对应的没有平衡的应力 $\{Q\}_1$；

（4）由 $\{\varepsilon\}_1$ 和 $\{\sigma\}_1$，求解得到 $[D]_1$，因而建立刚度矩阵 $[K]_1$；

（5）施加载荷 $\{R\}$-$\{Q\}_1$，求解方程组得到 $\{\Delta\delta\}_2$ 及应力 $\{\sigma\}_2$；

（6）重复（3）、（4）及（5），反复迭代，直至满足 $\{\Delta\delta\}_m < \varepsilon$（$\varepsilon$ 为一指定极小值），从而得到接近的真实解 $\{\sigma\}_m$。

2. 增量迭代法

增量迭代法的基本思想是把总载荷分成有限个增量，每次施加一级载荷增量，在每级增量区间内，其刚度矩阵为常量。对于每级载荷都可以求解得到相应的位移、应力及应变增量，把应变增量累加起来，得到下一级载荷下的总位移、总应力和总应变。因此增量迭代法就是利用一系列线性分析来逼近土体的非线性应力-应变关系。计算步骤为对于第 i 级载荷增量 $\{R\}_i$；

（1）采用上一级结束时的应力 $\{\sigma\}_{i-1}$，求解本级切线模量矩阵 $[D]_i$；

（2）由 $[D]_i$ 形成刚度矩阵 $[K]_i$；

（3）求解线性方程组 $[K]_i\{\Delta\delta\}_i = \{\Delta R\}_i$，得到位移增量 $\{\Delta\delta\}_i$，并累加求得相应的位移总量 $\{\delta\}_i = \{\delta\}_{i-1} + \{\Delta\delta\}_i$；

（4）由 $\{\Delta\delta\}_i$ 求解应变增量 $\{\Delta\varepsilon\}_i$，进而求出 $\{\Delta\sigma\}_i$，并相应累加求得 $\{\sigma\}_i$ 和应变 $\{\varepsilon\}_i$。

由于增量迭代法中的中点龙格-库塔（Runge-Kutta）增量迭代法吸收了增量迭代法和直接迭代法的优点，避免了其缺点，提高了非线性分析精度，并且计算量较小，效率较高，因而推荐采用中点龙格-库塔增量迭代法来求解方程组。

4.2.3　用户子程序的开发流程

用户材料子程序（UMAT）是 ABAQUS 提供给用户自定义材料属性的 FORTRAN 程序接口，使用户能应用 ABAQUS 材料库中没有定义的材料模型。用户材料子程序 UMAT 通过与 ABAQUS 主求解程序的接口实现与 ABAQUS 的资料交流。在输入文件中，使用关键词“*USER MATERIAL”表示定义用户材料属性。

UMAT 子程序具有强大的功能，使用 UMAT 子程序可以实现：

（1）可以定义材料的本构关系，使用 ABAQUS 材料库中没有包含的材料本构计算，扩充程序功能；

（2）几乎可以适用于力学行为分析的任何过程，可以把材料属性赋予 ABAQUS 中的任何单元；

（3）必须在 UMAT 中提供材料本构的雅可比矩阵，即应力增量与应变增量的变化率。

由于主程序与 UMAT 之间存在数据传递，甚至共享一些变量，因此必须遵守有关UMAT的书写格式和提高子程序运行效率，按图4.1所示步骤编制用户子程序。

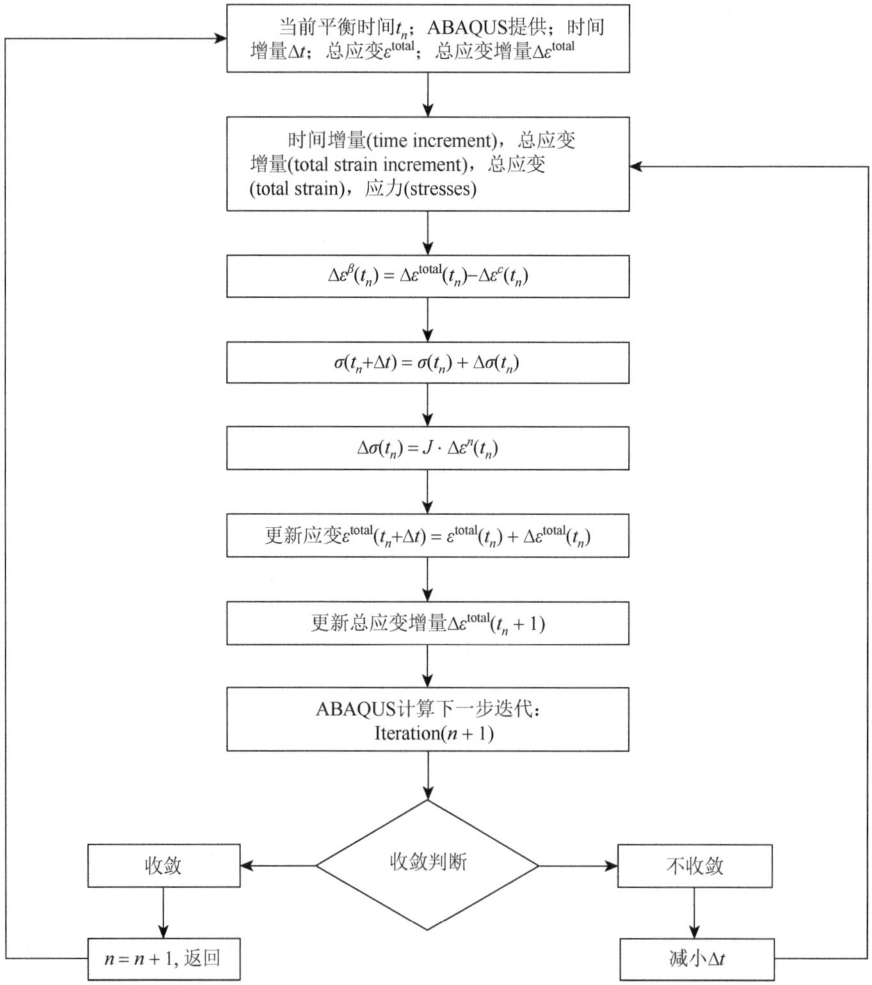

图 4.1　土体本构模型子程序的开发示例

根据前面的介绍，开发的南水模型用户子程序如下。

```
SUBROUTINE UMAT(STRESS,STATEV,DDSDDE,SSE,SPD,SCD,
1 RPL,DDSDDT,DRPLDE,DRPLDT,
2 STRAN,DSTRAN,TIME,DTIME,TEMP,DTEMP,PREDEF,DPRED,CMNAME,
3 NDI,NSHR,NTENS,NSTATV,PROPS,NPROPS,COORDS,DROT,PNEWDT,
4 CELENT,DFGRD0,DFGRD1,NOEL,NPT,LAYER,KSPT,KSTEP,KINC)
   INCLUDE 'ABA_PARAM.INC'
   CHARACTER*80 CMNAME
   DIMENSION
STRESS(NTENS),STATEV(NSTATV),DDSDDE(NTENS,NTENS),
1 DDSDDT(NTENS),DPLDE(NTENS),STRAN(NTENS),DSTRAN(NTENS),
2 TIME(2),PREDEF(1),DPRED(1),PROPS(NPROPS),COORDS(3),DROT
(3,3),
3 DFGRD0(3,3),DFGRD1(3,3),PS(NDI)
      CR=PROPS(1)
      AF=PROPS(2)*3.1415926/180
      DF=PROPS(3)*3.1415926/180
      FR=PROPS(4)
      CKE=PROPS(5)
      CKU=PROPS(6)
      CN=PROPS(7)
      CCD=PROPS(8)
      CND=PROPS(9)
      CRD=PROPS(10)
      CKR=PROPS(11)
      CKS=PROPS(12)
      DF2=STATEV(1)
      DF3=STATEV(2)
   CALL SPRINC(STRESS,PS,1,NDI,NSHR)
   DO 10 I=1,2
   DO 20 J=I+1,3
     IF(PS(I).LT.PS(J))THEN
      PPS=PS(I)
      PS(I)=PS(J)
      PS(J)=PPS
```

```
      END IF
 20 CONTINUE
 10 CONTINUE
        SD=PS(1)-PS(2)
        SB=PS(2)-PS(3)
        SA=PS(3)-PS(1)
        ST=SQRT(SD*SD+SB*SB+SA*SA)/3.0
        PM=(PS(1)+PS(2)+PS(3))/3
        E=FR
        PA=101
      IF(E.LT.0.1)GOTO 100
        PP=-PS(3)/PA
        A=PS(2)/PS(3)
      IF(A.LT.1.0)A=1.0
      IF(PP.LE.0.1)PP=0.1
        PE=PP*EXP(LOG(A)/3.0)
        A=E
        E1=AF-DF*LOG(PP)*0.4343
        E2=SIN(E1)
        PP=CR*COS(E1)/E2
        B=E2*(PP+PA*PE)/(1-E2)
        SULT=B/A
        D=(PS(3)-PS(1))/B/2.0
      IF(D.GT.1.0)D=1.0
        E5=D
      IF(D.GT.0.95)E5=0.95
        DL=E5*A
        PE=LOG(PE)
        E0=PA*CKE*EXP(PE*CN)
        TE=E0*(1.0-DL)*(1.0-DL)
        DM=CRD
        VM=CCD*EXP(PE*CND)
        E1=DL/(1.0-DL)
        E2=DM/(1.0-DM)
        TV=VM*E0/SULT*(1.0-E1/E2)/E2
```

```
      IF(TV.LT.0.99)GOTO 5
        TV=0.99
5     TEU=PA*CKU*EXP(PE*CN)
        SR=CKS
        EK=TEU/1.2
        EG=TEU/2.6
        IF(E.GT.0.1)GOTO 8
100     EK=CKU/1.92
      EG=CKU/2.36
8       A1=-PM
      IF(A1.GT.0.1)A1=0.1
        F2=A1*A1+4.0*ST*ST
        AT=ST/A1
        F3=EXP(LOG(ST)*SR)/A1
      IF(E.GT.0.1)GOTO 60
        D1=EK
        D2=EG
        D3=0.0
        D4=0.0
        GOTO 90
60      C1=AT*AT
        E1=3.0*TV/TE
        E2=9.0/TE
        E3=3.0/EG
        E4=1.414*4.0
        E5=1.414*SR+E4*C1
        E2=E2-E1-E3
        E1=E1-1.0/EK
        CC=(E2-E4*AT*E1)/E5/(1.414*SR-AT)
        BB=(4.0*AT*E2+E4*SR*E1)/E5/(1.0+E4*AT)
      IF(F2.GE.DF2.OR.BB.LE.0.0)THEN
        BB=0.0
        ELSE
        BB=BB
      END IF
```

```
      IF(F3.LE.DF3.OR.CC.LE.0.0)THEN
        CC=0.0
      ELSE
        CC=CC
      END IF
200     A1=BB/4.0+C1*CC
        B1=4.0*C1*BB+CC*SR*SR
        C1=AT*(BB-CC*SR)
30      E1=1.0+EK*A1
        E2=(B1*E1-EK*C1*C1)/1.5
        E3=E1+EG*E2
        D1=EK*(1.0+EK*EG*C1*C1/E3/1.5)/E1
        D2=EG
      IF(D1.LT.EG/1.5)D1=EG/1.5
        D3=EK*EG*C1/E3/1.5
        D4=EG*EG*E2/E3/1.5
90      T1=STRESS(1)-PM
        T2=STRESS(2)-PM
        T3=STRESS(3)-PM
        C1=D1+1.333*D2
        C2=D1-0.667*D2
      IF(ST.GT.1.0E-6)GOTO 40
        E1=0.0
        E2=0.0
      GOTO 50
40      E1=D3/ST
        E2=D4/ST/ST
50    DO 15 K1=1,NTENS
        DO 15 K2=1,NTENS
            DDSDDE(K1,K2)=0.D0
15     CONTINUE
        DDSDDE(1,1)=C1+E1*(T1+T1)-E2*T1*T1
        DDSDDE(2,2)=C1+E1*(T2+T2)-E2*T2*T2
        DDSDDE(3,3)=C1+E1*(T3+T3)-E2*T3*T3
        DDSDDE(4,4)=D2-E2*STRESS(4)*STRESS(4)
```

```
        DDSDDE(1,2)=C2+E1*(T1+T2)-E2*T1*T2
        DDSDDE(1,3)=C2+E1*(T1+T3)-E2*T1*T3
        DDSDDE(1,4)=E1*STRESS(4)-E2*T1*STRESS(4)
        DDSDDE(2,3)=C2+E1*(T2+T3)-E2*T2*T3
        DDSDDE(2,4)=E1*STRESS(4)-E2*T2*STRESS(4)
        DDSDDE(3,4)=E1*STRESS(4)-E2*T3*STRESS(4)
        DDSDDE(2,1)=DDSDDE(1,2)
        DDSDDE(3,1)=DDSDDE(1,3)
        DDSDDE(3,2)=DDSDDE(2,3)
        DDSDDE(4,1)=DDSDDE(1,4)
        DDSDDE(4,2)=DDSDDE(2,4)
        DDSDDE(4,3)=DDSDDE(3,4)
      DO 35 K1=1,4
        DO 25 K2=1,4
            STRESS(K2)=STRESS(K2)+DDSDDE(K2,K1)*DSTRAN(K1)
 25   CONTINUE
 35   CONTINUE
      IF(F2.GE.DF2)DF2=F2
      IF(F3.GE.DF3)DF3=F3
            STATEV(1)=DF2
            STATEV(2)=DF3
      RETURN
      END
```

4.3　土体本构模型库的验证

4.3.1　有限元计算结果的试验验证

基于 ABAQUS 二次开发的邓肯-张模型和南水模型子程序库，其正确与否及计算效果如何，有待进一步检验。本节采用开发的模型库子程序模拟常规三轴排水试验，将模拟结果与试验得到的应力-应变关系进行对比，并分析网格精度对计算结果的影响[4]，旨在验证开发的土体本构模型库子程序的可靠性和稳定性。

为了对利用 ABAQUS 有限元平台开发的土体本构模型库子程序进行验证，在室内分别进行了粉质黏土、淤泥质黏土和粉细砂的三轴排水剪切试验。试验用土均取自唐山港京唐港区 32#泊位现场，试样高度为 80mm，直径为 39mm。对于每种土样，分别进行了至少 3 种不同围压下的三轴排水剪切试验，测试了土样剪切过程中的应力-应变关系和体积应变与剪应变之间的关系，并根据邓肯-张模型和南水模型参数整理方法，得到了每组土样的邓肯-张模型和南水模型参数，如表 4.1 和表 4.2 所示。

表 4.1　邓肯-张模型参数

土样名称	c/kPa	φ/(°)	R_f	K	n	K_b	m	K_{ur}
粉质黏土	31.37	30.18	0.640	55.59	0.861	26.18	0.722	100.1
淤泥质黏土	40.37	22.68	0.522	39.26	0.618	11.12	1.112	70.7
粉细砂	0	30.97	0.931	476.00	0.886	100.10	0.787	856.8

表 4.2　南水模型参数

土样名称	c/kPa	φ/(°)	R_f	K	n	c_d	r_d	n_d
粉质黏土	31.37	30.18	0.640	55.59	0.861	0.0407	0.71	0.149
淤泥质黏土	40.37	22.68	0.522	39.26	0.618	0.0589	0.59	0.116
粉细砂	0	30.97	0.931	476.00	0.886	0.0049	0.79	0.394

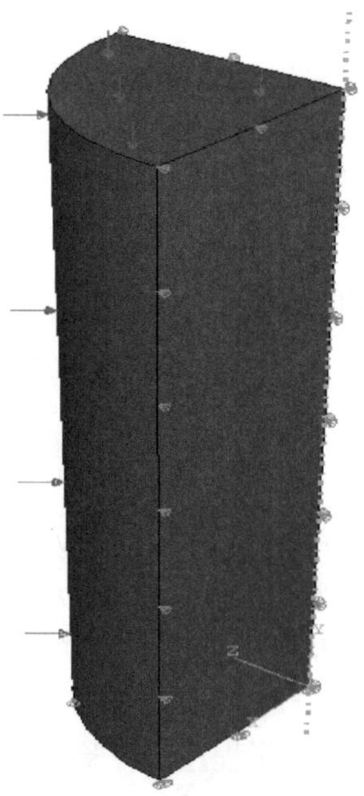
图 4.2　三轴试验模型

为了验证开发的邓肯-张模型和南水模型子程序库，利用 ABAQUS 对三轴试验进行了模拟。由于三轴试验的试样是圆柱体，试验过程中应力分布应该是轴对称的，所以为了加快计算速度，建立了四分之一个圆柱作为试样。模拟的试样尺寸和试样相同，直径为 39mm，高 80mm，建立的模型如图 4.2 所示，使用的单元类型为 C3D8I。

对于这样一个模型需要合理的约束才能让模拟正确进行，首先，需要约束两个对称面的法向位移，因为在剪切过程中对称面不应该有任何位移；其次，需要约束试样底面的法向位移；最后，还需要约束底面扇形顶点的三个方向的位移，因为静力模拟过程是忽略质量的，试样由于没有质量带来的惯性力，在模拟过程中会在底面平行的平面内产生任意的刚体位移，导致计算有问题，所以约束底面顶点位移非常必要。

计算分以下三步实现。第一步，对模型施加自重应力。土体在自重应力下固结，然后消除自重应力下的位移，使得土体只有重力而没有发生位移，从而实现自重应力平衡。第二步，施加围压。与试验时施加围压相同，土体在围压下固结。第三步，试样剪切。三轴试验时，加载速率为 2mm/min，达到轴向应变 20%停止试验，数值模拟时，采用应变控制，在顶部自由面施加 20%位移载荷，每一步划分 100 个增量步进行迭代计算，计算结果如图 4.3～图 4.8 所示。

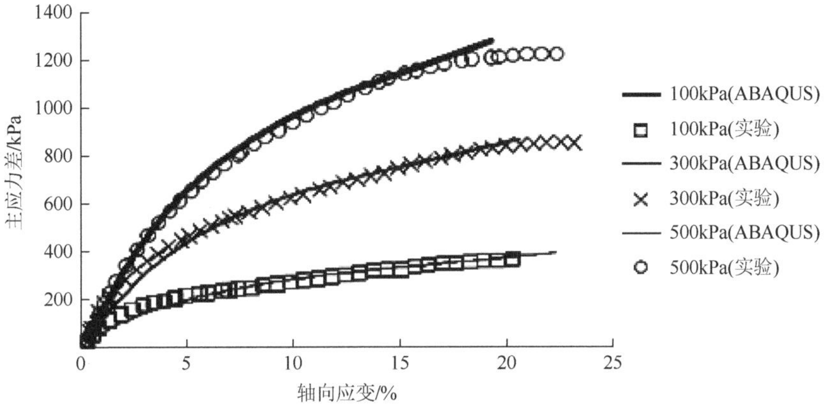

图 4.3　粉质黏土邓肯-张模型模拟结果与试验结果对比

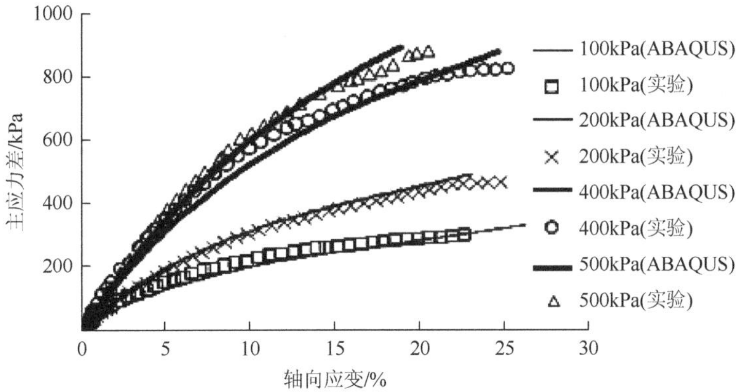

图 4.4　淤泥质黏土邓肯-张模型模拟结果与试验结果对比

通过对比南水模型和邓肯-张模型计算结果，可以发现邓肯-张模型不能很好地反映砂土的剪胀性，这是由模型本身的固有特性决定的，而南水模型能够基本正确地反映土体的剪胀性，因此在后面进行遮帘式板桩码头与结构相互作用分析时，基本上都采用南水模型进行分析。

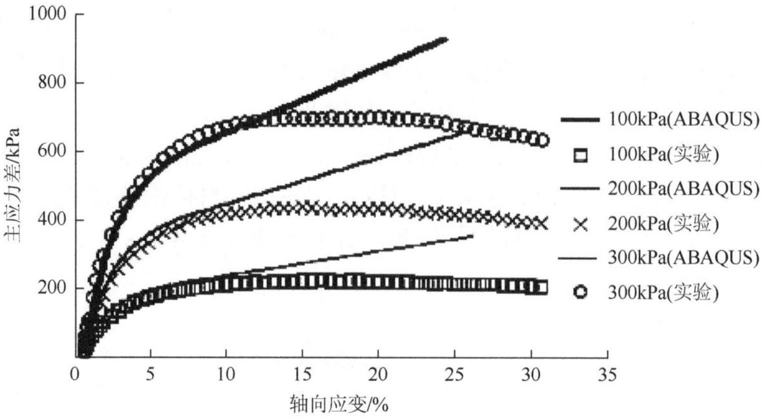

图 4.5　粉细砂邓肯-张模型模拟结果与试验结果对比

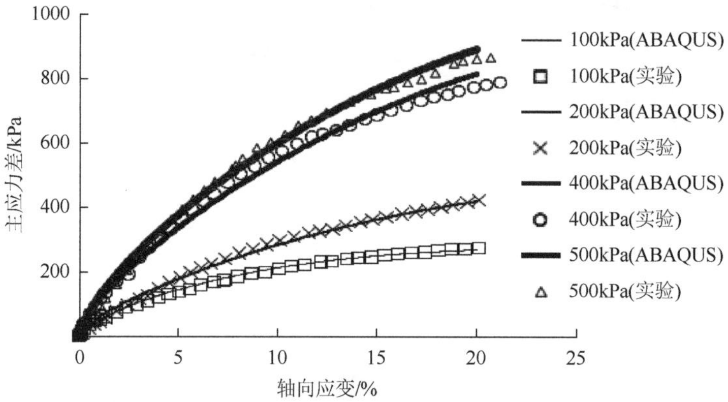

图 4.6　粉质黏土南水模型模拟结果与试验结果对比

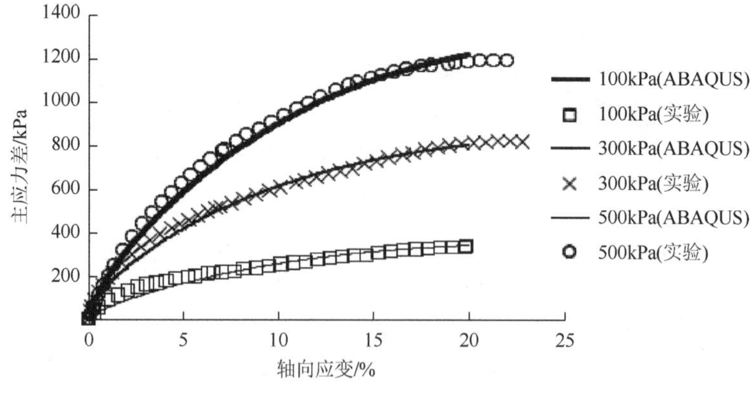

图 4.7　淤泥质黏土南水模型模拟结果与试验结果对比

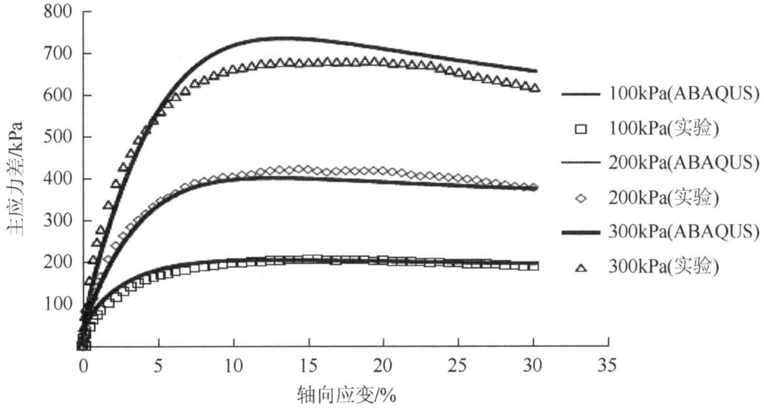

图 4.8　粉细砂南水模型模拟结果与试验结果对比

4.3.2　计算结果稳定性分析

为了进一步分析模型库子程序运行时单元划分精度对计算结果的影响，使用粉质黏土的南水模型参数，模拟在 500kPa 围压下的试验结果，来测试模拟结果的稳定性。共使用了三种网格密度，分别把模型划分为 192 个、630 个和 1720 个单元进行模拟，图 4.9（a）～（c）为三个不同网格密度的模型。

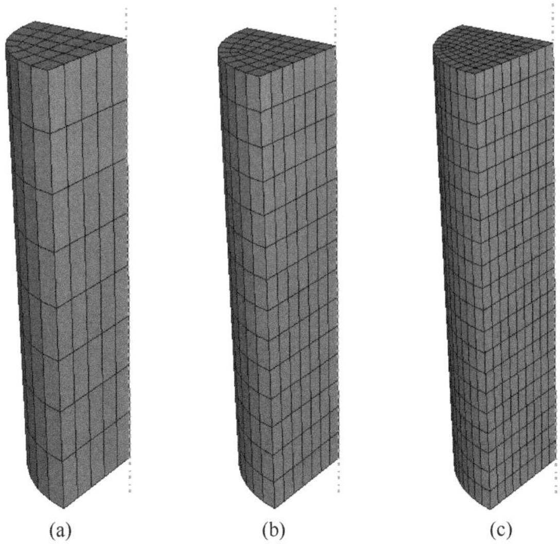

图 4.9　不同网格密度的模型

图 4.10 为各种网格密度的模型计算的主应力差和轴向应变的关系图。从图 4.10 可以看出，应力-应变关系的计算结果稳定性非常好，计算结果几乎不受网格密度的影响。以上验证说明子程序计算结果对单元密度关系不大，因而说明嵌入在 ABAQUS 平台上的子程序运行稳定，计算结果可靠。

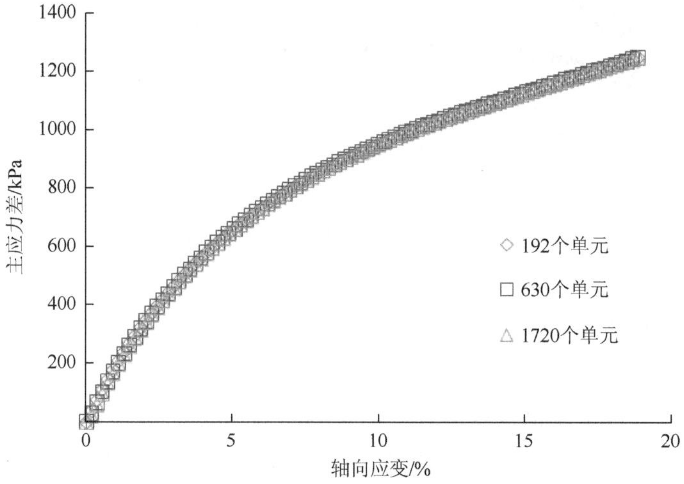

图 4.10　不同网格密度的主应力差与轴向应变的关系①

4.4　接触面本构模型二次开发

ABAQUS 软件提供了用户自定义接触面摩擦模型子程序 FRIC，用户可采用 FRIC 子程序定义合适的摩擦模型，该子程序适用于 ABAQUS/Standard。

4.4.1　FRIC 子程序格式和变量说明

FRIC 子程序格式如下：

```
SUBROUTINE FRIC(LM,TAU,DDTDDG,DDTDDP,DSLIP,SED,SPD,
1 DDTDDT,PNEWDT,STATEV,DGAM,TAULM,PRESS,DPRESS,DDPDDH,
2 SLIP,KSTEP,KINC,TIME,DTIME,NOEL,CINAME,SLNAME,
3 MSNAME,NPT,NODE,NPATCH,COORDS,RCOORD,DROT,TEMP,
4 PREDEF,NFDIR,MCRD,NPRED,NSTATV,CHRLNGTH,PROPS,NPROPS)
```

① 本书部分彩图已经上传到 http://cms.sciencepress.cn/qr/2019610077/00001，感兴趣的读者可以自行登录查阅。

```
C
INCLUDE 'ABA_PARAM.INC'
C
CHARACTER*80 CINAME,SLNAME,MSNAME
DIMENSION TAU(NFDIR),DDTDDG(NFDIR,NFDIR),DDTDDP(NFDIR),
1         DSLIP(NFDIR),DDTDDT(NFDIR,2),STATEV(*),
2          DGAM(NFDIR),TAULM(NFDIR),SLIP(NFDIR),TIME(2),
3         COORDS(MCRD),RCOORD(MCRD),DROT(2,2),TEMP(2),
4         PREDEF(2,*),PROPS(NPROPS)
RETURN
END
```

主要变量说明：

FRIC 子程序中的一些变量符号是 ABAQUS 通用的，如 KSTEP 代表当前分析步过程次序编号、NOEL 代表当前单元编号，这些在 UMAT 子程序变量说明中已经提到，这里不再赘述。其他 FRIC 子程序中特有的变量如下所述。

（1）ABAQUS 传入的模型信息变量。

NSTATV：状态变量个数。

NPROPS：用户自定义参数个数。

PROPS（NPROPS）：用户自定义接触面摩擦模型的参数数组。

NFDIR：接触方向个数，二维为 1，三维为 2。

DGAM（NFDIR）：如果允许接触面之间有相对滑移变形，该数组传入增量滑移变量，$\Delta\gamma_\alpha$，$\alpha=1$，NFDIR，否则 DGAM 为 0。

TAULM（NFDIR）：如果接触面处于黏结状态，该数组返回接触节点上的剪应力，否则 TAULM 为 0。通过该数组的值相比较和所允许的临界剪应力相比较，可以判断什么时候从黏结状态变化到滑移状态。

SLIP（NFDIR）：增量步开始时的总塑性滑移变形，为 DSLIP（NFDIR）的累计值。

PRESS：增量步结束时的接触压力。

DPRESS：接触压力增量。

CINAME：用户自定义的接触特性名称。

SLNAME：从属面名称。

MSNAME：主控面名称。

CHRLNGTH：接触面单元尺寸的典型长度，通常在定义可允许的弹性滑移变形中用到。

（2）FRIC 子程序中必须更新的变量。

LM：反应相对移动状态的标记变量。在迭代过程中传入 FRIC 子程序 LM 数值的是上一次迭代结果的大小。在某一个增量步中，如果在上一次迭代中某点处于脱开的状态，LM 将由上一个增量步的数值确定。用户根据接触面状态需更新 LM 的大小，如果允许接触节点之间相对滑移（无论弹性滑移变形还是塑性滑移变形），令 LM = 0，此时，FRIC 程序中必须给出相应的摩擦力，三维情况下为两个方向上的摩擦力（τ_1 和 τ_2），τ_1 和 τ_2 可以是两个方向上的相对滑动距离 γ_1、γ_2 接触面上的接触压力等变量的函数，当然也可是状态变量的函数。如果不允许相对滑移，令 LM = 1，此时，不需要定义其他的变量，则 ABAQUS 会应用拉格朗日乘子法确保接触点之间没有相对位移。如果一直令 LM = 1，则为完全理想粗糙（perfectly rough）的状态。当摩擦忽略不计时，令 LM = 2。如果一直令 LM = 2，则为理想光滑（perfectly smooth）状态。此时也无须定义其他变量。为了避免计算不收敛，如果在上一级增量中发现接触点是脱开的，ABAQUS 会令 LM = 2，此时简单用 RETURN 语句退出 FRIC 程序即可。

TAU（NFDIR）：增量步开始时的界面剪力。

DDTDDG（NFDIR，NFDIR）：α 方向上的界面剪力对 β 方向的滑移量的偏导数 $\partial\tau_\alpha / \partial\gamma_\beta$。如对于各向同性的弹性滑移有 $\partial\tau_1 / \partial\gamma_1 = \partial\tau_2 / \partial\gamma_2 = K_{\text{elas}}$，$\partial\tau_1 / \partial\gamma_2 = \partial\tau_2 / \partial\gamma_1 = 0$，其中 K_{elas} 是接触面上的弹性剪切刚度。

DDTDDP（NFDIR）：α 方向上的界面剪力对接触压力的偏导数 $\partial\tau_\alpha / \partial_p$。由于该项对刚度矩阵的贡献是非对称的，只有在非对称求解器中采用。

DSLIP（NFDIR）：增量塑性滑移，如果 LM 在上一级迭代中设置为零，该数组返回用户在上一级迭代中定义的大小，否则为零。该数组只应在 LM = 0 的情况下更新。

STATEV（NSTATV）：求解状态变量数组。

4.4.2　Goodman 非线性弹性接触面模型二次开发示例

Goodman 非线性弹性接触面模型程序代码如下。

```
SUBROUTINE FRIC(LM,TAU,DDTDDG,DDTDDP,DSLIP,SED,SPD,
1 DDTDDT,PNEWDT,STATEV,DGAM,TAULM,PRESS,DPRESS,DDPDDH,
2 SLIP,KSTEP,KINC,TIME,DTIME,NOEL,CINAME,SLNAME,
3 MSNAME,NPT,NODE,NPATCH,COORDS,RCOORD,DROT,TEMP,
4 PREDEF,NFDIR,MCRD,NPRED,NSTATV,CHRLNGTH,PROPS,NPROPS)
C
   INCLUDE 'ABA_PARAM.INC'
```

```
C
    CHARACTER*80 CINAME,SLNAME,MSNAME
    DIMENSION TAU(NFDIR),DDTDDG(NFDIR,NFDIR),DDTDDP(NFDIR),
1           DSLIP(NFDIR),DDTDDT(NFDIR,2),STATEV(*),
2           DGAM(NFDIR),TAULM(NFDIR),SLIP(NFDIR),TIME(2),
3           COORDS(MCRD),RCOORD(MCRD),DROT(2,2),TEMP(2),
4           PREDEF(2,*),PROPS(NPROPS)
C
    IF(LM .EQ. 2)RETURN
FK1=PROPS(1)
FK2=PROPS(2)
FN=PROPS(3)
FRF=PROPS(4)
FFAI=TAN(PROPS(5)/180.*3.1415926)
FGW=PROPS(6)
FPA=PROPS(7)
XPRESS=PRESS-DPRESS
IF(XPRESS.LT.10.)THEN
XPRESS=10.
END IF
FEI1=FRF*ABS(TAU(1))/(XPRESS*FFAI)
FEI2=FRF*ABS(TAU(2))/(XPRESS*FFAI)
IF(FEI1.GE.0.99)FEI1=0.99
IF(FEI2.GE.0.99)FEI2=0.99
XK1=(1-FEI1)**2*FK1*FGW*((XPRESS/FPA)**FN)
XK2=(1-FEI2)**2*FK2*FGW*((XPRESS/FPA)**FN)
    LM=0
TAU(1)=TAU(1)+XK1*DGAM(1)
TAU(2)=TAU(2)+XK2*DGAM(2)
    DDTDDG(1,1)=XK1
    DDTDDG(2,2)=XK2
    DDTDDG(1,2)=0.0
    DDTDDG(2,1)=0.0
      RETURN
      END
```

4.4.3 损伤接触面模型二次开发示例

损伤接触面模型程序代码如下。

```
SUBROUTINE FRIC(LM,TAU,DDTDDG,DDTDDP,DSLIP,SED,SPD,
1 DDTDDT,PNEWDT,STATEV,DGAM,TAULM,PRESS,DPRESS,DDPDDH,
2 SLIP,KSTEP,KINC,TIME,DTIME,NOEL,CINAME,SLNAME,
3 MSNAME,NPT,NODE,NPATCH,COORDS,RCOORD,DROT,TEMP,
4 PREDEF,NFDIR,MCRD,NPRED,NSTATV,CHRLNGTH,PROPS,NPROPS)
C
  INCLUDE 'ABA_PARAM.INC'
C
  CHARACTER*80 CINAME,SLNAME,MSNAME
  DIMENSION TAU(NFDIR),DDTDDG(NFDIR,NFDIR),DDTDDP(NFDIR),
1          DSLIP(NFDIR),DDTDDT(NFDIR,2),STATEV(*),
2          DGAM(NFDIR),TAULM(NFDIR),SLIP(NFDIR),TIME(2),
3          COORDS(MCRD),RCOORD(MCRD),DROT(2,2),TEMP(2),
4          PREDEF(2,*),PROPS(NPROPS)
  IF(LM .EQ. 2)RETURN
FK1=PROPS(1)
FN=PROPS(2)
FRF=PROPS(3)
FC1=PROPS(4)
FRA1=TAN(PROPS(5)/180*3.1415926)
FC2=PROPS(6)
FRA2=TAN(PROPS(7)/180*3.1415926)
FK2=PROPS(8)
FM=PROPS(9)
FGW=10
PA=100
XPRESS=PRESS-DPRESS
IF(XPRESS.LT.10.)THEN
XPRESS=10.
END IF
SS1=FRF*ABS(TAU(1))/(FC1+XPRESS*FRA1)
```

```
SS2=FRF*ABS(TAU(2))/(FC1+XPRESS*FRA1)
IF(SS1.GE.0.99)THEN
 SS1=0.99
END IF
IF(SS2.GE.0.99)THEN
 SS2=0.99
END IF
XK1=(1-SS1)**2*FK1*FGW*((XPRESS/PA)**FN)
XK2=(1-SS2)**2*FK1*FGW*((XPRESS/PA)**FN)
  LM=0
  FGAM1=0
  FGAM1=FGAM1+ABS(DGAM(1))
  FGAM2=0
  FGAM2=FGAM2+ABS(DGAM(2))
  FFT=FK2*(XPRESS/PA)**FM
  FW1=FGAM1/(FFT+FGAM1)
  FW2=FGAM2/(FFT+FGAM2)

TAU(1)=(TAU(1)+XK1*DGAM(1))*(1-FW1)+FW1*(FC2+XPRESS*FRA2)
TAU(2)=(TAU(2)+XK2*DGAM(2))*(1-FW2)+FW2*(FC2+XPRESS*FRA2)
    DDTDDG(1,1)=XK1
    DDTDDG(2,2)=XK2
    DDTDDG(1,2)=0.0
    DDTDDG(2,1)=0.0
    RETURN
    END
```

4.4.4　损伤接触面模型有限元试验验证

建立三维的接触面剪切试验的数值模型，如图 4.11 所示。

模型共 43 个单元，上部模拟试样，下部模拟混凝土板，混凝土板的约束条件为四周法向约束，底部为全约束；上部试样的约束条件为四周法向约束。试样与混凝土板之间设置接触面，试样顶部施加法向向下的压力。

试样和混凝土板均按照弹性模型处理，试样的弹性模量取 100MPa，泊松比取 0.3；混凝土弹性模量取 24GPa，泊松比取 0.167。

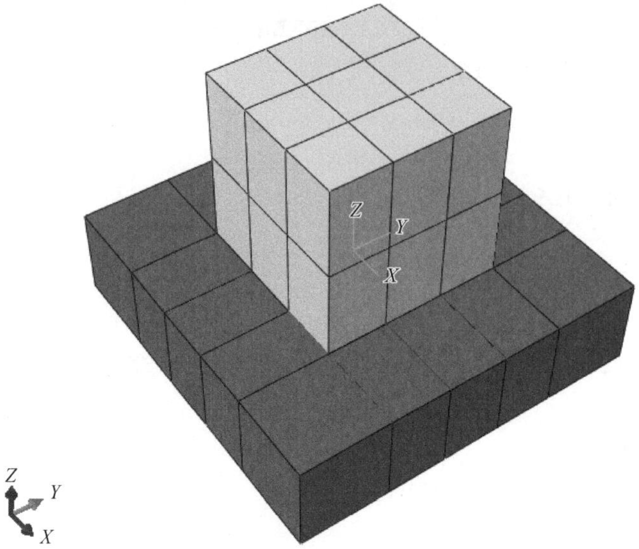

图 4.11　三维接触面剪切试验的数值模型

计算分两步，第一步在试样顶部施加法向压力，第二步在模拟剪切过程中，在试样的 X 方向施加位移，位移量为 20mm。

对剪切试验过程进行模拟，以验证程序的合理有效性。接触面参数如表 4.3 所示。

表 4.3　接触面参数

接触面材料	δ /(°)	τ_0 /kPa	K	n	R_f	δ_d /(°)	τ_n /kPa	k'	m
5mm 猴子岩垫层料与混凝土	34.4	17.5	1250	0.30	0.70	30.5	11.4	1.3	0.20
黏性土与混凝土	24.0	35.0	800	0.30	0.75	24.0	35.0	1.4	0.25

数值分析结果与试验结果对比如图 4.12 和图 4.13 所示。

由图 4.12 和图 4.13 可看出，损伤接触面模型可以基本反映剪切面的变形规律，在法向压力较小时，计算结果与试验曲线吻合度很高，在较大法向压力下，计算结果与试验结果有所偏差，这主要是因为大的法向压力会造成剪切破坏的试样厚度发生变化，使得整体的抗剪刚度有所变化，而本书提出的损伤接触面模型不考虑剪切破坏的层厚，从而导致了这种偏差。考虑到试验各个试样之间的差别以及采集数据的误差，可以认为计算结果与试验结果较为吻合。

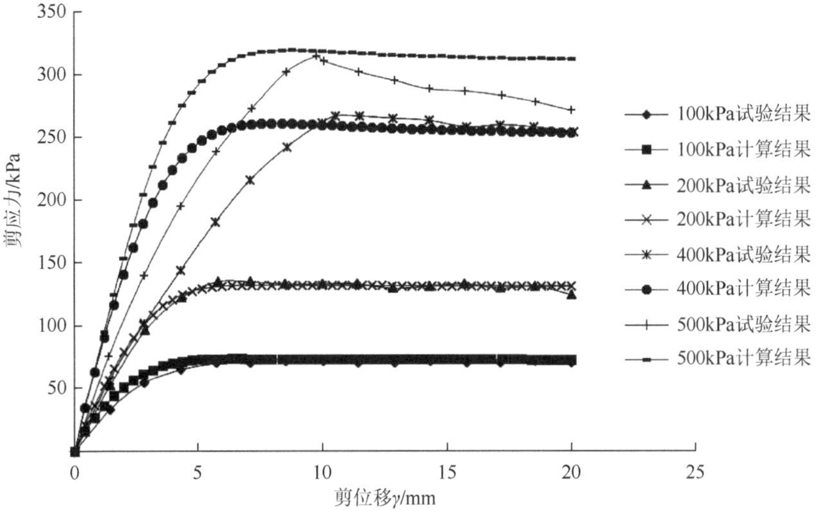

图 4.12　5mm 猴子岩垫层料与混凝土面接触试验结果与数值分析结果对比图

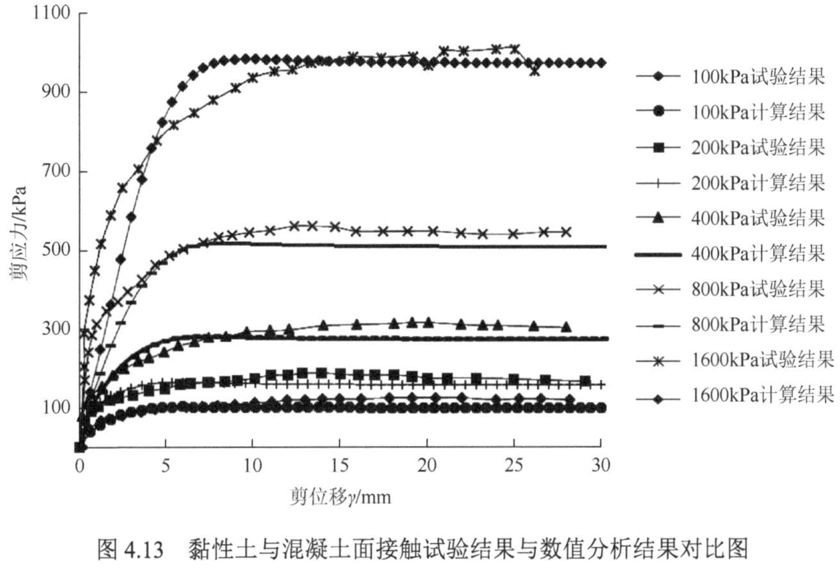

图 4.13　黏性土与混凝土面接触试验结果与数值分析结果对比图

参考文献

[1] 杨曼娟. ABAQUS 用户材料子程序开发及应用. 武汉：华中科技大学，2005.

[2] 曹伟. 下加载面修正剑桥模型在 ABAQUS 中的二次开发及应用. 哈尔滨：哈尔滨工业大学，2014.

[3] Belytschko T，Liu W K，Moran B. 连续体和结构的非线性有限元. 庄茁，译. 北京：清华大学出版社，2002.

[4] 费康. ABAQUS 在岩土工程中的应用. 北京：中国水利水电出版社，2010.

第5章　桶式基础防波堤数值模拟

随着港口向大型化、深水化发展，新建港区的防波堤工程离岸越来越远，地基土质和波浪情况也更加恶劣，对防波堤结构与地基的相互作用研究就显得越来越重要。新型桶式基础防波堤是一种轻型薄壁的单桶多隔舱结构，能够较好地适用于淤泥质海岸软土地基以及砂石料缺乏的地区，具有不需要地基加固、施工工期短、不需要大型水上安装装备等优点。本书以连云港徐圩港区的单桶多隔舱基础防波堤为背景，结合室内试验、数值模拟以及物理模型试验手段，研究桶式基础防波堤在复杂工况下土与结构相互作用机理，为工程设计、施工、运行维护以及相关研究提供科学依据。

5.1　桶式基础防波堤结构特点

建造在开敞海岸、海湾或岛屿的港口，通常有防波堤来形成有掩护的水域。防波堤的功能主要是防御波浪对港域的侵袭。按照结构型式分类，防波堤主要有斜坡式、直立式、混成式、透空式、浮式、压气式和水力式七种[1]。其中常规的直立式防波堤一般以其自身的重量抵抗波浪力的作用，又称为重力式直立堤[2]。

近年来随着我国航运事业的发展和港口经济的繁荣，很多港口已趋饱和，必须开辟新港区。同时，自然条件优越的港址通常已被开发，所以不得不面对深水区域、大波浪荷载和软弱地基等严峻复杂的自然条件。随着港口向大型化、深水化发展，许多港区新建的防波堤工程离岸的距离越来越远，波浪情况也变得更加恶劣[3]。在我国的天津港、长江口、连云港等海域的近陆处的海底，海底的表面基本上是一层厚度几米到几十米的淤泥层。该层土的物理力学指标较差，承载能力较低，灵敏度较高。要在这种严峻复杂的自然条件下建造传统的防波堤，需要对地基进行大规模的加固处理，如打设砂桩、换填或抛石等。这些处理方法费用高、工程量大，并且山石开采限制导致了原材料供应不足。因此，基床式基础的轻型重力式防波堤应运而生。但对于结构的稳定性，抗滑要求结构重，地基承载力要求结构轻，这是两种相反的要求。而当达到某一水深时，刚性基底的轻型重力式结构就很难同时满足水平抗滑和地基承载力这两种有着相反要求的稳定。为此在天津港南、北防波堤延伸工程中的较深水域采用了一种新型的防波堤结构型式——箱筒型基础防波堤，如图 5.1 所示。而本书中涉及的防波堤是中交第三航务工程勘察设计院有限公司在此基础上针对连云港徐圩港区复杂的自然条件，大胆创新，推出的单桶多隔舱基础防波堤，如图 5.2 所示。

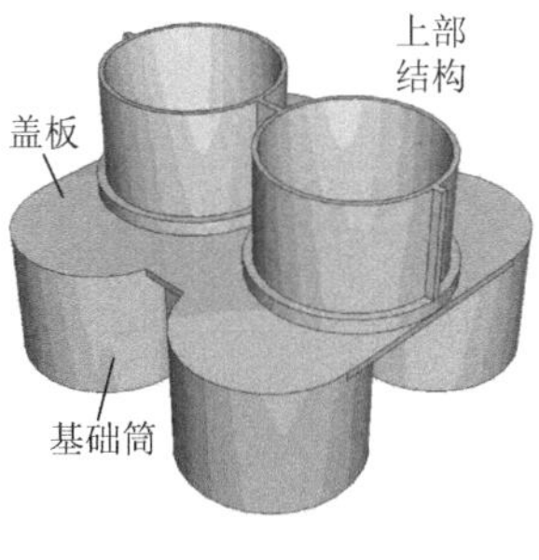

图 5.1　箱筒型基础防波堤

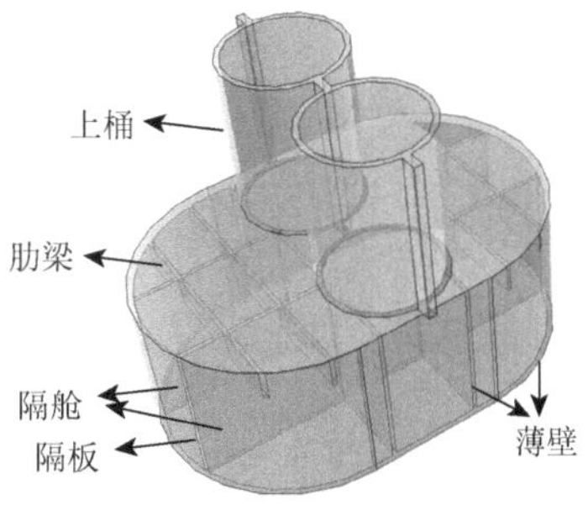

图 5.2　单桶多隔舱基础防波堤

5.1.1　新型桶式基础防波堤结构优点

（1）结构通过排气排水下沉，不需要进行软土地基改良，充分利用地基与基础结构之间的相互作用，达到结构抗滑抗倾稳定性要求。

（2）结构采用标准化预制、运输、安装施工，安装无须大型船机设备，靠自重和大气压即可实现下沉施工，无噪声污染和环境污染等。

（3）结构单元可工厂化制作，多作业面同时施工，不需要大量砂石料，施工速度快、工程造价低。

（4）通过优化断面尺度，该新型结构可作为岸壁结构挡淤泥，也可作为防波堤结构挡波浪，应用前景广阔。

5.1.2　桶式基础防波堤结构不同阶段工况介绍

（1）陆地搬运与海上运输阶段。搬运过程需保持结构的稳定，海上浮运过程通过桶体上的通气孔向下桶隔舱内充气，使结构漂浮于水面，此时需保证结构气浮拖运的安全性和稳定性。

（2）定位下沉阶段。桶体在海上移动定位后，通过排气速度控制桶体的下沉速率，下沉过程中发生倾斜时通过不同隔舱排气量调节至水平状态，直至桶体结构自重和土体阻力平衡、结构停止下沉为止。桶体内的气体全部排出后，利用潜水排污泵从抽水孔中将桶内水体抽出，结构继续下沉，下沉过程中观测结构的侧倾情况，当结构发生倾斜时，停止或减少下沉量较大一侧隔舱中的水体抽出，使结构恢复水平，然后继续均衡抽水下沉，直至桶内的水体全部抽出出现泥浆、桶体达到设计标高为止，桶体结构的下沉安装完毕。

（3）防波堤运行阶段。桶体下沉安装完成后，防波堤在波浪循环荷载及地基土的共同作用下保持平衡状态。

（4）桶体受港侧回填荷载作用。当桶式基础作为岸壁结构使用时，需要选择合适的港侧回填材料，设计合理的回填方式和标高，以确保结构的安全稳定。

5.1.3　桶式基础防波堤结构数值分析技术难点

对于桶式基础防波堤结构，目前设计上没有专门的规范，一些技术参数必须通过深入系统的研究来获得。桶式基础防波堤结构设计计算的核心是对防波堤结构与地基在结构自身荷载和波浪荷载作用下的整体变形与受力情况的正确认识，即防波堤结构与地基的共同作用问题。特别是港侧回填后，回填土体一方面对上桶产生向海侧的推力与弯矩，另一方面又作用在下桶的表面，产生向下的压力与向港侧的弯矩，这两个相反的作用使问题变得十分复杂。

桶式基础防波堤结构的主要外部荷载有四种：①上桶和下桶的重力；②波浪荷载；③回填土体作用于上桶的侧向土压力；④回填土体作用于下桶的竖向土压力。这些荷载通过结构作用于土体，主要由土体的摩擦力、侧向土压力和水平抗剪切力来承担。要搞清楚防波堤结构的变形和整体稳定情况，最重要的是得到对地基土的变形与受力情况的正确反映，而这对于数值分析往往是最困难的。

5.2　桶式基础防波堤设计方案介绍

根据防波堤的功能，结合工程海域水深条件、地质条件、使用要求以及施工条件等因素，中交第三航务工程勘察设计院有限公司提出了两段防波堤结构设计方案，即近岸段采用常规的斜坡堤结构，近口门段采用一种新型桶式基础防波堤结构。新型桶式基础结构断面由钢筋混凝土椭圆桶基础结构件和护底块石组成。每一组桶式基础结构由 1 个椭圆桶体和 2 个上部圆桶体组成，基础桶体呈椭圆形，桶内通过隔板划分为 9 个隔舱，2 个上部圆桶体坐落在基础桶的底板上，通过底板上的杯口圈梁连接。

单个椭圆截面和两个泥面以上圆形截面组合成的空间薄壳结构作为挡浪结构，如图 5.3 和图 5.4 所示。下桶椭圆长轴 30m，短轴 20m，高 9m，壁厚 0.4m。上桶圆半径 4.75m，壁厚 0.3m，连接上下结构盖板厚 0.4m。

桶式基础防波堤施工完成后，初步主要起防浪、减淤的作用。从长远来看，由于港口建设的需要，必须对部分防波堤港侧进行回填，形成码头结构一部分，这部分防波堤的功能相当于直立岸壁。中交第三航务工程勘察设计院有限公司初步提供了两种回填方案，分别为吹填淤泥和回填袋装砂，如图 5.5 和图 5.6 所示。

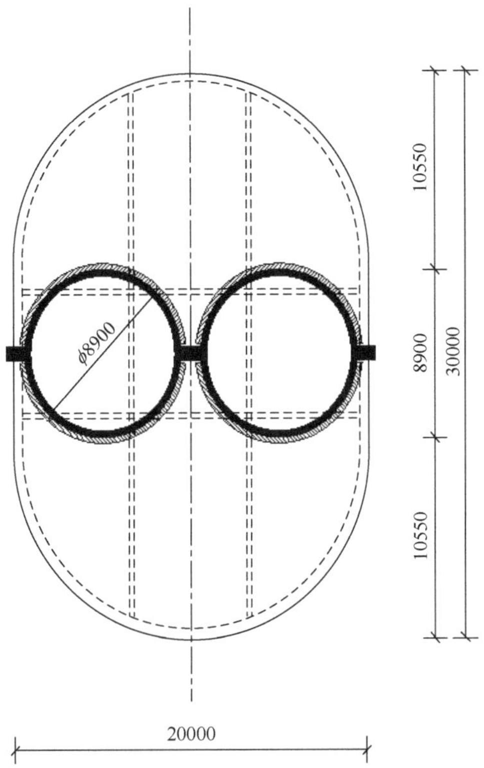

图 5.3　桶式基础结构俯视图（单位：mm）

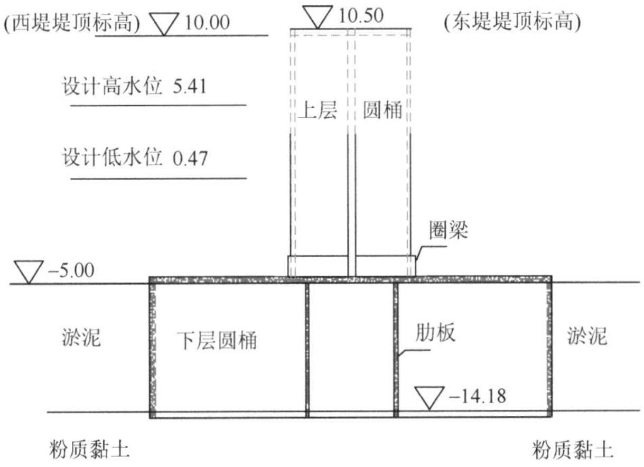

图 5.4　桶式基础结构剖面图（单位：m）

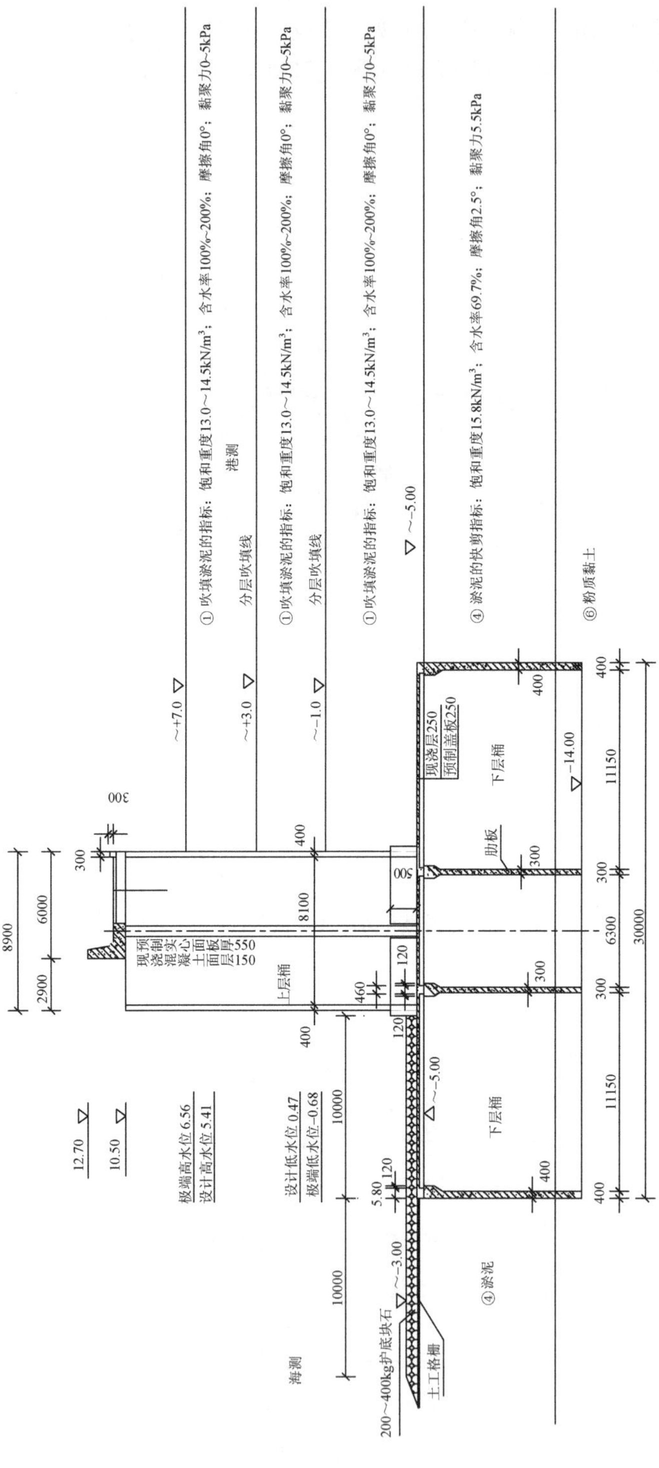

图 5.5　港侧吹填淤泥方案（高程单位：m；结构尺寸单位：mm）

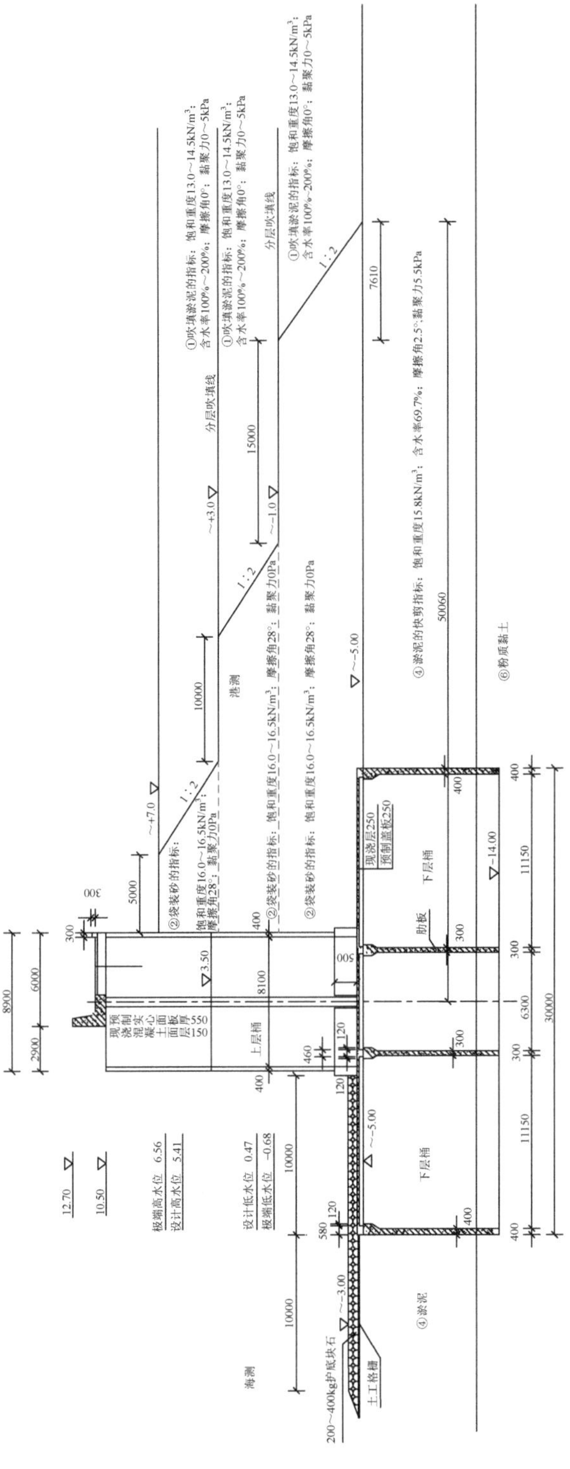

图 5.6　港侧回填袋装砂方案（高程单位：m；结构尺寸单位：mm）

5.3　桶式基础防波堤数值模拟计算参数确定

对于任何数值分析，准确的计算参数是保证计算合理性的基础。为了进行连云港徐圩港区防波堤结构与土体相互作用分析，进行了大量的室内与现场土工试验，得到了计算所需的各种参数。

5.3.1　地基土体弹塑性本构模型参数的确定

为了获得徐圩港区防波堤地基土体的弹塑性本构模型参数，在工程现场采用薄壁取土器钻探取原状土样。土样分别取自东大堤和西大堤典型断面的两个钻孔，共计 36 个试样。

针对计算要求，主要进行了以下几个方面的试验工作。

（1）三轴剪切试验。通过试验测定土料的应力-应变关系，确定土料的抗剪强度指标、邓肯-张模型参数及南水模型参数等。

（2）压缩试验。通过试验测定土料竖向变形与上覆压力及时间的关系，确定压缩系数、压缩模量及固结系数。

试验依据为国家标准《土工试验方法标准》（GB/T 50123—2019）[4]。

1. 土样的三轴固结排水试验

试验仪器为南京智龙科技开发有限公司生产的全自动三轴仪，特点是精度高、操作方便，功能较齐全，且通过计算机进行数据采集和处理。其轴向静荷载、围压和轴向变形均是采用独立闭环控制，最大围压为 3000kPa，最大轴向荷载为 10kN。静应力、孔隙水压力、变形均由相应的传感器和电测系统完成测试。设备的试样直径尺寸有 39.1mm、61.8mm 和 101mm 三种。

本次试验的试样均为取自连云港徐圩港区防波堤工程工地的原状试样。试样直径为 39.1mm，高度为 80mm。

本次三轴试验的类型为三轴固结排水剪，围压分别为 100kPa、200kPa、300kPa 和 400kPa。三轴试样在不同围压下固结完成后，再对试样缓慢施加偏应力，剪切速率为 0.008mm/min，试样剪切破坏标准取其轴向变形为 15%。

破坏点的确定：当应力-应变关系曲线有峰值时，取峰值点作为破坏点；当应力-应变关系曲线无峰值时，则取应变 15%时所对应的点为破坏点。

2. 三轴固结排水试验结果

根据要求进行了四组三轴固结排水试验，试验前对原状土样进行了含水率、密度测试，见表 5.1。其中编号为 2-11 试验所用的土样来自三个试样（P1-15、P2-11、P1-13）。

表 5.1　连云港徐圩港区防波堤三轴试样物理性试验成果表

试验室编号	土样编号	取土深度/m	含水率 w/%	湿密度 ρ/(g/cm^3)	干密度 ρ_d/(g/cm^3)	备注
1-3	P1-3	4.25	64.1	1.68	1.02	
2-7	P2-7	12.25	53.4	1.73	1.13	
2-11	P1-15	23.25	28.0	1.94	1.52	σ_3 = 100kPa
	P2-11	20.75	27.3	1.99	1.56	σ_3 = 200kPa\300kPa
	P1-13	20.25	19.5	2.07	1.73	σ_3 = 400kPa
2-16	P2-16	28.25	35.2	1.87	1.38	

根据三轴剪切试验所测得的主应力差（$\sigma_1-\sigma_3$）与轴向应变 ε_a 及体积应变 ε_v 与轴向应变 ε_a 之间的关系曲线，可整理出土料在不同试验条件下的强度特性指标，同时也可求出试样南水模型与邓肯-张模型中的相关参数，具体步骤省略。表 5.2～表 5.4 列出了连云港徐圩港区典型土层的南水模型与邓肯-张模型参数。

表 5.2　连云港徐圩港区防波堤地基土邓肯-张（E-μ）模型参数表

土样名称	c/kPa	φ/(°)	K	n	R_f	G	F	D
淤泥	3	24.8	23.0	0.87	0.87	0.05	0.08	5.55
粉质黏土	2	30.0	67.5	0.70	0.70	0.22	0.19	4.55

表 5.3　连云港徐圩港区防波堤地基土邓肯-张（E-B）模型参数表

土样名称	φ_0/(°)	$\Delta\varphi$/(°)	K	n	R_f	K_b	m
淤泥	27.2	1.48	23.0	0.87	0.87	6.8	0.78
粉质黏土	31.5	3.40	67.5	0.70	0.70	18.4	0.66

表 5.4　连云港徐圩港区防波堤地基土南水模型参数表

土样名称	φ_0/(°)	$\Delta\varphi$/(°)	K	n	R_f	c_d	n_d	R_d
淤泥	27.2	1.48	23.0	0.87	0.87	0.0830	0.133	0.53
粉质黏土	31.5	3.40	67.5	0.70	0.70	0.0383	0.350	0.73

5.3.2　土体与结构弹性参数确定

防波堤结构由上、下桶与下桶肋板构成，都为钢筋混凝土结构。计算时采用线弹性模型来模拟混凝土的应力-应变关系。钢筋混凝土线弹性模型参数有两个，分别为杨氏模量 E 和泊松比 ν，按常规计算，杨氏模量 $E = 30\text{GPa}$，泊松比 $\nu = 0.167$。

为了与南水模型计算结果相比较，除了对土体进行弹塑性分析外，还进行了弹性分析。土体的弹性参数主要是杨氏模量 E 和泊松比 ν，杨氏模量是通过现场旁压试验获得的旁压模量经过适当转换得到的（见现场试验报告）。

由现场旁压试验曲线可确定旁压模量 E_{m}：

$$E_{\mathrm{m}} = 2(1+\nu)(V_{\mathrm{c}} + V_{\mathrm{m}})\frac{\Delta p}{\Delta V} \tag{5.1}$$

式中，ν 为泊松比，预压式旁压试验时一般可以假定，本次试验淤泥取 0.40，其他土层取 0.3；V_{c} 为旁压器中腔初始体积；V_{m} 为平均体积增量，取旁压器试验曲线直线段两点间压力所对应的体积之和的一半；Δp 为旁压试验曲线上直线段的压力增量；ΔV 为与 Δp 相应的体积变化增量。

变形模量 E_0（Ménard 法）：

$$E_0 = E_{\mathrm{m}} / \alpha \tag{5.2}$$

式中，α 为土的结构系数，黏土取 2/3，粉砂取 1/2。

由变形模量 E_0 还可以从理论上推求压缩模量 E_{s}：

$$E_{\mathrm{s}} = E_0 \Big/ \left(1 - \frac{2\mu^2}{1-\nu}\right) = E_0 / \beta \tag{5.3}$$

式（5.3）仅为 E_0 和 E_{s} 理论关系式，即使是以载荷试验确定 E_0 和室内压缩试验确定 E_{s}，两者也并不符合式（5.3）。根据统计资料，E_{s} 是 E_0 的几倍，土越坚硬倍数越大。

根据现场旁压试验数据，得到土体变形参数标准值如表 5.5 所示。

表 5.5　土层变形参数标准值

土层	变形模量 E_0/MPa	压缩模量 E_{s}/MPa
淤泥	2.3	5.0
粉质黏土	5.0	8.0

5.3.3　土体初始侧向土压力系数的确定

地基土体的初始侧压力系数 K_0 是一个非常重要的参数，它一方面决定了防波堤结构下桶与地基之间摩擦力的大小，另一方面作为土体的水平抗力对结构的变形与整体稳定性起决定性的作用。本计算过程中，K_0 通过式（5.4）计算：

$$K_0 = 1 - \sin\varphi \tag{5.4}$$

式中，φ为土体的内摩擦角。对于淤泥层，$\varphi = 2.3°$，$K_0 = 0.96$；对于粉质黏土层，$\varphi = 11.5°$，$K_0 = 0.8$。

5.3.4　接触面摩擦系数确定

地基土体与防波堤上下桶结构接触面的摩擦系数通过离心模型试验获得，根据离心模型试验结果，得到结构与土体之间摩擦系数的范围。离心试验得到的摩擦系数为 0.12～0.14，计算采用的摩擦系数取 0.115。

5.3.5　波浪压力的确定

波浪压力计算：

根据《海港水文规范》（JTS 145-2—2013）[5]①，按直墙式计算：

$$H = 6.72\text{m} \tag{5.5}$$

$$d = 11.56\text{m} \tag{5.6}$$

（1）静水面以上高度 H 处波浪压力强度为 0；

（2）静水面处的波浪压力强度：

根据《海港水文规范》（JTS 145-2—2013）表 8.1.6-1，$K_1 = 1.25$；

由 $L/H = 84.1/6.72 = 12.515$，查表 8.1.6-2，得 $K_2 = 1.0$；

$$p_s = \gamma K_1 K_2 H = 10 \times 1.25 \times 1 \times 6.72 = 84\text{kPa} \tag{5.7}$$

（3）静水面以上波浪压力强度按直线变化；

（4）静水面以下至深度 $Z = H/2$ 波浪压力强度按直线变化；

（5）静水面以下 $Z = H/2$ 处波浪压力强度：

$$p_z = 0.7 \times p_s = 0.7 \times 84 = 58.8\text{kPa} \tag{5.8}$$

（6）水底处波浪压力强度：

因为 $d/H = 11.56/6.72 = 1.72 > 1.7$，所以

$$p_d = 0.5 \times p_s = 0.5 \times 84 = 42\text{kPa} \tag{5.9}$$

计算得到的波浪压力分布如图 5.7 所示。

---

① 该规范于 2016 年 1 月 1 日已废止。

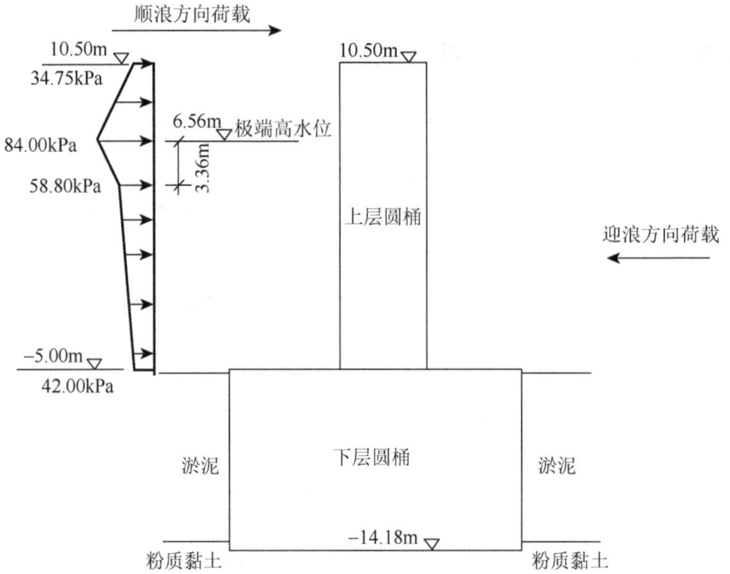

图 5.7　波浪压力分布情况

波谷作用下的波浪压力：

（1）静水面处波浪压力强度为 0；

（2）静水面以下 $Z = H/2$ 处至水底处波浪压力强度：

$$p = 0.5\gamma H = 0.5 \times 10 \times 6.72 = 33.6\text{kPa} \tag{5.10}$$

（3）墙底面上方向向下的波浪压力：

$$P_{\text{u}}' = \frac{bp}{2} = \frac{8.9 \times 33.6}{2} = 149.52\,\text{kN/m} \tag{5.11}$$

（4）静水面到静水面以下 $Z = H/2$ 处波浪压力按线性变化。

5.4　桶式基础防波堤三维有限元框架的建立

5.4.1　基本假设

连云港徐圩港区防波堤属于典型的土与结构相互作用问题，需要采用有限元增量法计算。在建立有限元分析模型时做如下假设。

（1）不考虑结构施工对土体性质的影响；

（2）同一层内土体视为均质各向同性材料；

（3）数值计算不考虑地震等动力荷载的影响；

（4）数值计算不考虑土体的流变特性。

5.4.2 防波堤结构与地基的模拟

1. 计算边界选取

根据中交第三航务工程勘察设计院有限公司提供的设计图纸，考虑计算的边界效应，分别以一组桶式结构（一个下桶和两个上桶）和三组桶式结构为研究对象，建立如图 5.8 和图 5.9 所示的两个三维有限元分析模型。

三桶模型（模型一）选取范围：为消除边界效应，选取三个桶式结构段作为研究对象，*X* 轴方向为防波堤轴线方向，跨度为 60m（三个桶的宽度）；*Y* 轴方向为垂直防波堤轴线方向，*Y* 轴正向指向海侧，负向指向港侧，从防波堤结构两侧边缘向海侧和陆侧各延伸 50m，*Y* 方向宽度 100m；*Z* 方向为竖直方向，模型底部取–35m 高程，下桶桶底以下土层厚度为 21m。模型底部施加三个方向约束，周围施加法向约束。

单桶模型（模型二）选取范围：计算模型平面尺寸为 130m×20m，深度为 30m。模型边界条件为模型前后面在 *Y* 方向约束（$U_Y = 0$），左右面在 *X* 方向约束（$U_X = 0$），模型底部为固定边界（$U_Z = 0$），顶部为自由边界。

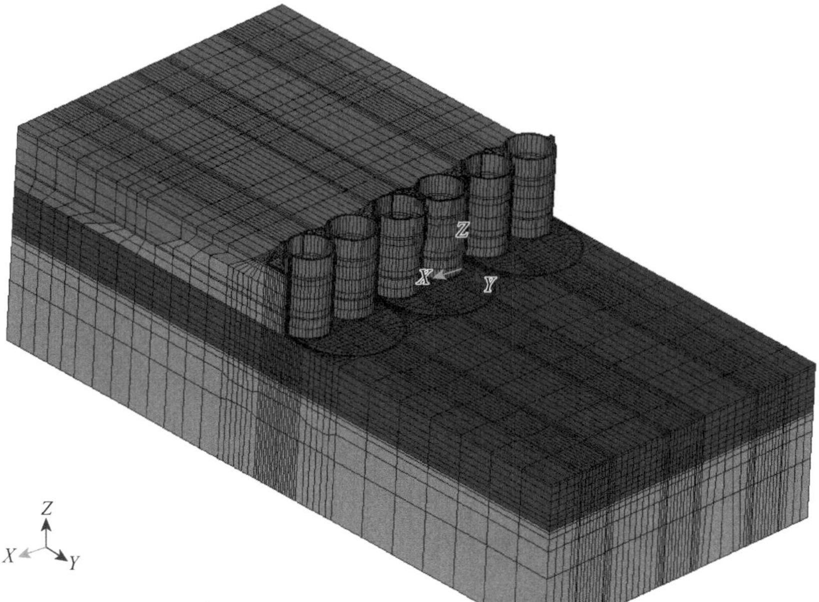

图 5.8　三桶模型

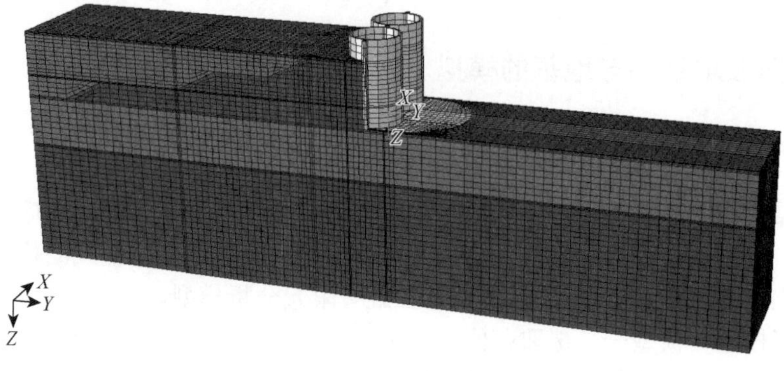

图 5.9　单桶模型

2. 地基土层的模拟

地基模型是一个长方体，模拟过程中不考虑土层的空间变化，针对不同性质的土层，采用三维实体单元模拟（C3D8）模拟，土体的应力-应变关系采用南水双屈服面土体本构模型，建立的三桶地基模型和单桶地基模型分别如图 5.10 和图 5.11 所示。为了让防波堤下桶能够进入地基中，地基模型必须事先给下桶（包括肋板）结构留出空间。

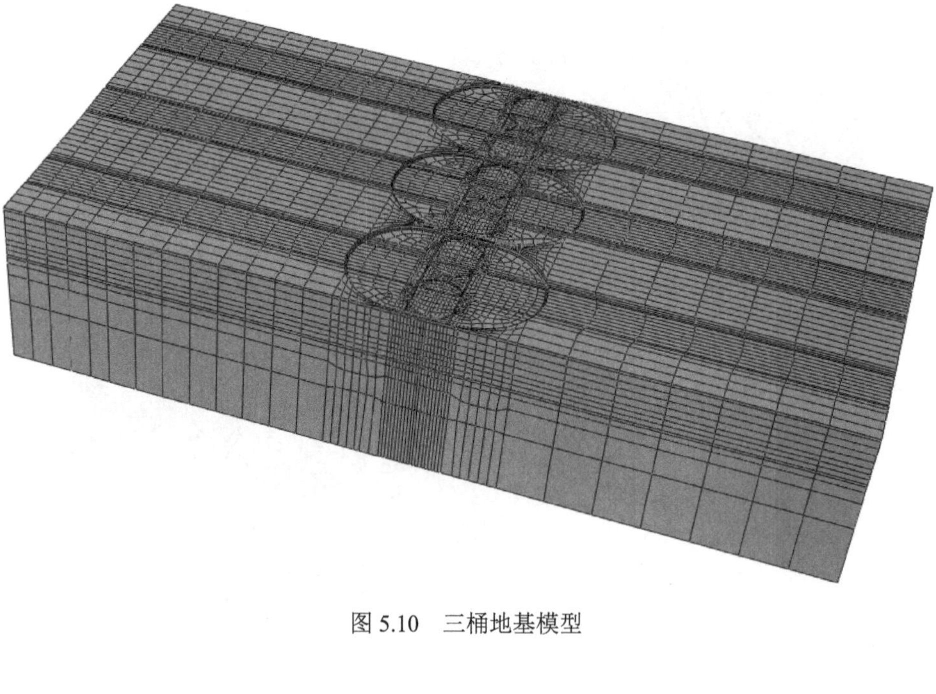

图 5.10　三桶地基模型

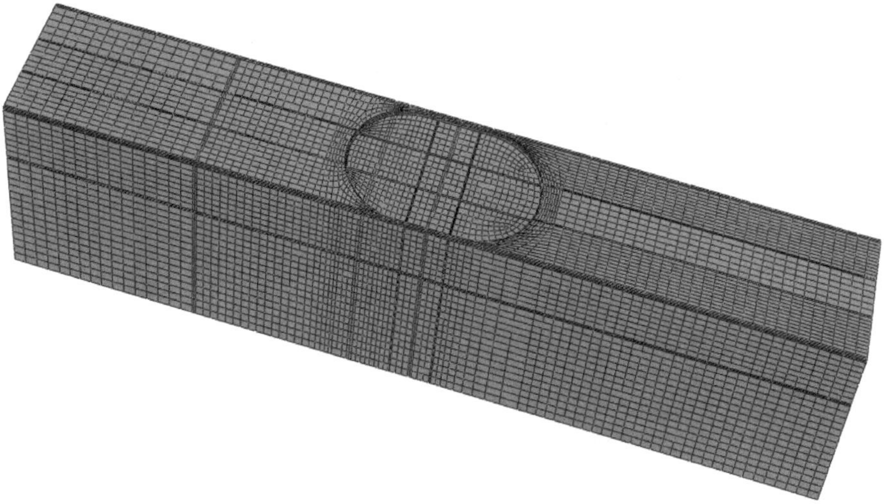

图 5.11　单桶地基模型

3. 防波堤结构的模拟

连云港徐圩港区桶式防波堤结构由上、下桶体（下桶体带肋板）组成，均为钢筋混凝土材料，采用线弹性实体单元模拟（C3D8），材料的本构模型采用 ABAQUS 自带的线弹性模型。该单元不仅可以考虑结构的变形和弯曲，而且还能获得结构的应力及弯矩。建立的三桶结构模型和单桶结构模型分别如图 5.12 和图 5.13 所示。

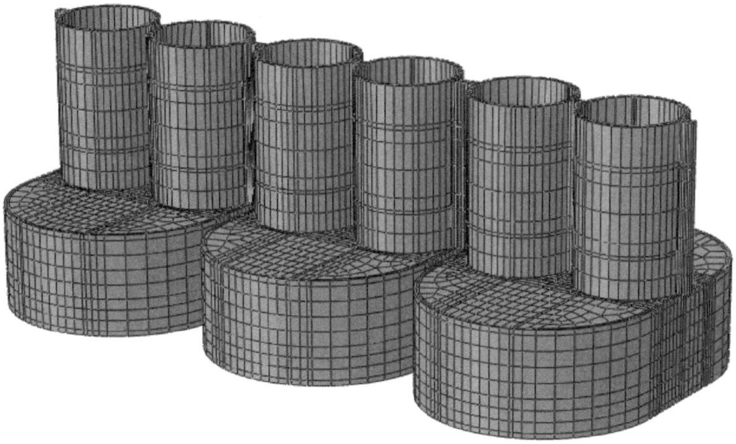

图 5.12　三桶结构模型

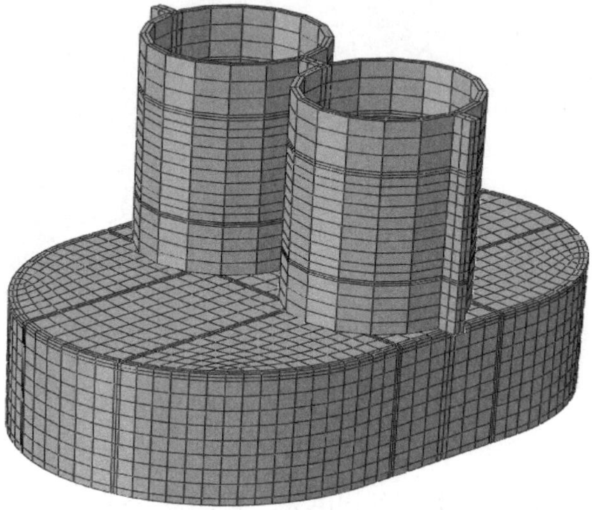

图 5.13 单桶结构模型

5.4.3 地基与下桶结构接触的模拟

对于桶式基础防波堤，存在大量的接触问题，如下桶内外两侧表面和地基土体的接触，肋板两侧表面和地基土体的接触，下桶顶部内侧表面与地基土体的接触，下桶底部表面与地基土体的接触，肋板底部表面与地基土体的接触，上桶港侧表面与回填土体的接触，以及上、下桶的连接问题。在本书中，除上、下桶的连接采用“绑定”的方法外，其他接触均采用“接触对”方法。

桩与土之间切向设置为小滑移接触，法向为硬接触，而切线方向设置最大摩擦力，当切向摩擦力小于最大摩擦力时，此时为静摩擦，当大于最大摩擦力时，转为滑动摩擦。设置“接触对”时结构都为主面，土体均为从面，主面可以穿透到从面内，但是从面不能穿透到主面中。这样，当下桶沉入土体中时，下桶与肋板侧表面受到的切向力为摩擦力，切向力为地基土体作用在结构上的静止土压力。图 5.14 中灰色区域显示了下桶和肋板侧表面与地基土体的“接触对”。

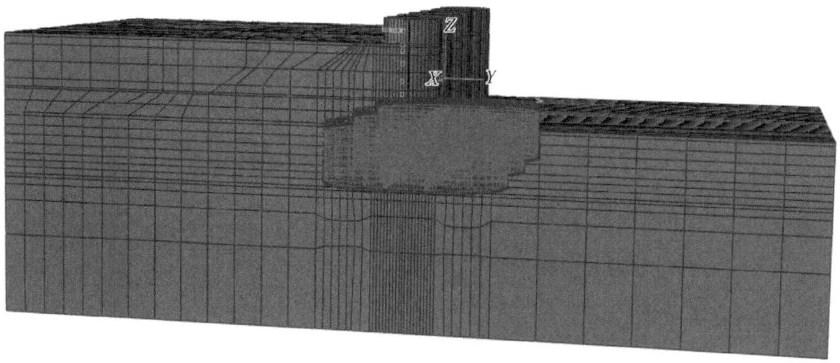

图 5.14　下桶和肋板侧表面与地基土体的“接触对”

5.4.4　地基初始应力场的模拟

初始应力场的模拟对于具有复杂本构关系的非线性问题和接触问题的计算非常重要，是后继分析正确与否的关键[6]。在桶式基础防波堤施工前，地基一般为水平成层地基，假设已固结完成，土体处于自重应力下的平衡状态，地基中的土压力可以视为静止土压力。这就要求数值计算过程中，在基础土层施加自重应力后，节点初始位移保持为零。模拟时在土体中施加重力，使土体在自重应力下固结，分离出此时各节点的应力，重新施加到每个节点上，从而消除节点位移。

图 5.15～图 5.17 为地应力平衡后地基的变形和应力情况。由图 5.15 和图 5.16 可知，地应力平衡后土体的残余沉降很小，绝大部分位移为 10^{-4}～10^{-6}m 的量级，满足工程需要。图 5.17 为地应力平衡后土体的竖向应力分布云图，应力分布满足静止土压力分布规律。

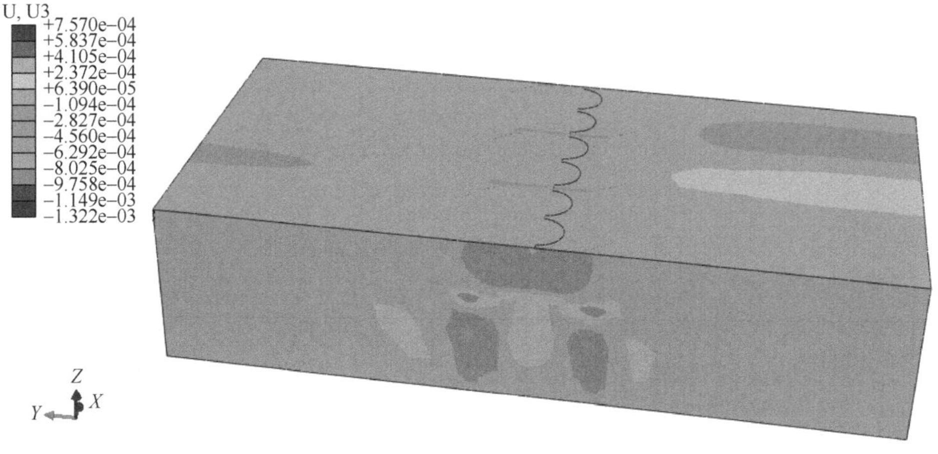

图 5.15　地应力平衡后土体的竖向位移分布云图（单位：m）

U 表示位移；U3 表示竖向位移

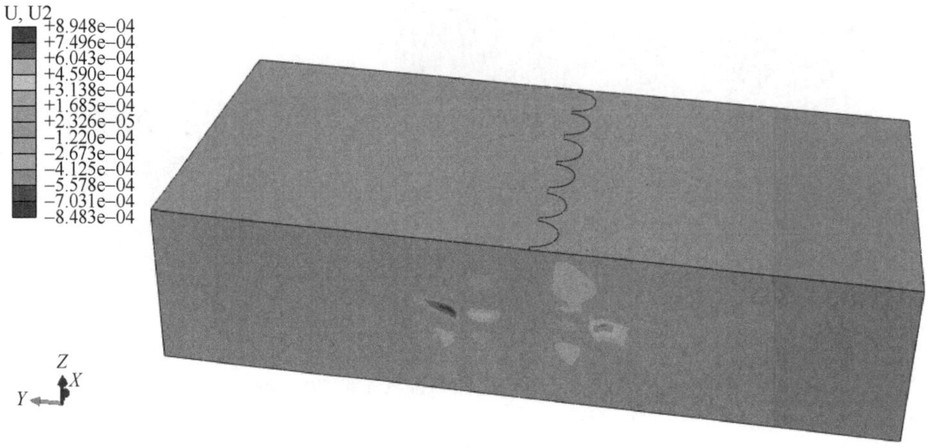

图 5.16　地应力平衡后土体的水平位移分布云图（单位：m）

U2 表示水平位移

图 5.17　地应力平衡后土体的竖向应力分布云图（单位：kPa）

S 表示应力；S33 表示竖向应力

对于桶式基础防波堤，桶体的自重荷载主要由地基土体与桶体结构（包括肋板）侧面的摩擦力决定，而摩擦力的大小又取决于作用在结构表面的正应力——地基的侧向土压力。如果不考虑波浪力的作用，初始的侧向土压力可以考虑为地基土的静止土压力，此时的土压力系数为 K_0。

土在侧限的条件下受压时，侧向有效压力 σ_{33} 与垂直有效压力 σ_{11} 之比，称为侧压力系数 K_0，即

$$\sigma_{33} = K_0\sigma_{11} \tag{5.12}$$

当土体没有发生相对移动保持静止状态时，K_0 为静止土压力系数。静止土压力对于桶式基础防波堤结构的计算有着重大影响，它将直接决定结构与土体之间的摩擦特性。

对于静止侧压力系数的确定，许多学者开展了大量研究。钱家欢认为 K_0 可以通过室内或原位静止侧压力实验测定，在设计中若墙后填土为松砂，一般 $K_0=0.4$，密砂 $K_0=0.7$，而黏土 $K_0=0.5$。对于正常固结黏土可以采用 Jaky 经验公式确定，公式为

$$K_0=1-\sin\varphi \tag{5.13}$$

K_0 数值大小受应力历史的影响，超固结黏性土比正常固结黏性土大，当超固结黏土比较大时，$K_0>1$。

赵树德在总结大量试验数据的基础上，提出对于砂土 $K_0=0.34\sim0.45$，黏土 $K_0=0.5\sim0.7$。对于正常固结土体，可以采用 Jaky 经验公式确定，对于超固结土则采用式（5.14）计算：

$$(K_0)_{OC}=(K_0)_{NC}\cdot(OCR)^m \tag{5.14}$$

式中，m 一般取 0.4。

对于本工程，地基土层分别为淤泥和粉质黏土，不排水摩擦角都很小，淤泥为 2.3°，粉质黏土为 11.5°，利用 Jaky 经验公式，计算得到的 K_0 值分别为 0.95 和 0.8。图 5.18 为初始侧向土压力分布云图。

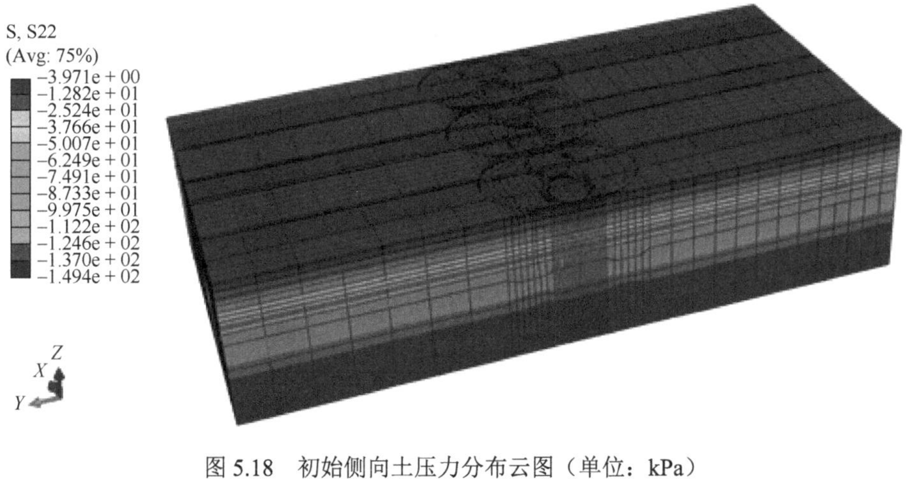

图 5.18　初始侧向土压力分布云图（单位：kPa）

S22 表示水平位移，具体为 Y 方向位移

5.4.5 计算工况

本工程重点关注两个主要工况，即防波堤在波浪荷载作用下的变形与整体稳定性，以及防波堤在港侧回填条件下的整体稳定性。其中，回填又分为回填淤泥和部分回填砂两种情况，每种回填又分为四种水位，即极端高水位、设计高水位、设计低水位和极端低水位。为了便于比较，对一些重要工况分别采用南水模型和弹性模型进行计算。采用弹性模型进行了 7 种工况的计算，如表 5.6 所示，采用南水模型进行计算的工况如表 5.7 所示。此外，针对各种工况，还进行了单桶模型与三桶模型的比较。

表 5.6　弹性模型计算工况

工况	回填材料	水位	浪压力
工况 1	回填淤泥	极端低水位	无
工况 2		极端高水位	无
工况 3		极端高水位	有
工况 4	回填砂 + 淤泥	极端低水位	无
工况 5		极端高水位	无
工况 6		极端高水位	有
工况 7	无回填	极端高水位	有

表 5.7　南水模型计算工况

工况	回填材料	水位	浪压力
工况 1	回填淤泥	极端低水位	无
工况 2		设计低水位	无
工况 3		设计高水位	无
工况 4		极端高水位	无
工况 5		极端高水位	有
工况 6	回填砂 + 淤泥	极端低水位	无
工况 7		设计低水位	无
工况 8		设计高水位	无
工况 9		极端高水位	无
工况 10		极端高水位	有
工况 11	无回填	极端高水位	有

5.5　有限元计算结果

由于计算工况较多，考虑到规律相似性，在此仅给出波浪荷载作用下以及港侧回填淤泥情况下的详细计算结果。

5.5.1　波浪荷载作用下防波堤的变形与稳定

该工况模拟防波堤施工后，港侧未回填情况下，防波堤经历极端波浪作用后的变形与稳定情况。计算过程中波浪荷载按照 5.3.5 节给出的分布规律，采用拟静力的方式进行模拟。

图 5.19 和图 5.20 为防波堤施工后在波浪荷载作用下整体的竖向和水平位移分布云图，整体最大和最小竖向位移发生在结构上，最大水平位移也发生在结构上。

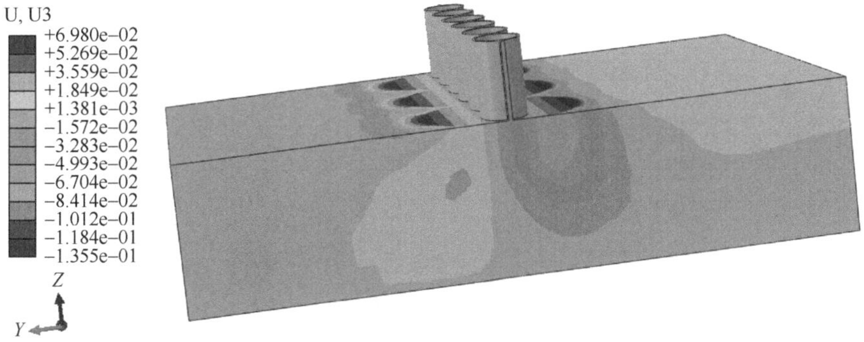

图 5.19　波浪荷载作用下整体的竖向位移分布云图（单位：m）

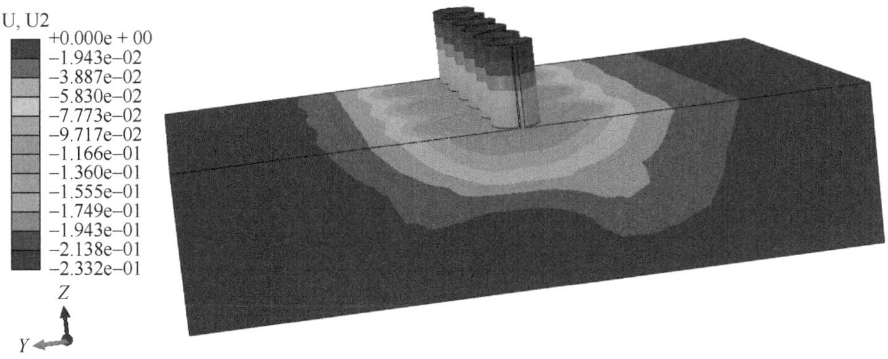

图 5.20　波浪荷载作用下整体的水平位移分布云图（单位：m）

图5.21和图5.22为防波堤施工后在波浪荷载作用下结构的竖向和水平位移分布云图，最大竖向位移为13.4cm，方向向下，发生在下桶港侧边缘位置，最小竖向位移为6.8cm，方向向上，发生在下桶海侧边缘位置；最大水平位移为23.3cm，发生在结构顶部位置，指向港侧，最小水平位移为 5.8cm，发生在结构底部，指向港侧。在浪压力作用下，结构整体向港侧移动，并向港侧倾斜0.386°。

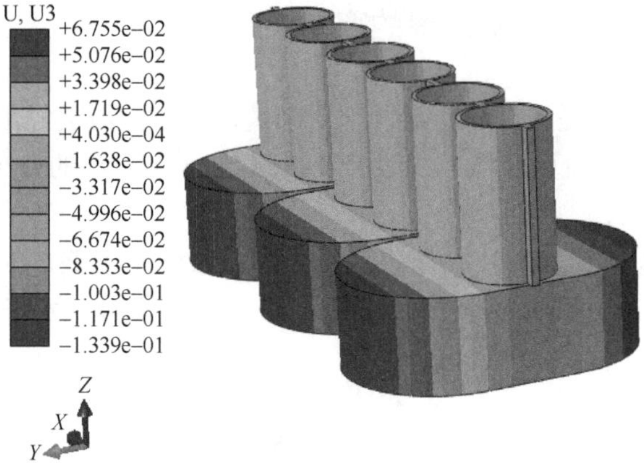

图 5.21　波浪荷载作用下结构的竖向位移分布云图（单位：m）

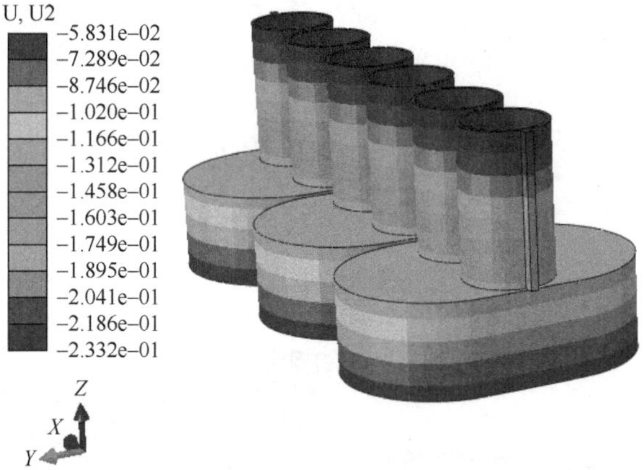

图 5.22　波浪荷载作用下结构的水平位移分布云图（单位：m）

图5.23为防波堤施工后在波浪荷载作用下地基剪应力分布云图，最大剪应力为 61kPa，发生在下桶底部与土体接触位置附近，下桶下部土体绝大部分剪应力在3～20.9kPa，剪应力不大。

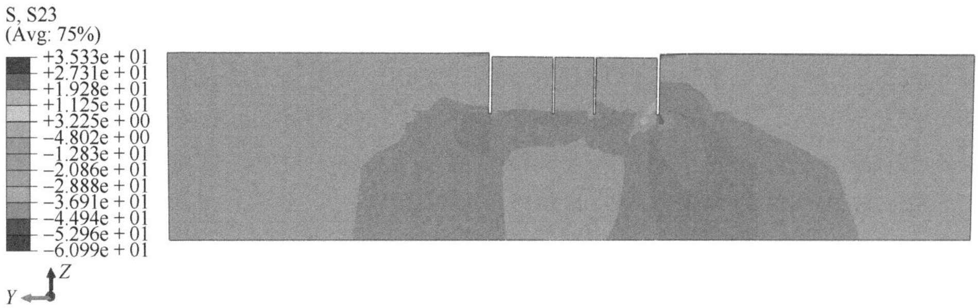

图 5.23　波浪荷载作用下地基剪应力压力分布云图（单位：kPa）

5.5.2　港侧吹填淤泥情况下防波堤的变形与稳定

图 5.24 和图 5.25 为极端低水位情况下港侧吹填淤泥后整体的竖向和水平位移分布云图，防波堤整体的最大沉降量为 56.96cm，发生在吹填侧土体内部，整体最大水平位移为 21.3cm，方向指向海侧，发生在防波堤下桶港侧土体内部。

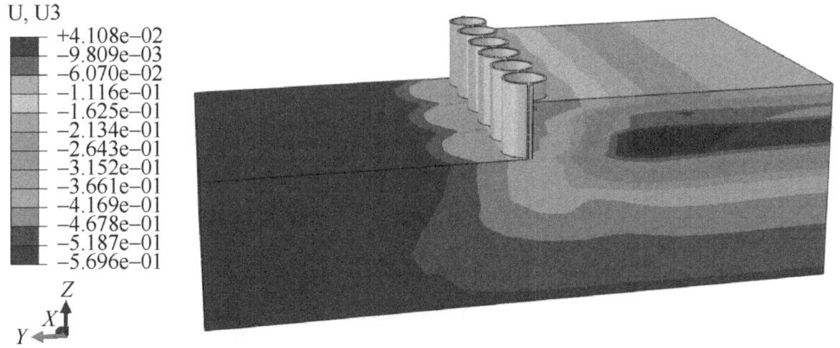

图 5.24　防波堤整体的竖向位移分布云图（单位：m）

工况：吹填淤泥，极端低水位，无浪压力

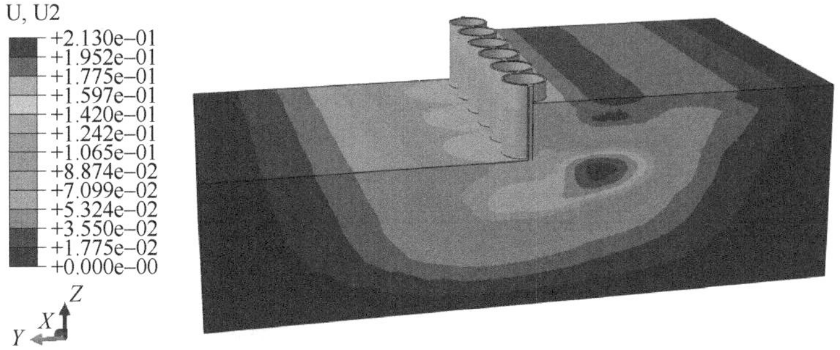

图 5.25　防波堤整体的水平位移分布云图（单位：m）

工况：吹填淤泥，极端低水位，无浪压力

图5.26和图5.27为极端低水位情况下港侧吹填淤泥后结构的竖向和水平位移分布云图，结构最大竖向位移为18.6cm，发生在下桶港侧边缘位置，最小竖向位移分别为6.3cm，发生在下桶海侧边缘位置；最大水平位移为16.7cm，发生在下桶底部位置，指向海侧，最小水平位移分别为6.9cm，发生在结构顶部位置，指向海侧，结构整体向海侧移动，并向港侧倾斜0.235°。

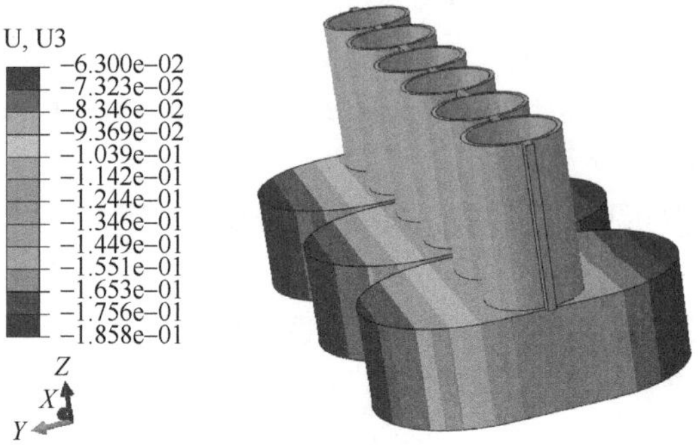

图5.26　防波堤结构的竖向位移分布云图（单位：m）

工况：吹填淤泥，极端低水位，无浪压力

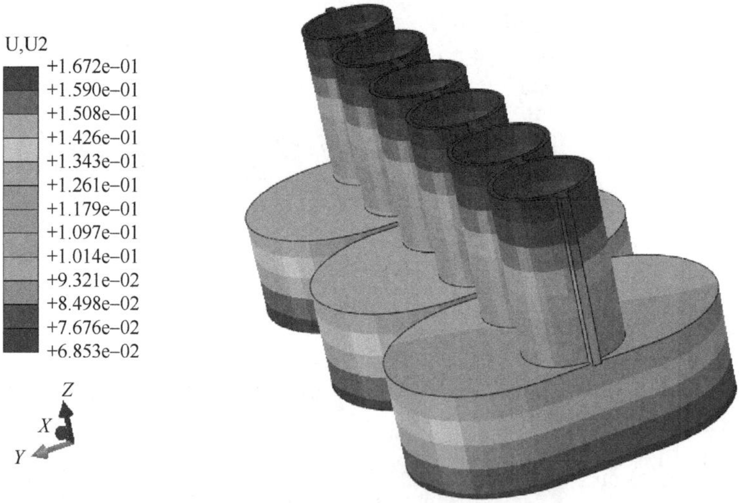

图5.27　防波堤结构的水平位移分布云图（单位：m）

工况：吹填淤泥，极端低水位，无浪压力

图5.28和图5.29为极端低水位情况下港侧吹填淤泥后防波堤结构下桶第一和第三主应力分布云图，最大四应力出现在下桶底部肋板交汇位置，该处为应力集中点，最大拉应力为10.6MPa，最大压应力为9.6MPa。

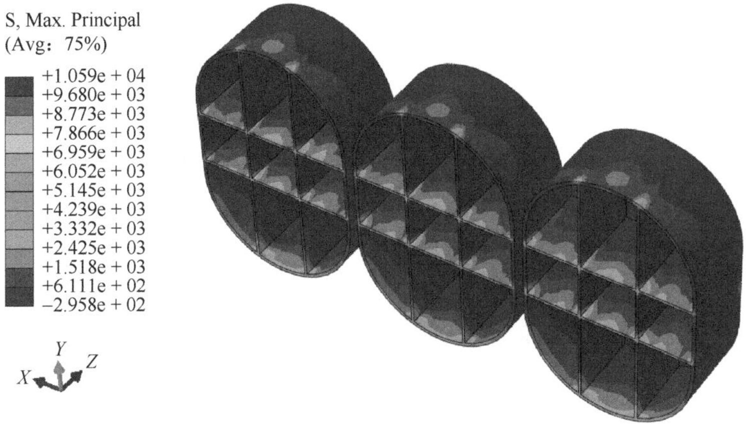

图 5.28　防波堤下桶第一主应力分布云图（单位：kPa）

工况：吹填淤泥，极端低水位，无浪压力

图 5.29　防波堤下桶第三主应力分布云图（单位：kPa）

工况：吹填淤泥，极端低水位，无浪压力

图 5.30 和图 5.31 为极端低水位情况下港侧吹填淤泥后防波堤上桶第一和第三主应力分布云图，由图可看出，上桶最大拉应力为 4.6MPa，发生在上桶底部与港侧下桶顶板连接位置；最大压应力为 5.4MPa，发生在上桶底部与海侧下桶顶板连接位置。

图 5.30　防波堤上桶第一主应力分布云图（单位：kPa）

工况：吹填淤泥，极端低水位，无浪压力

图 5.31　防波堤上桶第三主应力分布云图（单位：kPa）

工况：吹填淤泥，极端低水位，无浪压力

图 5.32 为极端低水位情况下港侧吹填淤泥后地基土体剪应力分布云图，下桶底部绝大部分土体的剪应力在 46kPa 以下。

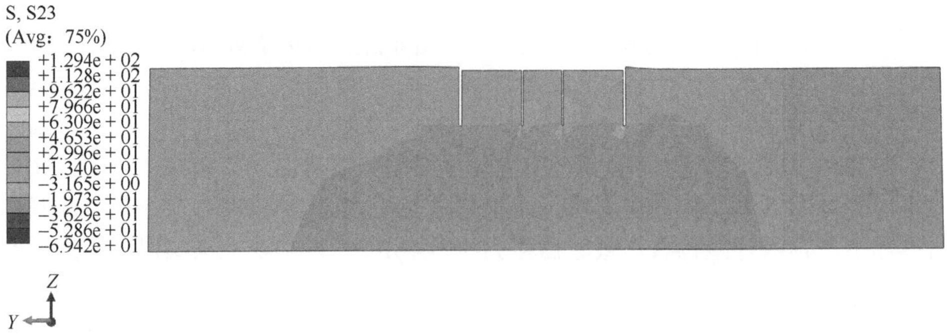

图 5.32　地基土体剪应力分布云图（单位：kPa）

工况：吹填淤泥，极端低水位，无浪压力

表 5.8 给出各种工况下防波堤结构的位移分布情况。

表 5.8　各种工况下防波堤结构的位移分布

工况	结构最大竖向位移/cm	结构最小竖向位移/cm	结构底部水平位移/cm	结构顶部水平位移/cm	倾角/(°)
吹填前、波浪压力作用	12.6	−6.5	−9.1	−25.6	0.365
无波浪、吹填淤泥、极端低水位	16.6	0.9	33.1	20.4	0.300
无波浪、吹填淤泥、极端高水位	8.7	1.7	13.2	7.5	0.114
无波浪、吹填袋装砂、极端低水位	21.7	−1.9	16.6	−2.6	0.378
无波浪、吹填袋装砂、极端高水位	13.0	0.08	14.0	3.4	0.247

注：对水平位移，负号表示指向港侧；对竖向位移，负号表示向上。

通过对各种工况的计算结果整理分析，得出如下结论。

（1）两种吹填方案在极端低水位情况下，均为最危险工况，此时结构的差异沉降和位移均最大，在该工况下结构可保持稳定，不会发生失稳破坏；

（2）随着水位升高，结构的竖向位移和水平位移均在减小，结构的偏转角度也在减小；

（3）港侧吹填淤泥情况下，结构均向海侧移动，向港侧倾斜；

（4）港侧吹填袋装砂情况下，结构底部向海侧移动，顶部向港侧移动，整体向港侧倾斜；

（5）吹填后在浪压力作用下，结构较吹填后工况向港侧移动，结构向港侧倾斜，且偏转量有明显增加；吹填后在浪吸力作用下，结构向海侧的移动量略有增加，偏转量减小。

（6）防波堤施工后，在未吹填情况下，结构承受浪压力作用，结构整体向港侧移动，向港侧倾斜。

5.6　桶式基础防波堤结构与土相互作用机理分析

为了进一步认识桶式基础防波堤结构与土相互作用机理，选取典型工况，对防波堤结构典型部位的土压力、摩擦力分布特性以及变形特性进行整理分析，深入认识该结构与基础土体相互作用的力学机理，为结构设计以及运行管理提供科学依据。

5.6.1　桶式基础防波堤结构受力变形特性分析

1. 不同波浪荷载作用下单桶多隔舱结构防波堤的变位分析

多组单桶多隔舱结构防波堤在下沉施工后相互连接，形成防波堤的直立堤部分。结构的上桶共同形成防波堤挡浪结构，而下桶插入淤泥软土层并坐于硬土层上，利用桶壁和隔舱周边软土的相互作用能力共同承担其上部所传递的波浪荷载，保证结构的抗滑和抗倾覆稳定性。因此波浪荷载是影响单桶多隔舱结构防波堤变位的重要因素之一。

为了更好地研究波浪荷载作用下单桶多隔舱结构防波堤与地基的相互作用，本书对建好的模型施加不同级别的波浪荷载，得到各级波浪荷载作用下结构与地基的变位特点。绘制出最大变形点水平和竖向位移随各级波浪荷载的变化曲线，并计算出结构防波堤倾角随各级波浪荷载的变化曲线，如图 5.33～图 5.35 所示。

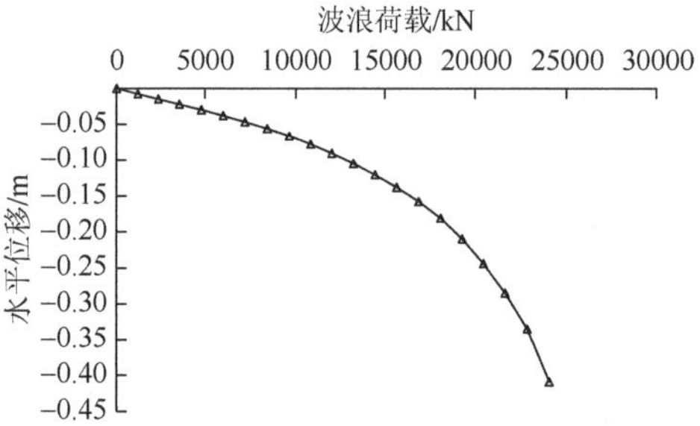

图 5.33　最大变形点水平位移随各级波浪荷载变化曲线

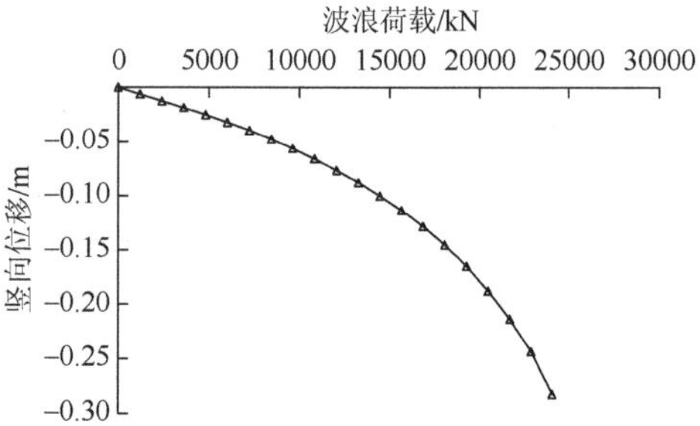

图 5.34　最大变形点竖向位移随各级波浪荷载变化曲线

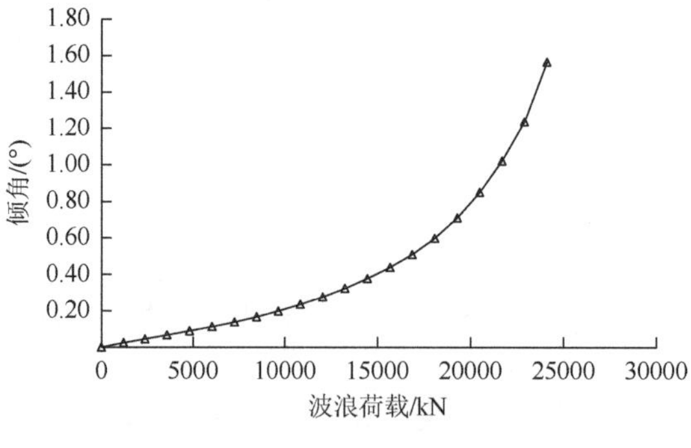

图 5.35　结构防波堤倾角随各级波浪荷载变化曲线

由图5.33～图5.35可以看出由南水模型计算得到的曲线在波浪荷载比较小的情况下大致为线性，随着波浪荷载的增大，出现非线性段，同时曲线随着波浪荷载的增加越来越陡，南水模型能很好地反映土体的性质。当波浪荷载继续增大，进入屈服阶段的土体单元增多，土体的塑性区逐渐扩展。由于在土体单元进入完全屈服状态时，土体单元应力值不再增加，变形幅度加快，从而使整个结构的波浪荷载-变位位移曲线出现明显的非线性拐点。从南水模型计算所得的波浪荷载-变位位移曲线图可以看出当波浪荷载达到近 2×10^4kN 时，土体才完全进入屈服阶段。

在较大波浪荷载（如风暴潮）或者台风、地震等极端条件下，外荷载会对单桶多隔舱结构防波堤和软土地基造成损害，结构与地基土的摩阻力和软土的凝聚力有可能不足以满足结构抗滑和抗倾覆的要求，导致结构整体失稳。目前，桶式基础防波堤失稳判别标准，包括地基极限承载力判别标准、荷载-位移曲线判别标准、位移控制判别标准等。苏联 1986 年出版的《有关大直径薄壳码头建筑物计算与设计的方法建议》中提出了码头建筑物变位控制值，水平位移、垂直位移以及转动变位的控制值分别取为 8cm、20cm 和 0.46°。长江口深水航道治理工程大圆筒结构试验段工程的设计参照此规定，圆筒结构整体稳定按筒体倾斜角变位不大于 0.3°左右来控制，泥面处的最大变位控制在 10cm 以内。把结构的极限控制变位作为结构整体稳定的判别标准具有很强的直观性，在设计波浪值作用下结构发生的变形和位移小于允许值，则结构是处于稳定的。当采用这种基于允许变位值作为失稳判别标准时，由图 5.33 可以看出水平位移达到 10cm 时所对应的波浪荷载为 12500kN；由图 5.34 可以看出竖向位移达到 20cm 时所对应的波浪荷载为 19800kN；由图 5.35 可以看出当桶体倾角达到 0.3°时所对应的波浪荷载为 12000kN。取三个控制值对应的最小值，得出波浪荷载为 12000kN。

虽然根据工程允许变位的判别标准得到的波浪荷载只有 12000kN，但实际上当波浪荷载继续增大时，桶体结构整体上仍然是稳定的。

在波浪荷载的作用下单桶多隔舱结构防波堤出现了倾斜变位。在此波浪荷载作用下桶体向港侧土体挤压，该侧土体出现了挤压隆起现象；由于倾斜变位，海侧下桶顶部和港侧外桶壁底部均出现了结构和土体的分离，桶体的海侧前趾翘起，桶底和桶体底部的土体分离，同时桶体的嵌固作用充分体现出来。桶外壁下部位于海侧方向和桶外壁上部位于港侧方向的桶外土体进入了被动区。桶外壁上部位于海侧方向和桶外壁下部位于港侧方向的桶外土体进入了主动区。桶内土体和桶体内壁及隔舱的分离现象不明显，在桶体变位过程中桶内土和桶内壁相对变位不明显，结合比较紧密，桶内隔舱的海侧上部和港侧底部的土体处于主动土压力状态，桶内隔舱的海侧下部和港侧上部的土体处于被动土压力状态，桶体海侧内壁与底部的土体有分离现象。

2. 转动圆心位置分析

沉入式单桶多隔舱结构防波堤在水平波浪力作用下的运动主要为 *X-Z* 平面内的平动和转动，具有三个自由度 *U*1、*U*3 和 *UR*3。由于淤泥的超静孔隙水压力很难消散，固结十分缓慢，在运营期间产生的 *U*3 非常的小。因此波浪荷载作用下沉入式单桶多隔舱结构防波堤的变位主要由 $U1$ 和 $UR3$ 组成。另外，由于结构的对称性，转动 $UR3$ 的转动点基本在中心轴线上。如图 5.36 所示，把单桶多隔舱结构防波堤的变位分解为一个整体水平向变位 U 和绕桶体中心轴线上一点（倾覆转动中心 O）的转动 θ。这样整个结构的变位都可以由水平变位 U 和转角 θ 来确定，其中转点 O 位置的确定是关键。转动点位置的确定是进行结构的稳定性分析的必要条件。本书据此提出一种结合有限元数值计算确定单桶多隔舱结构防波堤转动中心 O 的方法。

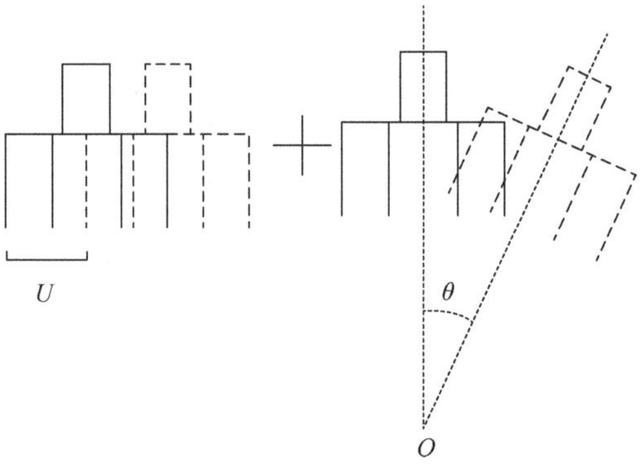

图 5.36　单桶多隔舱结构防波堤变位分解图

图 5.37 为结构转动点位置计算示意图。根据有限元计算结果分别输出变位控制点的位移（U_{Ax1}，U_{Az1}）和 U_{Bz1}，可据此得出转动点在下桶顶板中心点以下距离 H 的计算公式：

$$H=\frac{\sqrt{{U_{Ax1}}^2+{U_{Az1}}^2}}{2}\Bigg/\sin\frac{\arcsin\dfrac{U_{Bz1}-U_{Az1}}{L_{AB}}}{2} \tag{5.15}$$

可以利用三角函数进行简化，得

$$H=\sqrt{\frac{{U_{Ax1}}^2+{U_{Az1}}^2}{2-2\sqrt{1-[(U_{Bz1}-U_{Az1})/L_{AB})]^2}}} \tag{5.16}$$

根据式（5.15）或者式（5.16）可求出不同波浪荷载作用下转点所处的深度，如图 5.38 所示。从图中可以看出，随着波浪荷载的增加，转点 O 的位置曲线为开口向下的抛物线型，分为递增和递减两个阶段。在波浪荷载从 0 增加到 7300kN 的过程中，转点 O 的位置从泥面以下 18.23m 降低到 19.61m，呈非线性增长，并且增长趋势逐渐变缓。在波浪荷载从 7300kN 增加到 24100kN 的过程中，波浪荷载-转点所处的深度曲线基本为线性分布，并且随着波浪荷载的增加，转点的位置逐渐升高，在波浪荷载为 2.41×10^4kN 时，转点所处深度在泥面以下 15.7m，距离桶体

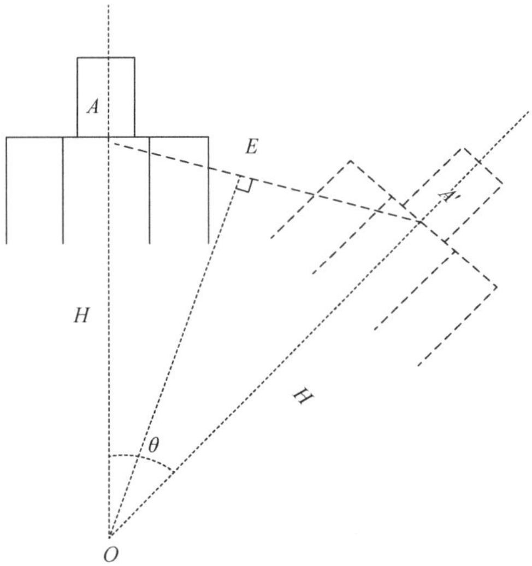

图 5.37　转动点位置计算示意图

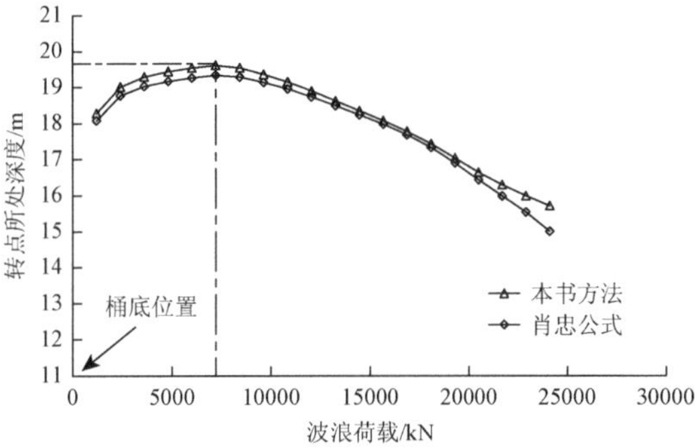

图 5.38　转点所处的深度随波浪荷载变化曲线

底部只有 4.7m。这种规律也充分说明了在波浪荷载较小的时候单桶多隔舱结构防波堤转动中心位于桶底之下较深处，桶体的嵌固作用没有完全体现，桶体的位移形式以沿波浪方向的平动为主；在波浪荷载较大的时候，结构转动中心慢慢提高，桶体的嵌固作用得到充分体现，此时单桶多隔舱结构防波堤的破坏形式以倾覆转动为主。

3. 桶壁土压力变化规律分析

桶壁土压力是维持桶体稳定性的一个重要因素，进行桶体稳定性分析，首先需要研究桶壁土压力的分布状况。土压力理论是岩土领域研究的一个重要内容，Clough 和 Duncan[7]首次采用有限元法研究挡土墙上的土压力问题，之后许多国内外学者[8, 9]也相继采用有限元法研究土压力问题。这些研究较多针对的是直壁挡土墙，对于曲面形式的桶壁结构，其土压力分布要复杂得多。类似的防波堤工程中，王元战等[10]对筒型基础防波堤的土压力性状进行了有限元分析，蒋敏敏等[11]对箱筒型基础防波堤的土压力性状进行了有限元分析。这些研究是针对圆筒结构的，对于直壁与圆弧壁组合的桶式结构，其土压力分布尚需要进一步研究。

为分析土压力在桶壁上的分布模式，由于桶体结构关于长轴对称，取桶体长轴方向一半的桶壁进行分析，如图 5.39 所示。从海侧到港侧，沿桶壁取 5 个竖向断面 S_1～S_5 进行分析，桶壁土压力的分布规律关键是桶体两端圆弧段的土压力，因此，在海侧圆弧段取 A_1-A_5、在港侧圆弧段取 P_1-P_5 进行分析。

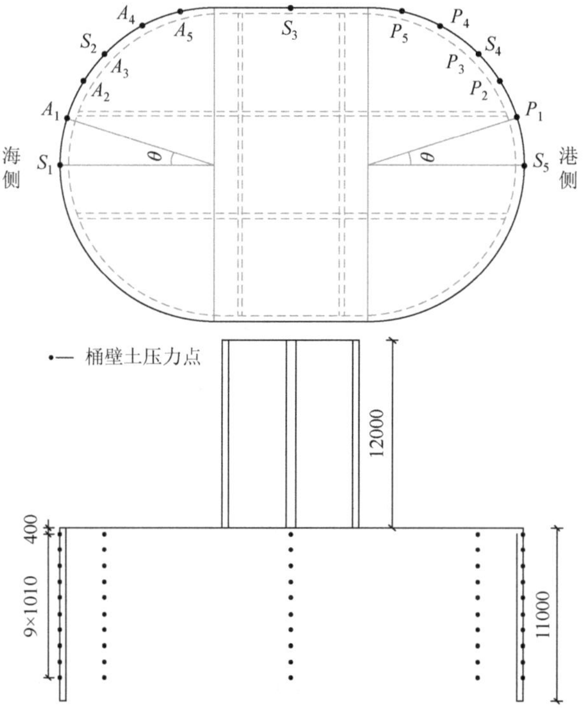

图 5.39　桶壁土压力分析点（单位：mm）

波浪设计荷载采用 50 年一遇的与波浪合力等效的集中荷载 P_{PP}，模型中实际加载 P，定义荷载水平为 P/P_{PP}。针对不同荷载水平下防波堤结构桶侧土压力分布特性进行整理分析。

不同荷载水平下，S_1～S_5 桶壁土压力随深度的变化如图 5.40 所示。图中，e_a、e_0、e_p 分别表示主动土压力、静止土压力与被动土压力。由图 5.40 可以看出，不同荷载水平下，桶壁土压力沿深度基本上是分段线性分布，在距桶壁顶部约 1m 范围内土压力变化不稳定，1～9m 范围内桶壁土压力斜率与静止土压力非常接近，在底部，海侧圆弧段与侧面直壁段桶壁土压力相对减小，港侧相对增大。桶壁土压力的这种分布方式与周健等[12]进行的不同位移模式下挡土墙土压力分析中 RBT 模式较为接近。桶壁土压力的变化与土体特性、桶体自身特性及桶体变位方式有关。软土地基上，带隔墙的桶体整体刚度很大，相对于土体，其自身变形可以忽

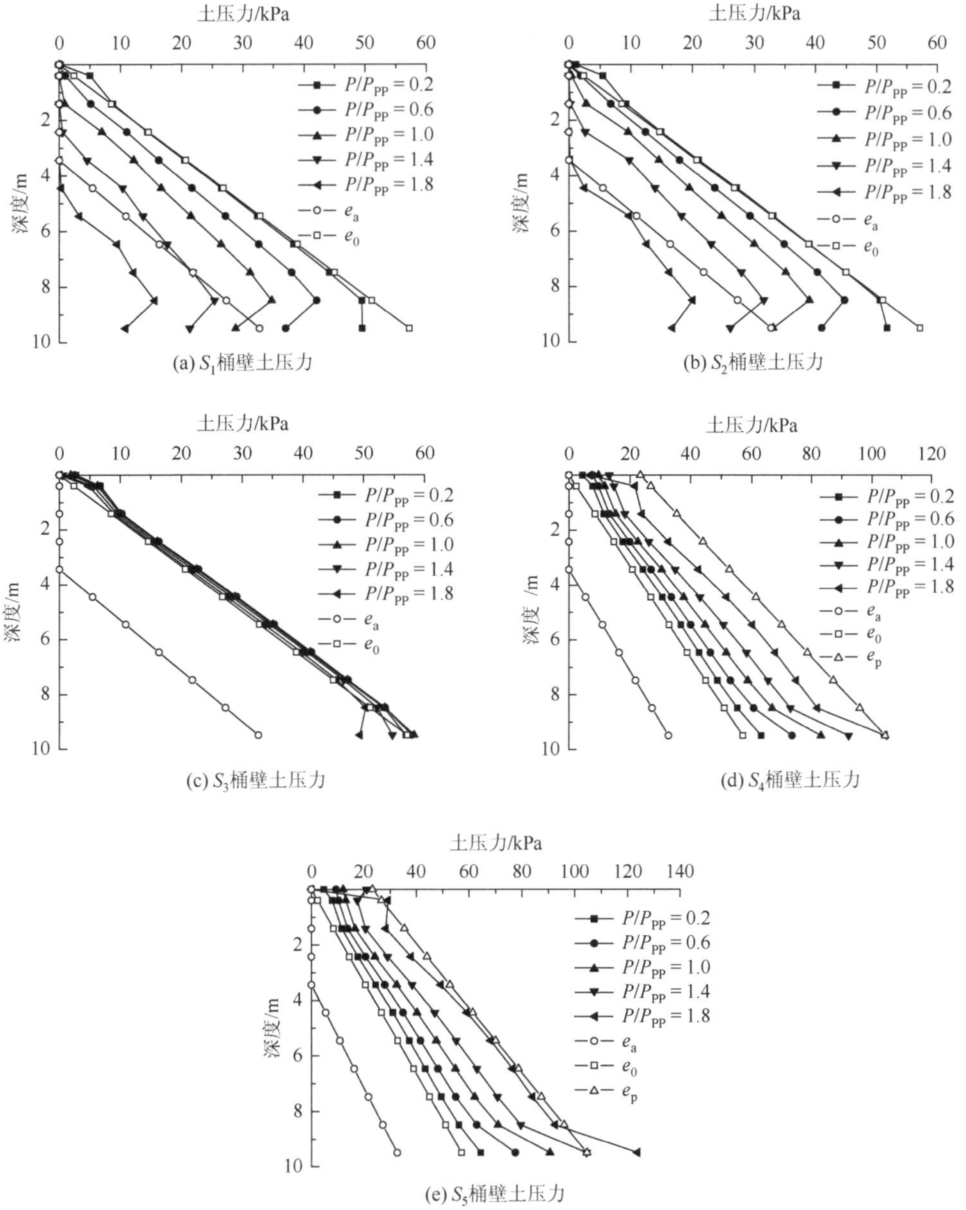

图 5.40　不同荷载水平下 S_1～S_5 桶壁土压力沿竖向分布

略，同时软土地基土体变形性能好，能随桶体位移发生同步变形，因此很大范围内桶壁土压力是线性分布。在水平荷载作用下，桶体发生转动，顶部土体与桶壁脱离，因此桶壁顶部土压力变化不稳定，而在底部，海侧圆弧段桶壁和部分直壁段桶壁与土体也发生脱离，海侧底部土压力相对减小，在港侧，桶壁在平动与转动作用下，进一步挤压土体，港侧底部土压力相对增大。

从图 5.39 中可以看出，海侧圆弧段桶壁上 S_1、S_2 位于主动区，直壁段桶壁上 S_3 基本位于静止土压力区，港侧圆弧段桶壁上 S_4、S_5 位于被动区。桶壁的土压力分布方式从桶体转动中心也可以看出，如图 5.40 所示，不同荷载水平下，桶体转动中心均在桶体下部，因此，桶体两端圆弧段上桶壁土压力均为单一土压力状态。

另外，从图 5.40 中也可看出，当 $P/P_{PP} = 1.45$ 时，海侧圆弧段顶端 S_1 处已基本达到主动土压力状态，而在被动侧，当 $P/P_{PP} = 1.81$ 时，圆弧段顶端 S_5 处桶壁土压力才到被动土压力状态，这与桶体的极限承载力的荷载水平比较接近。

桶壁土压力沿环向分布特性，取主动侧的 A_1-A_5、被动侧的 P_1-P_5 进行分析，如图 5.41 和图 5.42 所示。从图 5.41 中可以看出，当 P/P_{PP}<1.0 时，沿圆弧段主

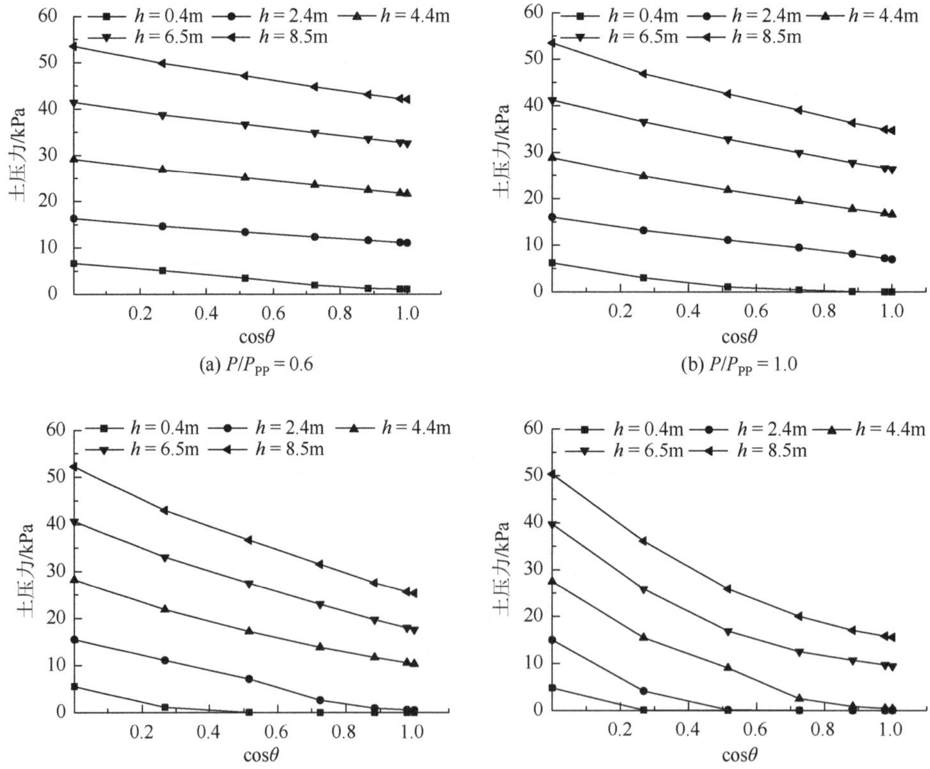

(a) $P/P_{PP} = 0.6$　(b) $P/P_{PP} = 1.0$

(c) $P/P_{PP} = 1.4$　(d) $P/P_{PP} = 1.8$

图 5.41　不同荷载水平下主动侧桶壁土压力沿环向分布

动侧桶壁土压力与 $\cos\theta$（θ 如图 5.39 所示）之间呈近似线性关系，当 $P/P_{PP} \geqslant 1.0$ 时，桶壁土压力与 $\cos\theta$ 之间逐渐呈非线性关系，而且桶壁下部首先出现非线性关系，随荷载水平增加，这种非线性关系逐渐向桶壁上部扩展。

与主动侧圆弧段桶壁土压力分布类似，从图 5.42 中可以看出，当 $P/P_{PP} < 1.0$ 时，沿圆弧段被动侧桶壁土压力与 $\cos\theta$（θ 如图 5.39 所示）之间呈近似线性关系，当 $P/P_{PP} \geqslant 1.0$ 时，桶壁土压力与 $\cos\theta$ 之间逐渐呈非线性关系。

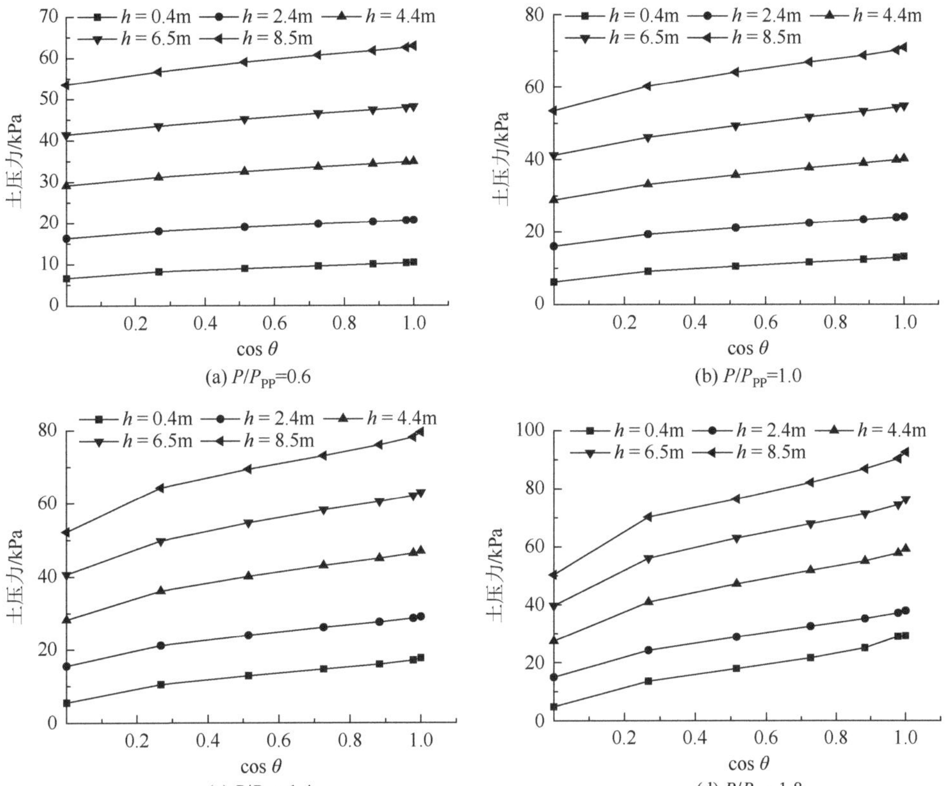

(a) P/P_{PP}=0.6　(b) P/P_{PP}=1.0　(c) P/P_{PP}=1.4　(d) P/P_{PP}=1.8

图 5.42　不同荷载水平下被动侧桶壁土压力沿环向分布

另外，随荷载水平的增加，桶壁下部首先出现非线性关系，随荷载水平增加，这种非线性关系逐渐向桶壁上部扩展，而且高荷载水平下，桶壁土压力在圆弧段顶端附近及圆弧段与直壁段衔接处变化稍快。

4. 桶壁摩擦力及端部阻力变化规律分析

虽然软土地基上桶土之间的摩阻力不会很大，但桶体中桶壁与土体的接触面较多，整体上摩阻力对桶体稳定性的贡献不可忽视。另外，在桶体底端，桶壁及隔墙端阻力对桶体稳定性的贡献也是一个重要组成部分。王元战等[13, 14]、范庆来[15]、吴梦喜[16]、肖忠等[17]在进行大圆筒稳定性及承载能力分析时，都考虑了摩阻力对大圆筒稳定性的影响，对筒体摩阻力都采用美国石油学会（American Petroleum Institute，API）规范方法进行简化计算。徐光明等[18]通过对沉入式大圆筒结构的离心机试验研究，对筒壁界面光滑、一般粗糙及比较粗糙几种情况进行分析，比较粗糙情况下比光滑情况下筒体水平位移降低 24.6%，这说明结构与土体接触截面粗糙程度对筒体稳定性的影响不可忽略。王元战和迟丽华[19]、迟丽华和王玉红[20]在大圆筒位移计算分析时，对筒壁的摩阻力，采用文克勒（Winkler）地基模型，对于竖向变形剪切系数，引入了一个随深度变化的比例因子以考虑摩阻力随深度变化。

桶体阻力包括桶壁侧阻力、桶底端阻力两部分。为分析桶体阻力的分布，在外侧桶壁上取 O_1～O_5（侧阻力部分）、桶壁及隔墙底端 B_1～B_{11}（端阻力部分）进行分析，如图 5.43 所示。

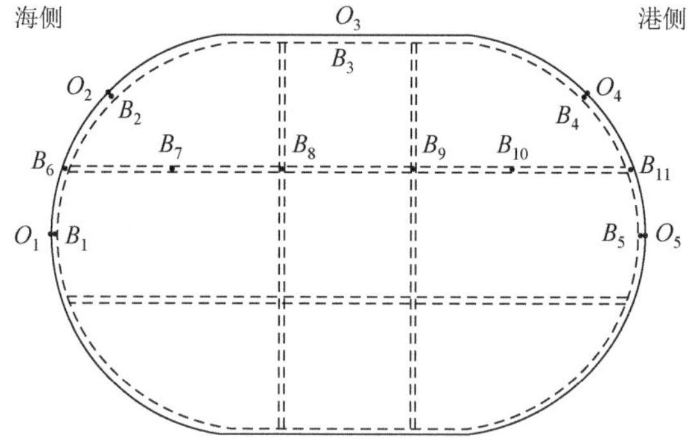

图 5.43　桶体阻力分析点

1）外侧桶壁侧阻力分析

外侧桶壁侧阻力随深度变化如图 5.44 所示。当荷载水平较低时，桶体转动很小，海侧圆弧段桶壁侧阻力向上且随深度呈非线性增加，当荷载水平较高时，桶体转动较大，海侧圆弧段桶壁侧阻力转为向下，当荷载水平 P/P_{PP}≥1.4 时，桶壁侧阻力随深度呈分段线性变化。在两侧直壁段，当荷载水平 P/P_{PP}<1.2 时，直壁段中部侧阻力为正；P/P_{PP}≥1.2 时，其侧阻力转为向下。在港侧圆弧段，桶壁侧阻力随荷载水平增加而增加，且当荷载水平 P/P_{PP}≥0.6 时，桶壁侧阻力随深度呈分段线性变化。

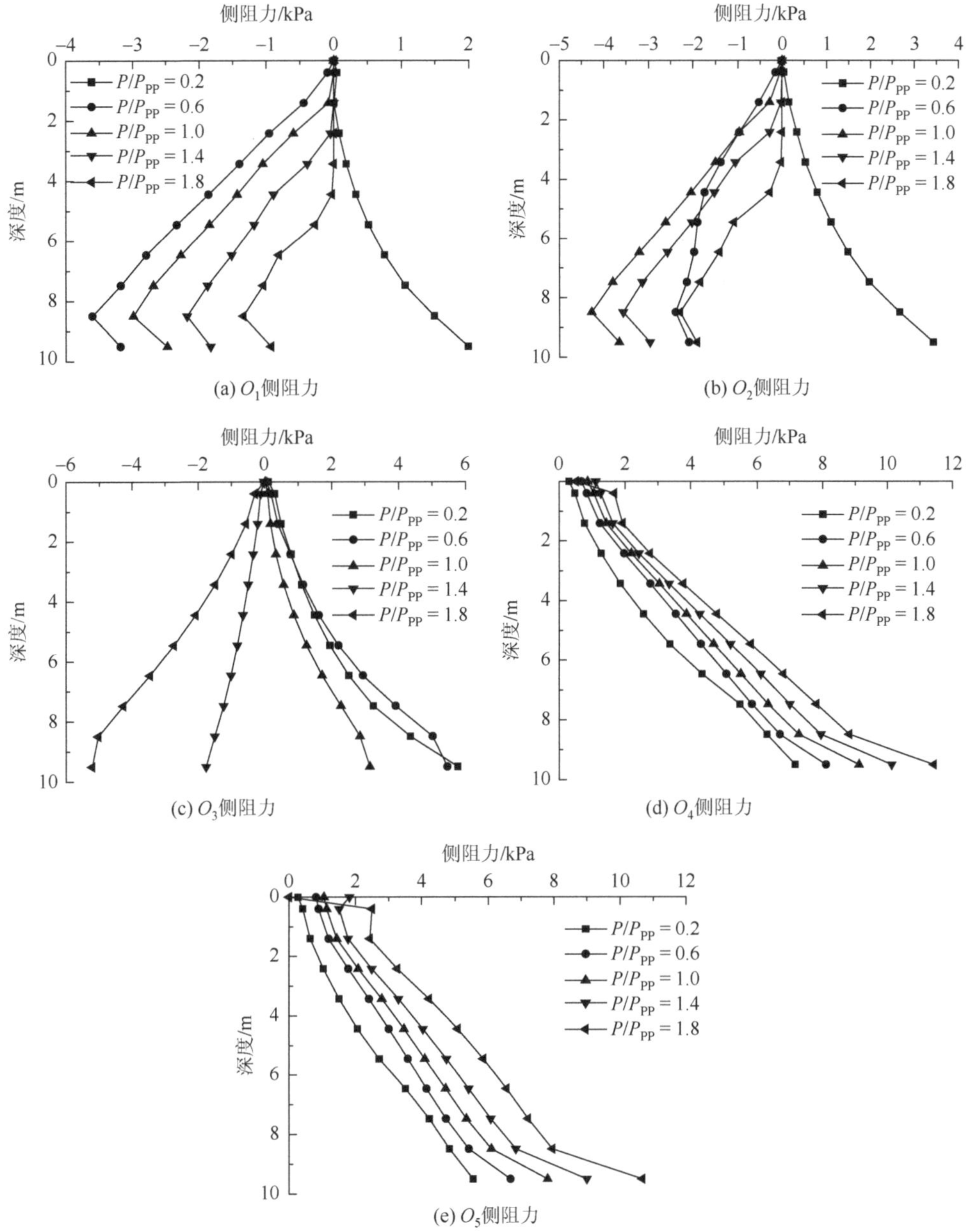

图 5.44　外侧桶壁竖向侧阻力

2）桶体端阻力分析

桶壁及隔墙底端各点端阻力随荷载水平的变化如图 5.45 所示。

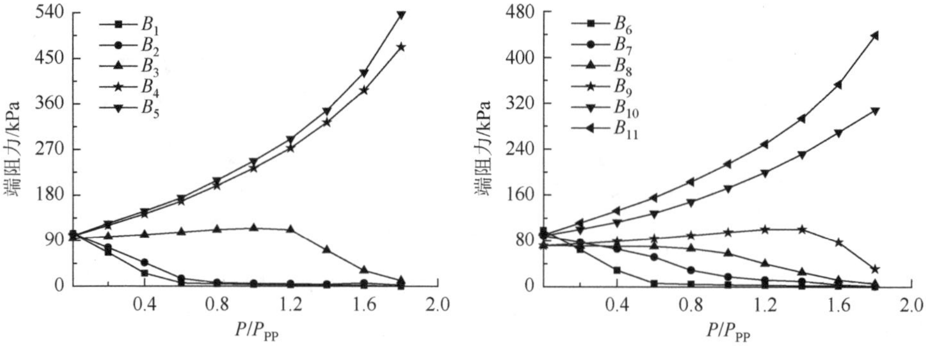

(a) 外侧桶壁端阻力　　(b) 内部纵向隔墙端阻力

图 5.45　桶体端阻力

在海侧圆弧段，当荷载水平 $P/P_{PP}\geqslant0.6$ 时，圆弧段顶端底部与土体开始脱离，如 B_1 所示；当 $P/P_{PP}\geqslant0.8$ 时，海侧圆弧段桶壁及隔墙底端其他部分与土体逐渐脱离；当 $P/P_{PP}\leqslant1.2$ 时，直壁段中部端阻力保持不变，如 B_3 所示；当 $P/P_{PP}>1.2$ 时，桶体发生很大转动，其端阻力开始减小。在港侧圆弧段，由于高荷载水平下桶体转动很大，部分桶壁及隔墙端阻力开始随荷载水平增加而减少，如 B_9 所示，只有在圆弧段顶端附近桶壁及隔墙端阻力随荷载水平增加而增加。

5.6.2　不同荷载作用点对结构受力变形影响特性分析

1. 桶体位移

不同荷载作用高度下，桶体水平位移及转角如图 5.46 和图 5.47 所示（图中 h_w 为荷载作用点与上桶底端间的距离）。如果将桶体水平位移分为平动位移及转动位移，当 $h_w\geqslant3$m 时，桶体平动水平位移均远小于转动水平位移，因此，实际情况下桶体位移基本上以转动为主。从图 5.46 和图 5.47 还可以看出，随荷载作用点增高，

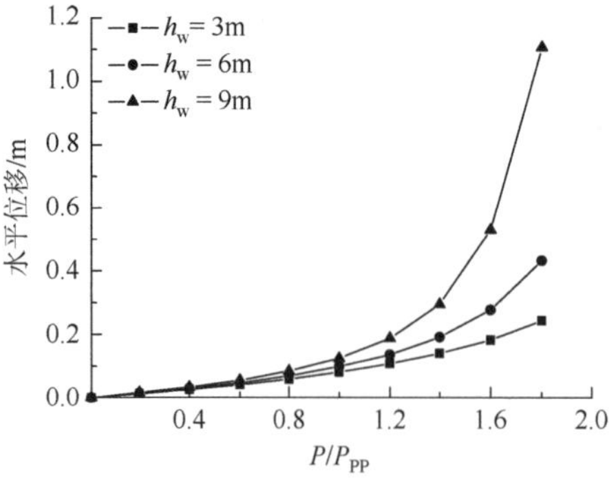

图 5.46　不同荷载作用高度下桶体水平位移

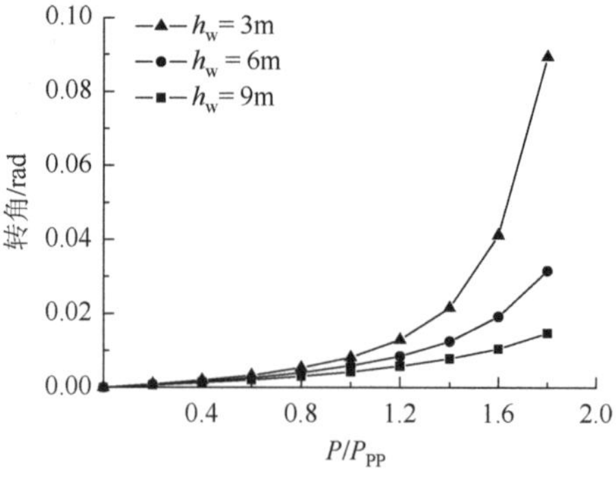

图 5.47　不同荷载作用高度下桶体转角

桶体承载能力逐渐降低，桶体稳定性也逐渐降低，桶体极限承载力与荷载作用点高度呈倒数关系。

2. 桶壁土压力

不同荷载作用高度下桶壁土压力变化如图 5.48 所示。当荷载水平 $P/P_{PP}=1.0$ 时，随荷载作用点增高，主动侧桶壁土压力略有降低，被动侧桶壁土压力略有增高，而两侧直壁段桶壁土压力基本不变。而且在不同荷载作用高度下，桶壁土压力分布规律一致。

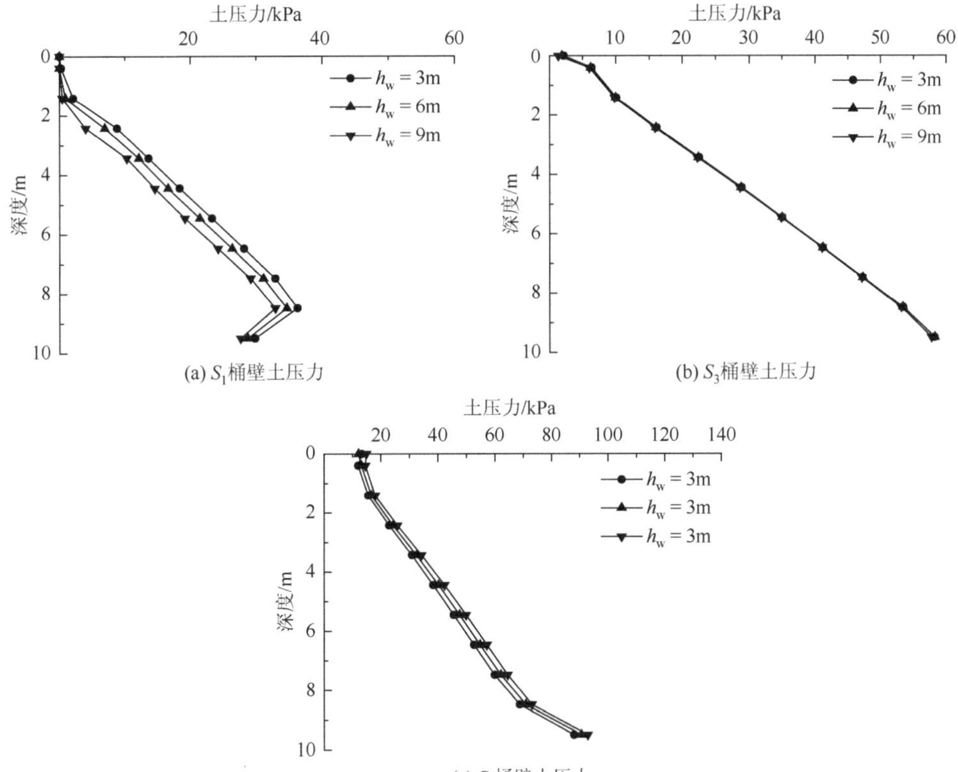

(a) S_1桶壁土压力　(b) S_3桶壁土压力

(c) S_5桶壁土压力

图 5.48　不同荷载作用高度下桶壁土压力变化

3. 桶壁侧阻力

不同荷载作用高度下，桶壁侧阻力如图 5.49 所示。随荷载作用高度的增加，主动侧桶壁侧阻力略有降低，被动侧桶壁侧阻力略有增加，且两者分布规律一致。在两侧直壁段，当荷载作用点较低时，桶体转动中心在海侧土体内且离桶体竖向中轴线较远，此时 O_3 点产生相对桶体向上的位移，桶壁侧阻力为负，当荷载作用点增高时，桶体转动中心向桶体竖向中轴线移动，此时 O_3 点产生相对桶体向下的位移，桶壁侧阻力为正。

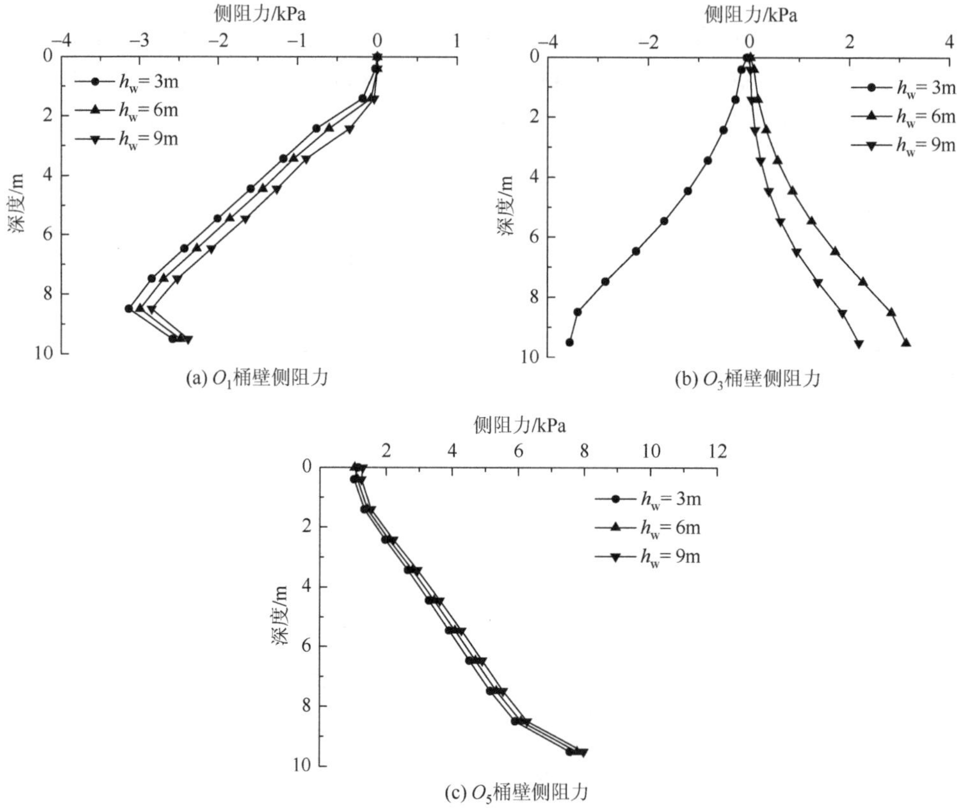

图 5.49　不同荷载作用高度下桶壁竖向侧阻力变化

5.6.3　不同基础土体对结构受力变形特性影响分析

为进行不同土质条件下桶土相互作用的分析，分别将原模型中的土体设置成淤泥土、粉质黏土、砂土进行计算，不同土体南水模型的土性参数如表 5.9 所示。

表 5.9　不同土体南水模型的土性参数

基础土体	c/kPa	φ_0/(°)	$\Delta\varphi$/(°)	R_f	K	K_{ur}	n	c_d	R_d	n_d
淤泥土	3	27.2	1.48	0.87	23.0	46	0.87	0.083	0.133	0.53
粉质黏土	2	31.5	3.40	0.70	67.5	135	0.70	0.038	0.35	0.73
砂土	0	32.0	3.50	0.92	476	952	0.38	0.012	0.50	0.91

1. 桶体位移

不同土质条件下，桶体水平位移及转角如图 5.50 和图 5.51 所示。任一土质条件下，桶体水平位移与转角有相似的变化规律，且随土质状况的变好，桶体承载力及稳定性明显提高。

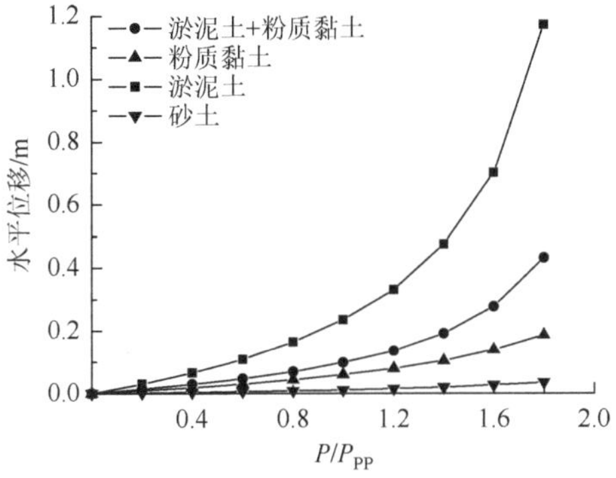

图 5.50　不同土质状况下桶体水平位移

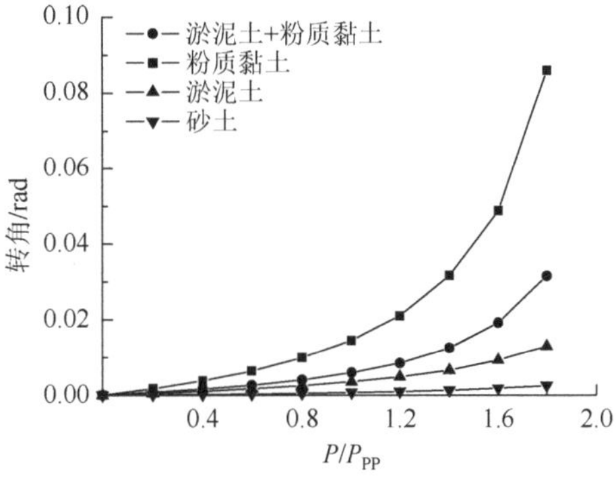

图 5.51　不同土质状况下桶体转角

2. 桶壁土压力

当荷载水平 $P/P_{PP}=1.0$ 时，不同土质条件下，桶壁土压力如图 5.52 所示。桶壁土压力不仅与土体强度有关，而且与土体密度、静止侧压力系数等因素有关。在主动侧，当土质条件单一时，中下部桶壁土压力基本是线性分布，当土体成层时，桶壁土压力呈折线分布。在两侧直壁段，不同土质条件下桶壁土压力基本上与相应土质条件下的静止土压力相等。在被动侧，除砂土外，桶壁土压力比较接

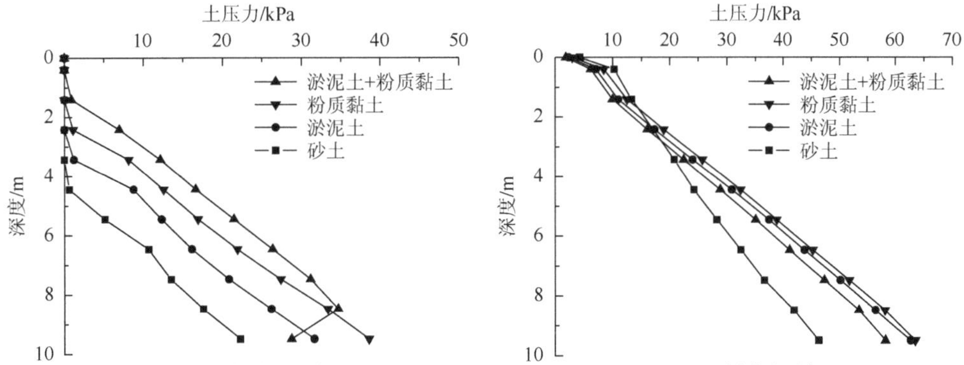

(a) S_1桶壁土压力　　(b) S_3桶壁土压力

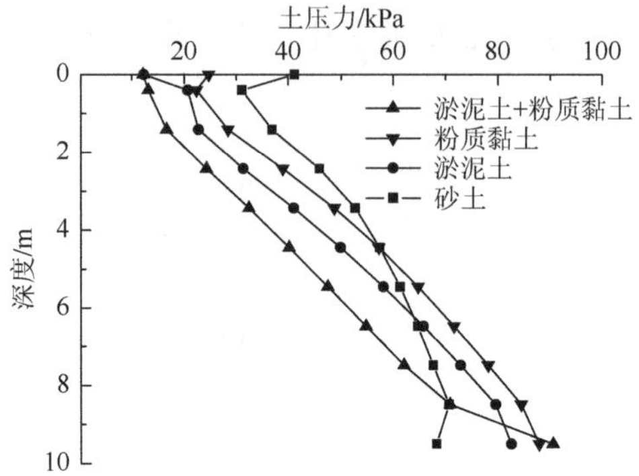

(c) S_5桶壁土压力

图 5.52　不同土质状况下桶壁土压力变化

近分段线性分布。软土地基上桶壁土压力与砂土地基上桶壁土压力分布的不同，可由桶体绕桶底变位模式（RB 模式）的理论分析中看出。王元战在进行大圆筒不同变位模式下桶壁土压力分布的分析中，RB 模式下，软土地基上的桶壁土压力与深度之间更接近线性关系，而对于砂土地基，其关系表现为较明显的非线性。

3. 桶壁侧阻力

当荷载水平 $P/P_{PP}=1.0$ 时，不同土质条件下桶壁侧阻力如图 5.53 所示。

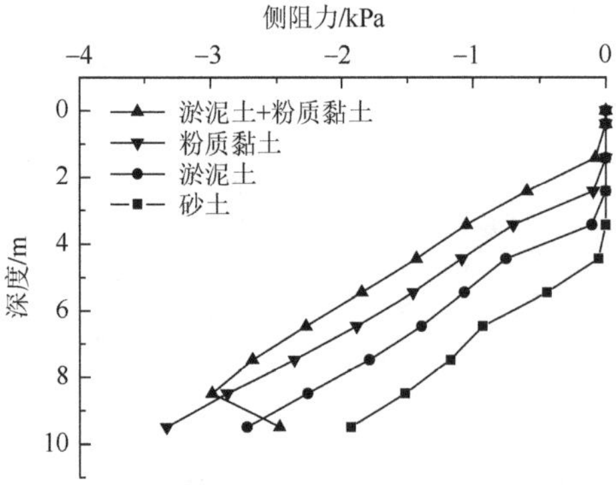

(a) O_1桶壁侧阻力

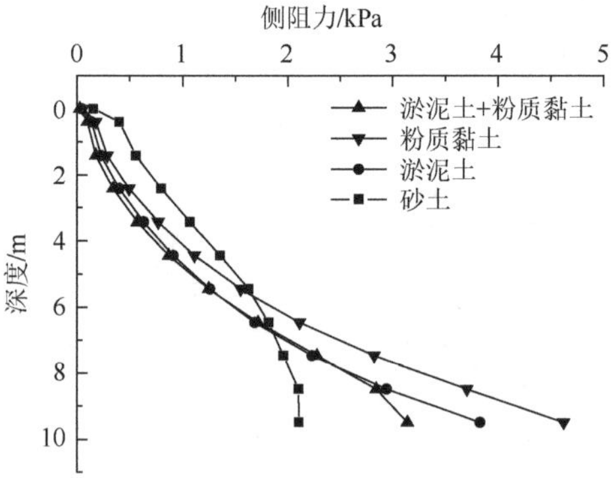

(b) O_3桶壁侧阻力

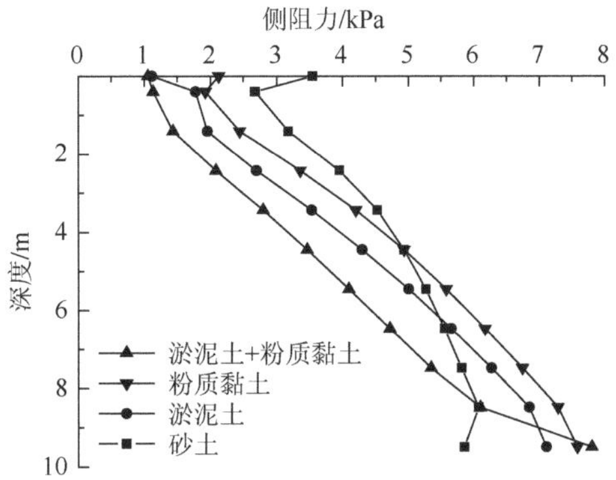

(c) O_5桶壁侧阻力

图 5.53　不同土质条件下桶壁侧阻力变化

对比图 5.53 可以看出，在主动侧与被动侧，桶壁侧阻力与相应桶壁土压力分布一致。在两侧直壁段，由于桶体转动中心位于此区域内，桶壁侧阻力分布有所不同，除了砂土地基，此区域桶壁侧阻力分布比较类似。

5.7　桶式基础防波堤结构受力简化计算

桶式基础防波堤结构稳定性和受力特性分析，需要确定结构所受土压力分布、摩擦力以及端阻力分布以及转动中心位置。在 5.6 节研究基础上，提出桶式基础防波堤结构受力简化计算方法。

5.7.1　桶体所受土压力简化计算

在不同荷载水平下，桶体转动中心均在桶体下部，即使在荷载水平很高的情况下，桶体转动中心也不会出现在桶体内部，因此，由转动中心的位置可以判断出，在桶体两端，桶壁土压力均为单一的土压力状态，即海侧圆弧段桶壁位于主动土压力区，港侧圆弧段桶壁位于被动土压力区。极限状态下桶体的位移模式可以简化为图 5.54 的形式，在水平波浪荷载 P 作用下，桶体发生水平位移及转动。在极限状态下，桶壁土压力的分布模式如图 5.55 所示。

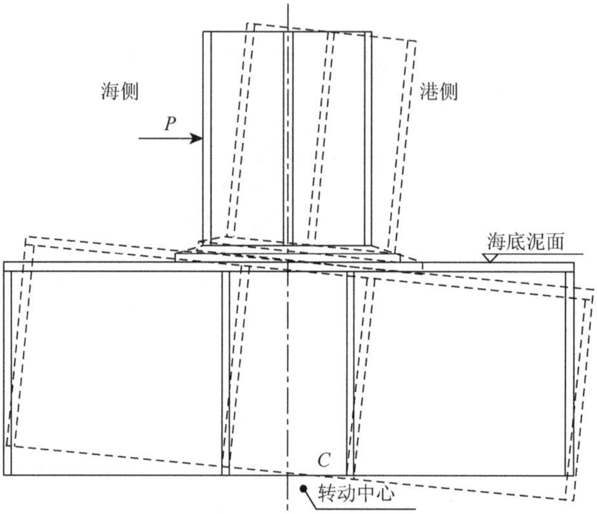

图 5.54　桶体位移模式

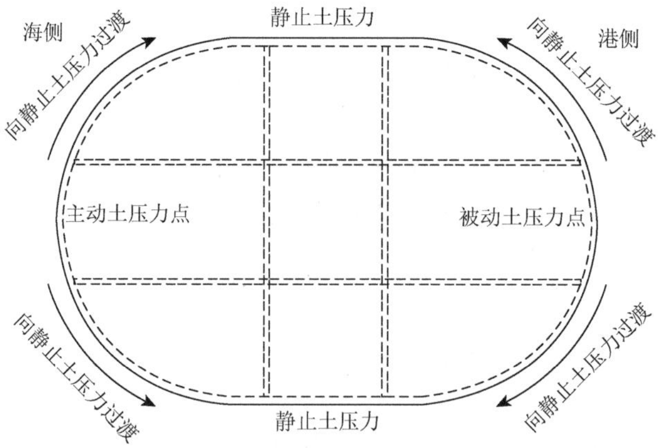

图 5.55　桶壁土压力分布模式

考虑到桶体与土体之间的竖向摩阻力，本书假定在极限状态下圆弧两端主动与被动土压力点上土压力分布形式为墙背垂直且粗糙、墙后填土水平的库仑土压力分布，对于黏性土，$\alpha=0$，$\beta=0$，$\delta\neq0$，其计算简图如图 5.56 所示。

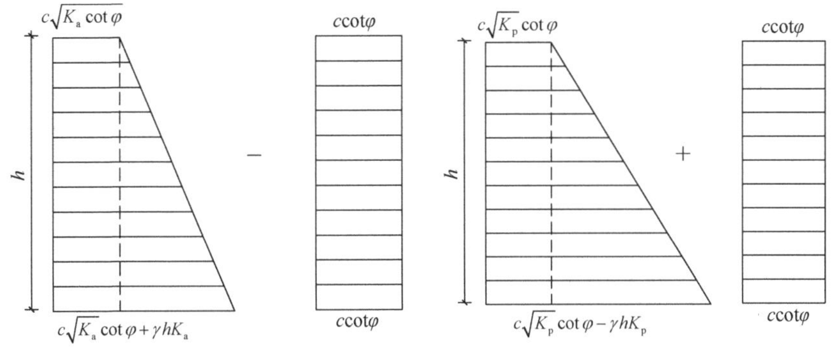

(a) 主动土压力分布　　　　(b) 被动土压力分布

图 5.56　桶体海侧港侧外缘端部土压力分布

主动土压力和被动土压力简化计算公式如下：

$$E_a=\frac{[\gamma hK_a-c\cot\varphi(1-K_a)]^2}{2\gamma K_a\cos\delta}\tag{5.17}$$

$$E_p=\frac{h[\gamma hK_p+2c\cot\varphi(1+K_p)]}{2\cos\delta}\tag{5.18}$$

式中，γ 为土体重度；c 为土体黏聚力；φ 为土体内摩擦角；δ 为土与桶壁之间的摩擦角；K_a 为库仑主动土压力系数；K_p 为库仑被动土压力系数。

由图 5.41 和图 5.42 中可以看出，荷载水平不是特别高的情况下，桶壁土压力沿桶壁环向分布与 $\cos\theta$ 之间基本上呈线性关系，当荷载水平很高时，其关系逐渐变为非线性。王元战和王文良[13]对大圆筒筒壁土压力沿环向分布进行了详细的解析计算，但其分析对象是连续排列的大圆筒，水平荷载作用下，港侧土体不会迁移到海侧（即由被动侧向主动侧迁移），而本书中桶体结构虽然也是连续排列，但每个单桶上部带有耳墙，耳墙与耳墙衔接处的下部有 1.2m 的空隙，即单桶的下桶之间间距 1.2m。因此，采用这种计算方法进行桶式基础防波堤的土压力沿环向分布的计算不尽合理，而且其计算过程比较复杂。杨立功和蔡正银[21]在进行沉入式桶式基础防波堤抗倾覆稳定性计算时，将桶壁土压力沿环向分布与 $\cos\theta$ 之间简化为线性关系，但在极限状态下，这种关系也不是很合理，因此，需对这种关系进行简化修正。

本书假定与下桶长轴成 θ 夹角的圆弧段单宽桶壁土压力为

$$E_{a\theta}=E_0+(E_a-E_0)\cos^{\alpha}\theta\tag{5.19}$$

$$E_{p\theta}=E_0+(E_p-E_0)\cos^{\alpha}\theta\tag{5.20}$$

式（5.19）和式（5.20）中，$E_0=\dfrac{\gamma h^2K_0}{2\cos\delta}$ 为直壁段单宽桶壁土压力；α 为修正指数，可以通过监测或数值模拟中关系曲线拟合得到，本书中 $\alpha=0.8$。

海侧圆弧段、港侧圆弧段及两侧直壁段桶壁土压力合力分别为

$$E_{aR} = 2b\int_0^{\frac{\pi}{2}} E_{a\theta}\cos\theta \mathrm{d}\theta = 2E_0 b + \eta_1(E_a - E_0)b \tag{5.21}$$

$$E_{pR} = 2b\int_0^{\frac{\pi}{2}} E_{p\theta}\cos\theta \mathrm{d}\theta = 2E_0 b + \eta_1(E_p - E_0)b \tag{5.22}$$

$$E_0 = E_1 = E_2 = 2(a-b)E_0 \tag{5.23}$$

式中，a、b 分别为 0.5 倍下桶长轴长度、0.5 倍下桶短轴长度；$\eta_1 = \dfrac{\sqrt{\pi}\Gamma\left(1+\dfrac{a}{2}\right)}{\Gamma\left(\dfrac{3+a}{2}\right)}$，$\Gamma$ 表示伽马函数（gamma function）。

由 5.6 节计算结果可知，荷载作用点位置对结构受力变形特性影响显著。因此，简化计算中将荷载作用点作为关键控制指标之一，对结构的简化计算公式进行修正。

与下桶长轴方向成 θ 角的单宽桶壁上主动侧与被动侧土压力合力作用点距下桶底端距离分别为

$$h_{a\theta} = \frac{(E_a h_a - E_0 h_0)\cos^{\alpha}\theta + E_0 h_0}{E_0 + (E_a - E_0)\cos^{\alpha}\theta} \tag{5.24}$$

$$h_{a\theta} = \frac{(E_p h_p - E_0 h_0)\cos^{\alpha}\theta + E_0 h_0}{E_0 + (E_p - E_0)\cos^{\alpha}\theta} \tag{5.25}$$

式（5.24）和式（5.25）中，库仑主动土压力合力作用点距桶体底端 $h_a = \dfrac{1}{3}\left[h - \dfrac{c\cot\varphi(1-K_a)}{\gamma K_a}\right]$；库仑被动土压力合力作用点距桶体底端 $h_p = \dfrac{h}{3}\dfrac{\gamma h K_p + 3c\cot\varphi(1+K_p)}{\gamma h K_p + 2c\cot\varphi(1+K_p)}$；静止土压力荷载作用点 $h_0 = \dfrac{h}{3}$，h 为下桶高度。

5.7.2 桶式基础防波堤摩擦力及端阻力简化计算

1. 桶壁侧阻力计算

1）竖向侧阻力

桶土界面上的摩阻力由库仑摩擦定律描述，极限状态下桶体发生较大转动，对于桶体两端圆弧段，其竖向侧阻力已完全发挥，因此圆弧段桶壁侧阻力按式（5.26）计算：

$$\tau_{crit} = p\mu = p\tan\delta \tag{5.26}$$

式中，p 为桶壁法向有效接触压力；μ 为摩擦系数；δ 为界面摩擦角。

极限状态下，桶壁竖向侧阻力变化规律与相应桶壁土压力变化规律基本类似，因此，由式（5.26）可得海侧圆弧段桶壁竖向侧阻力 (T_{aV}) 与港侧圆弧段桶壁竖向侧阻力 (T_{pV}) 分别为

$$T_{aV} = [2E_0 b + \eta_1 (E_a - E_0) b] \cos\delta \tan\delta = [2E_0 b + \eta_1 (E_a - E_0) b] \sin\delta \quad (5.27)$$

$$T_{pV} = [2E_0 b + \eta_1 (E_p - E_0) b] \cos\delta \tan\delta = [2E_0 b + \eta_1 (E_p - E_0) b] \sin\delta \quad (5.28)$$

极限状态下桶体转动中心在桶体竖向中轴线偏右的部位，即转动中心在桶体直墙段的范围内。因此对于桶体两侧直壁段，在直壁段边上桶壁竖向侧阻力 τ 仍可用式（5.26）进行计算，但在转动轴上，桶土之间相对位移为零，此处桶壁竖向侧阻力也为零，直墙段桶壁竖向侧阻力分布如图 5.57 所示。

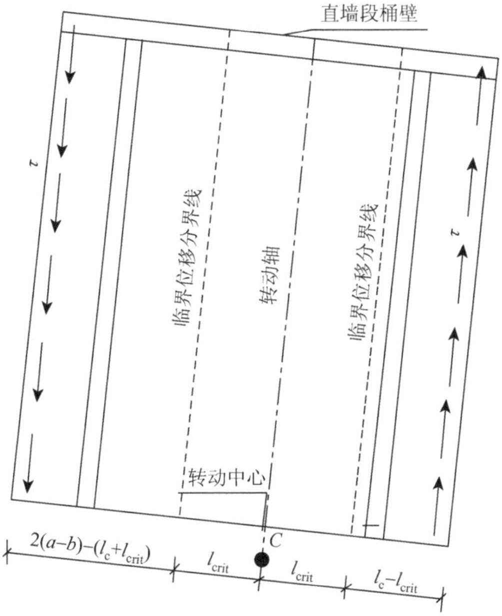

图 5.57　直墙段竖向侧阻力分布

在直墙段桶壁上，存在一个临界位移分界线，在临界位移分界线外侧，桶壁竖向侧阻力为

$$\tau = \tau_{crit} \quad (5.29)$$

在临界位移分界线内侧，桶壁竖向侧阻力为

$$\tau = \tau_{crit} \frac{l}{l_{crit}} \quad (5.30)$$

直墙段桶壁竖向向下的侧阻力合力为

$$T_{01\mathrm{V}} = E_0 \left[2(a-b) - \left(l_{\mathrm{c}} + \frac{1}{2} l_{\mathrm{crit}} \right) \right] \sin\delta \tag{5.31}$$

直墙段桶壁竖向向上的侧阻力合力为

$$T_{02\mathrm{V}} = E_0 \left[\left(l_{\mathrm{c}} - \frac{1}{2} l_{\mathrm{crit}} \right) \right] \sin\delta \tag{5.32}$$

式中，l_{c}为转动中心右侧直壁段边缘与转动轴之间的距离；l_{crit}为直墙段桶壁滑动摩擦临界位移分界线与转动轴之间的距离。

2）水平向侧阻力

极限状态下，桶体不但发生较大转动，同时还发生较大的水平位移，因此，桶壁水平向侧阻力也是影响桶体稳定性的一个因素。

假定桶体的各向摩擦系数相等，仍采用式（5.26）进行计算。在桶体两端的圆弧段及两侧直壁段，桶壁水平向侧阻力分别为

$$T_{\mathrm{aH}} = 2b\int_0^{\frac{\pi}{2}} [E_0 + (E_{\mathrm{a}} - E_0)\cos^{\alpha}\theta] \sin\delta \mathrm{d}\theta = b\pi E_0 \sin\delta + 2b\eta_2 (E_{\mathrm{a}} - E_0) \sin\delta \tag{5.33}$$

$$T_{\mathrm{pH}} = 2b\int_0^{\frac{\pi}{2}} [E_0 + (E_{\mathrm{p}} - E_0)\cos^{\alpha}\theta] \sin\delta \mathrm{d}\theta = b\pi E_0 \sin\delta + 2b\eta_2 (E_{\mathrm{p}} - E_0) \sin\delta \tag{5.34}$$

$$T_{0\mathrm{H}} = 2(a-b) E_0 \sin\delta \tag{5.35}$$

式中，$\eta_2 = \dfrac{\sqrt{\pi}\Gamma\left(\dfrac{1+a}{2}\right)}{\Gamma\left(\dfrac{a}{2}\right)}$，$\Gamma$为伽马函数。

3）合力作用点的确定

桶体两端侧阻力（包括水平与竖向侧阻力）的合力作用点与桶壁土压力合力作用点相同，两侧直壁段向上、向下侧阻力合力作用点均与静止土压力相同，直壁段水平侧阻力合力作用点也与静止土压力相同。

2. 桶体端阻力计算

1）桶体法向端阻力

对于桶体法向端阻力，如果仅仅考虑桶壁及隔墙的端阻力部分，就忽略了桶内土体对桶体稳定性的贡献。事实上，桶内土体受隔墙及桶壁的约束很难发生侧向变形，因此，将桶土看作一个整体时，应考虑桶体底平面上土体的整体地基反力。桶内土体不与桶体发生脱离时，桶体长轴上桶体底部土反力如图 5.58 所示，图 5.58（a）中 l 表示分析点与海侧圆弧段顶端内侧桶壁之间的距离。图 5.58（b）中，桶底土

反力受桶壁及隔墙的影响，在桶壁及隔墙附近桶底土反力发生突变，在其他部位，不同荷载水平下桶底土反力接近线性变化。

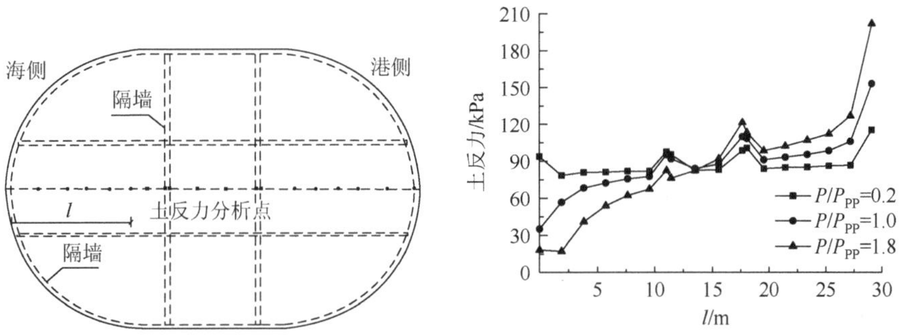

(a) 分析点的选取　　(b) 桶底土反力沿长轴方向变化

图 5.58　桶体底部土反力分析

为了简化计算，根据假定的桶体与桶内土体共同变形特性，假定长轴方向的桶底土反力分布形式为线性分布。相关文献[13]在进行大圆筒分析时，假定被动侧最前端桶底土压力达到最大基底反力，取 $\sigma_{max}=9c_u$，主动侧最前端桶底土压力取 $\sigma_{min}=\beta\sigma_{max}$，轴线上土压力直线分布。按此假定，桶壁任意与长轴方向平行的圆弧截面上：

$$\sigma_{\theta\min}=\frac{b}{2a}(\sigma_{max}-\sigma_{min})\sin\theta+\sigma_{min} \tag{5.36}$$

$$\sigma_{\theta\max}=\frac{b}{2a}(\sigma_{min}-\sigma_{max})\sin\theta+\sigma_{max} \tag{5.37}$$

式中，$\sigma_{\theta\min}$、$\sigma_{\theta\max}$ 分别为截面两端的最小基底反力和最大基底反力。在此截面上，基底反力线性分布。β 为折减系数，未知量，由桶土竖向受力平衡条件确定。$0\leqslant\theta\leqslant\pi/2$，长轴方向上对称。

桶底反力的合力为

$$R_\sigma=\frac{b}{2}[\pi b+4(a-b)](\sigma_{max}+\sigma_{min}) \tag{5.38}$$

2）桶体切向端阻力

王元战等[10]在进行桶体稳定性分析时，参考 API 规定，软黏土对桶壁单位面积的摩阻力 f 不大于黏土不排水剪切强度 c_u。则极限状态下，包括桶内土体在内的桶底摩阻力为

$$T_B=c_uA_B=c_u[\pi b^2+4b(a-b)] \tag{5.39}$$

式中，A_B 为下桶外边界线所包围的面积。

5.7.3 桶式基础防波堤结构转动中心位置确定

新型桶式基础防波堤不同于大圆筒结构及箱筒结构[22, 23]，其转动中心不仅与土质状况、荷载作用位置及荷载水平等因素有关，基础结构的自身型式也是影响其转动中心位置的重要因素。由数值模拟的转动中心位置变化规律可以看出，随荷载水平的增加，桶体的转动中心不断向港侧移动，极限状态下桶体转动中心位置在桶体底部、竖向对称轴偏港侧的区域内。

极限状态下桶体转动中心的位置可由式（5.40）计算。如图 5.59 所示，以下桶盖板中心作为坐标原点，桶高 h，下桶长轴长度 $2a$，A 点坐标为（$-a, 0$），B 点坐标为（$a, 0$），极限状态下两个方向上 A 点位移（u_{A_1}, u_{A_2}），B 点位移（u_{B_1}, u_{B_2}），桶体转动中心的坐标 C（x_C, y_C）。转动前的 A 点、B 点与转动后的 A'点、B'点分别位于以 C 点为圆心的同心圆上，由此可得

$$\begin{cases}(x_C+a)^2+(y_C)^2=(x_C+a-u_{A_1})^2+(y_C-u_{A_2})^2\\(x_C-a)^2+(y_C)^2=(x_C-a-u_{B_1})^2+(y_C-u_{B_2})^2\end{cases}\tag{5.40}$$

极限状态下，根据桶体两端 A、B 位移求解式（5.40）可得桶体转动中心。极限状态下 A、B 位移与诸多因素有关，需通过计算、实验及数值模拟中荷载位移曲线上的拐点综合确定。

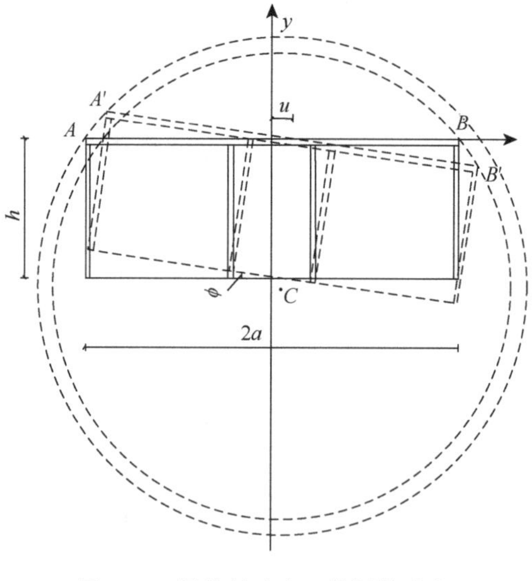

图 5.59　桶体转动中心位置的确定

通过对桶式基础防波堤结构的受力变形特性分析，得到不同荷载水平下结构所

受土压力、摩擦力以及端阻力分布规律与结构变形之间的关系，充分认识结构变形的力学机理以及土与结构相互作用特性，通过分析、简化、演绎，提出桶式基础防波堤结构受力简化计算公式，为该类型结构设计、施工以及运行管理提供科学依据。

参考文献

[1] 严恺. 海岸工程. 北京：海洋出版社，2002.

[2] 李炎保，蒋学炼. 港口航道工程导论. 北京：人民交通出版社，2010.

[3] 张志明. 我国沿海深水港口建设技术进展和面临的重大技术问题. 水运工程，2009，(1)：195-202.

[4] 中华人民共和国住房和城乡建设部. 土工试验方法标准：GB/T 50123—2019. 北京：中国计划出版社，2019.

[5] 中华人民共和国交通运输部. 海港水文规范：JTS 145—2—2013，北京：人民交通出版社.

[6] 黄诚，杨维好. 土工有限元计算中如何剔除先期固结变形. 岩土力学，2004，25 (8)：1307-1310.

[7] Clough G W，Duncan J M. Finite element analysis of retaining wall behavior. Journal of the Soil Mechanics and Foundation，ASCE，1971，97 (SM12)：1657-1673.

[8] Nakai T. Finite element computations for active and passive earth pressure problems of retaining wall. Soils and Foundations，1985，25 (3)：99-112.

[9] 陈页开，汪益敏，徐日庆，等. 刚性挡土墙主动土压力分析. 岩石力学与工程学报，2004，23 (6)：989-995.

[10] 王元战，肖忠，李元音，等. 筒型基础防波堤土压力性状的有限元分析. 岩土工程学报，2009，31(4)：622-627.

[11] 蒋敏敏，蔡正银，肖昭然. 箱筒型基础防波堤基础筒土压力数值模拟研究. 水运工程，2012，3：20-23.

[12] 周健，高冰，彭述权. 不同位移模式下挡土墙的模型试验及数值模拟. 岩石力学与工程学报，2011，30(S2)：3721-3727.

[13] 王元战，王文良. 大圆筒结构计算及工程应用. 北京：人民交通出版社，2008.

[14] Wang Y Z，Zhu Z Y. An approach to stability analysis of embedded large-diameter cylinder quay. China Ocean Engineering，2002，16 (3)：383-393.

[15] 范庆来. 软土地基上深埋式大圆筒结构稳定性研究. 大连：大连理工大学，2005.

[16] 吴梦喜. 软土地基中深埋式大圆筒结构的承载机制与稳定性分析方法. 第九届土力学及岩土工程学术会议论文集. 北京：清华大学出版社，2003：593-598.

[17] 肖忠，王元战，及春宁. 基于极限平衡法的箱筒型基础防波堤稳定性分析. 岩土工程学报，2013，35 (5)：828-833.

[18] 徐光明，章为民，赖忠中. 沉入式大圆筒结构码头工作机理离心模型试验研究. 海洋工程，2001，19 (1)：38-43.

[19] 王元战，迟丽华. 沉入式圆筒结构与土相互作用的模式及位移计算方法. 土木工程学报，1997，30(2)：68-73.

[20] 迟丽华，王玉红. 一种切力模型下大圆筒结构位移的迭代算法. 天津大学学报，1998，31 (1)：85-89.

[21] 杨立功，蔡正银. 沉入式桶式基础防波堤抗倾覆稳定性计算方法. 水利水运工程学报，2015，4：35-42.

[22] Luan M T，Fan Q L. Numerical analyses of bearing capacity of deep-embedded large-diameter cylindrical structure on soft ground against lateral loads. China Ocean Engineering，2006，20 (4)：623-634.

[23] Luan M T，Sun X Y，Tang X W. Lateral bearing capacity of multi-bucket foundation in soft ground. China Ocean Engineering，2010，24 (2)：333-342.

第 6 章　深水板桩码头数值模拟

6.1　单锚式板桩码头的工作机理分析

6.1.1　单锚式板桩码头方案

为了研究单锚式板桩码头的受力与变形特性，以京唐港 32#泊位 10 万吨级板桩码头结构为背景[1]，并对码头结构和地基土层进行了概化，模拟的码头剖面如图 6.1 所示。前墙厚 1.0m，墙高 32.7m。锚碇墙厚 1.2m，墙高 19m，墙顶与码头面距离为 1.2m，前墙和锚碇墙均为钢筋混凝土地下连续墙结构，间距为 40m。前墙和锚碇墙之间设置ϕ95 的钢拉杆，拉杆距地面 3.7m，钢拉杆水平方向等间距布置，间距为 2.75m，长度为 40m。模拟的码头前沿港池水面距码头面为 5.73m，水深为 15.47m。

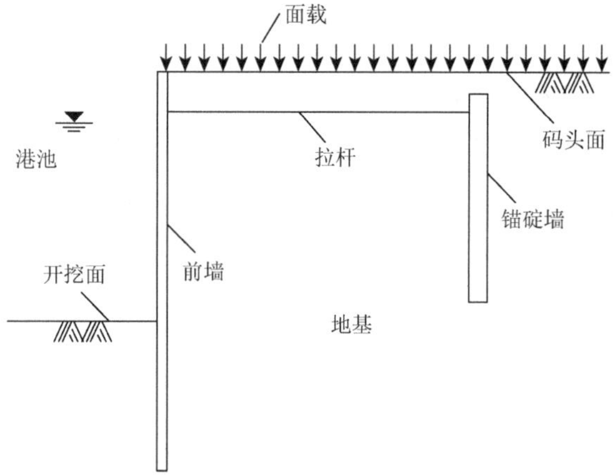

图 6.1　单锚式板桩码头结构

为了更好地获得单锚式板桩码头的受力与变形特性，模拟的地基土层只有一层细砂层。地基土主要物理力学指标如表 6.1 所示。

表 6.1　地基土主要物理力学指标（一）

土层名称	重度γ/(kN/m^3)	含水率 w/%	孔隙比 e	三轴指标 c/kPa	φ/(°)	压缩模量 E_s/MPa
细砂	19.7	21.9	0.63	0	32	39.4

为了掌握地基土的变形特性，进行了细砂的三轴排水剪切试验，表 6.2 是根据试验结果整理的地基土南水模型参数。

表 6.2　地基土南水模型参数

土层名称	c/kPa	φ/(°)	R_f	K	K_{ur}	n	c_d	n_d	R_d
细砂	0	32	0.92	476	952	0.38	0.012	0.5	0.91

6.1.2　三维有限元数值分析模型的建立

1. 模拟范围与边界的确定

考虑到沿码头纵向结构的对称性，并考虑边界效应，确定数值模拟的范围为深度 60m，长度 80m，宽度（纵向）5.5m。经过扩大模拟范围的数值分析验证，选择的模拟范围基本合理。这样，模拟的前墙、锚碇墙和地基土层的宽度都为 5.5m，沿宽度（纵向）方向设置两根拉杆，拉杆间距为 2.75m，每根拉杆距前后侧表面的距离都是 1.375m。

2. 地基土层的模拟

地基模型为长方体，高度为 60m，长度为 80m，宽度为 5.5m，如图 6.2 所示。模拟的地基为水平地基，模拟过程中不考虑土层的空间变化，针对细砂土，采用空间实体单元（C3D10M）模拟，土体的应力-应变关系采用南水双屈服面弹塑性本构模型模拟，其模型参数如表 6.2 所示。为了让码头结构能够进入地基中，地基模型事先给码头结构留出相应的空间，图 6.2 中椭圈所示的位置就是给前墙和锚碇墙预留的空间。

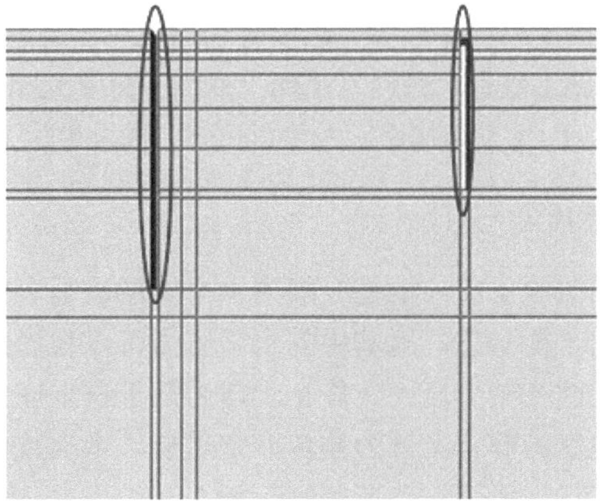

图 6.2　地基模型

3. 板桩码头结构的模拟

模拟的板桩码头结构如图 6.3 所示。前墙和锚碇墙都为地下连续墙结构，采用钢筋混凝土材料，数值模拟时采用实体单元（C3D10M）模拟，本构模型采用 ABAQUS 有限元平台自带的线弹性模型。钢筋混凝土的模量取为 26GPa，泊松比为 0.167。

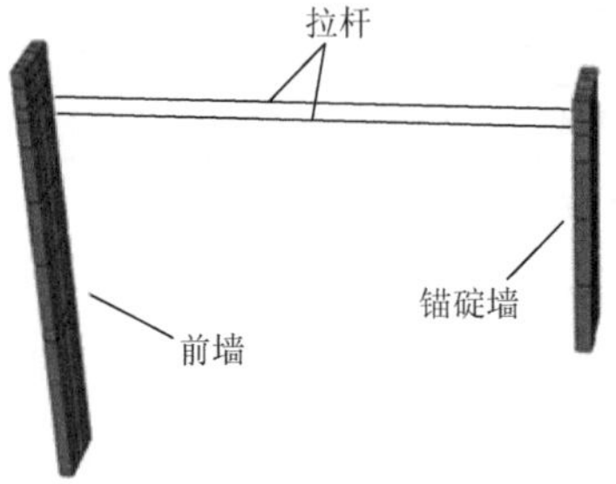

图 6.3　码头结构模型

前墙与锚碇墙之间采用拉杆连接。拉杆采用桁架单元（T3D2）来模拟，以方便获取拉杆的轴力及变形，并真实输入实际拉杆横截面积，计算中不考虑拉杆的自重及与土体之间的摩擦力。拉杆的材料本构模型也采用线弹性模型，钢材的模量取为 206GPa，泊松比为 0.3。

4. 接触的模拟

前墙和地基土层、锚碇和地基土层的各个面之间都存在接触，数值模拟时采用基于接触力学思想的接触本构模型。墙、土接触假定为有限滑移，法向为硬接触，接触压力假定不衰减。拉杆与墙体之间的链接采用绑定链接，点面接触的方式。

5. 墙体施工与港池开挖过程的模拟

对墙体施工及港池开挖的模拟，则采用单元的“生死”功能，所谓单元的“死”，就是将单元的刚度和质量乘以一个极小值，这样其刚度和质量近似为零，使这部分单元在计算中扣除。所谓“生”即单元的激活，使单元恢复原来的刚度和质量，这时单元上既没有初始应力，也没有初始应变。通过激活前墙、锚碇墙和拉杆，来模拟结构的施工过程，通过“杀死”开挖部分单元来模拟港池的开挖。利用单元的“生死”功能，模拟结构施工及港池开挖，这与实际工程的工况基本一致。

6. 初始应力场的确定

在单锚式板桩码头施工前，地基一般为水平成层地基，假设已固结完成，土体处于自重应力下的平衡状态，地基中的水平应力可以视为静止土压力，而这个力就是作用于结构上的初始侧压力。静止土压力等于自重应力乘以静止土压力系数，因此如何确定地基的静止土压力系数非常重要。本次数值分析中细砂的静止土压力系数取 0.45。

6.1.3　单锚式板桩的工作机理

1. 单锚式板桩结构的变形与受力情况

图 6.4 是计算得到的港池开挖完成后（开挖深度 21.2m）地基的水平位移等值线图。从图 6.4 中可以发现地基土体整体向港侧发生水平位移，最大的位移位于前墙陆侧上部位置。

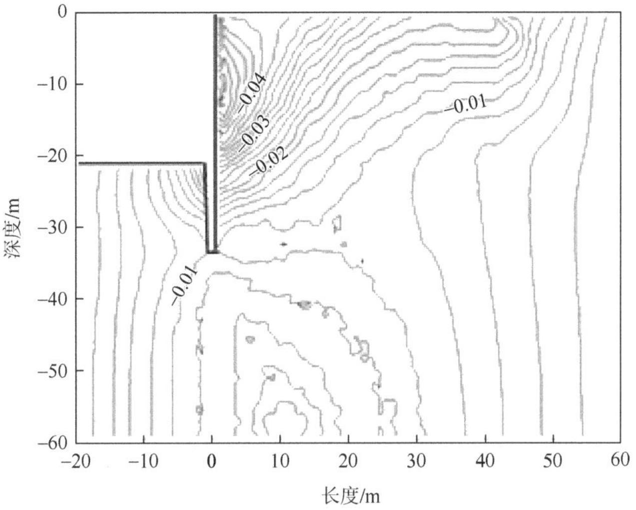

图 6.4　地基的水平位移等值线图

单锚式板桩码头前墙的水平位移和土压力如图 6.5 和图 6.6 所示。从图 6.5 中可以发现，随着港池开挖深度的不断增加，由于前墙陆侧的土压力作用，前墙不断向港侧移动，最大位移发生在距地面约 12m 的地方，大小为 0.052m。从图 6.6 中可以发现，由于前墙发生向海侧的位移，其陆侧土压力由静止状态向主动方向变化（变小），同一水平位置位移越大，土压力变化越大，土压力最大的变化发生在前墙的中部。到了前墙的底部，由于水平位移比较小，引起的侧向土压力变化也比较小，基本接近于静止土压力状态。开挖完成后前墙的整体土压力分布基本呈“R”形，这与许多现场观测结果是一致的。

图 6.7 是开挖面以下前墙海侧土体的土压力分布。随着开挖深度的增加，前墙整体向海侧位移。开挖至 21.2m 时，前墙底部向前移动了 0.95cm，开挖面处墙体向前移动了 3.1cm。在整个开挖过程中，海侧土压力向“被动”方向发展，不断地增加。

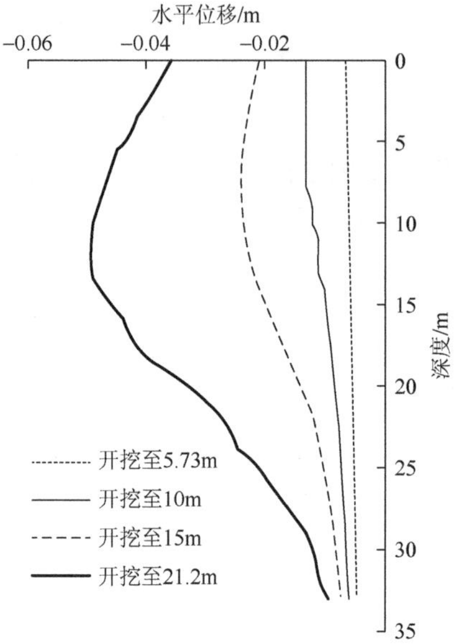

图 6.5　前墙水平位移

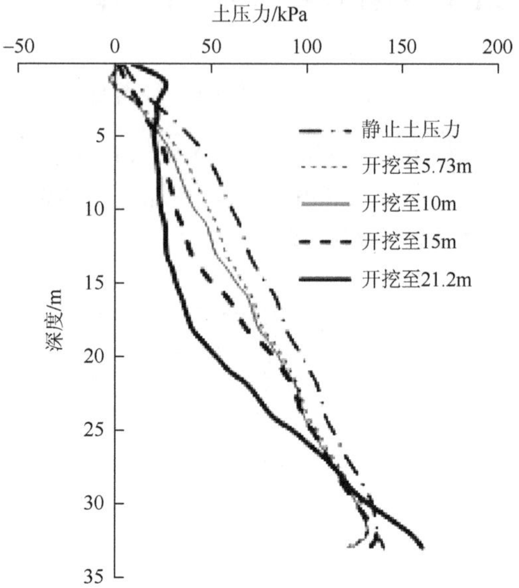

图 6.6　前墙陆侧土压力

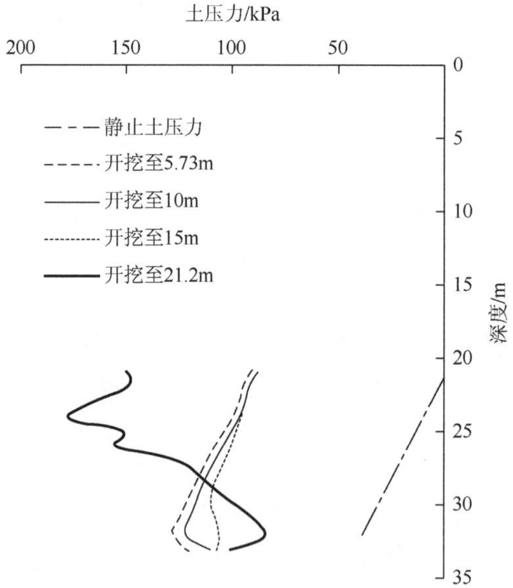

图 6.7　前墙海侧土压力

图 6.8 是港池开挖过程中前墙单宽弯矩分布，从图中可以发现在整个开挖过程中，前墙上部出现正弯矩，而下部出现负弯矩。当开挖完成后，最大正弯矩距墙顶深度为 14.3m，其单宽弯矩为 983.3kN·m/m；最大负弯矩距墙顶深度为 25.2m，其单宽弯矩为–616.7kN·m/m。

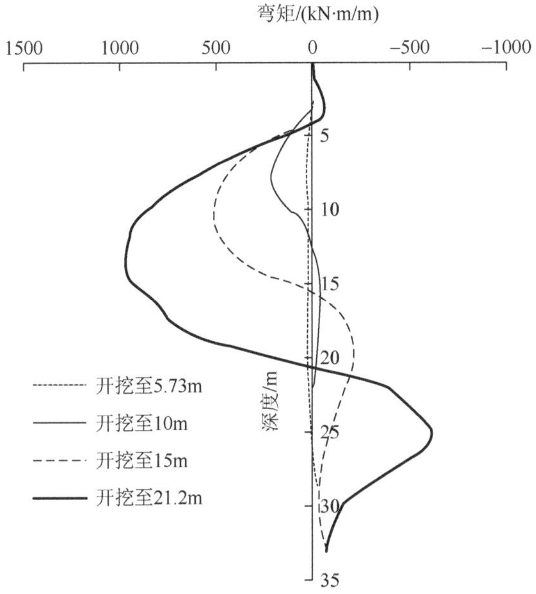

图 6.8　前墙单宽弯矩分布

2. 地基中土体的应力–应变关系

由上一部分的分析可知，前墙陆侧的土体都是向海侧方向发生位移，土压力随开挖深度的增加向“主动”方向逐渐减小，而竖向应力变化不大，其应力路径相当于三轴条件下的侧向减载压缩试验（$\Delta\sigma_1=0$，$\Delta\sigma_3<0$），如图 6.9 中的应力路径 3。事实上，前墙位移随深度而变化，导致土体中的主应力方向发生旋转，不再是严格意义上的三轴状态，以下第 3 部分将会详细讨论这个问题。

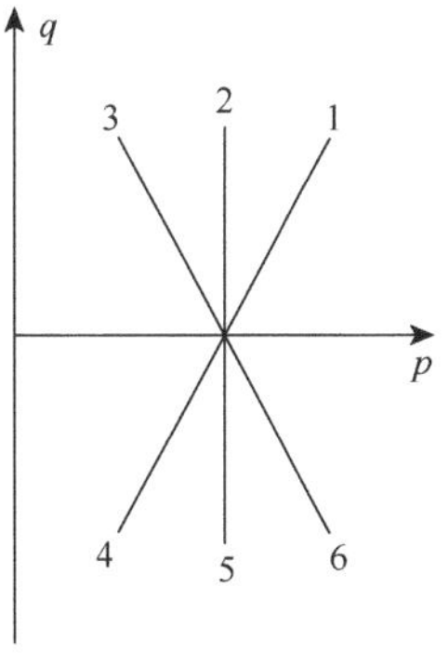

图 6.9　土体应力路径

为了揭示墙后土体的应力–应变规律，在深度分别为 3.7m、15.0m 和 32.7m，靠近前墙陆侧的地基中取三个土体单元，图 6.10 是计算得到的不同位置处土体单元的应力–应变关系，从图中可以发现，在锚碇点（距地面 3.7m）处，随着剪应变的增加，剪应力也发生一定程度的增加，当剪应变增加到 0.063%后，剪应力反而降低。从总体上来看，前墙陆侧土体的剪应变值不大，最大只有 0.2%左右，位置为靠近前墙底部。墙后土体的变形特性显示，在小应变条件下，土体的变形以弹性变形为主，应力-应变曲线的类型总体为应变硬化型，即随着剪应变（绝对值）的增加，剪应力（绝对值）也相应地增加。

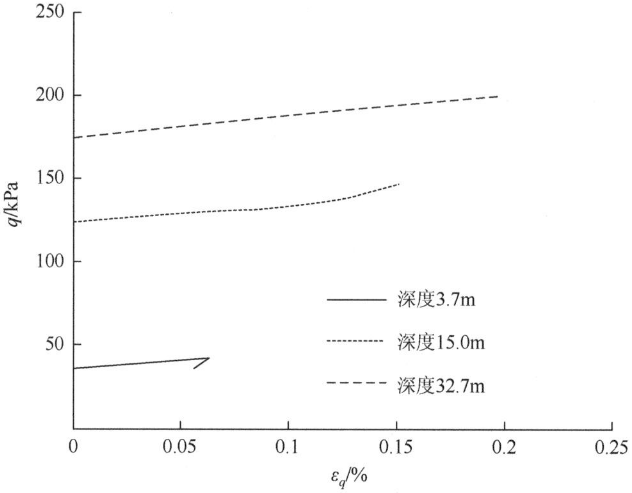

图 6.10　前墙陆侧土体应力-应变关系

图 6.11 是前墙海侧开挖面以下深度分别为 21.2m 和 32.7m，靠近前墙的地基

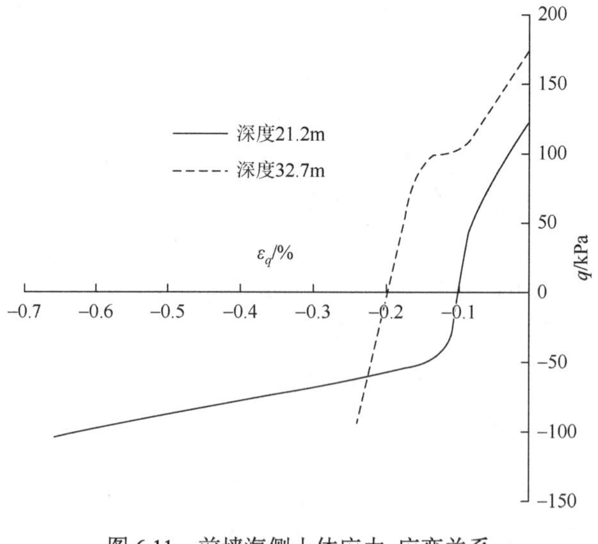

图 6.11　前墙海侧土体应力-应变关系

中两个土体单元的应力-应变曲线，曲线的类型为应变硬化型。对于该区域的土体，其变形特性受两个因素的影响，一方面，由于上部土层的不断开挖，土体单元表现为竖向卸载；另一方面，由于前墙不断地向前移动，墙体海侧土压力不断增加，土体单元表现为侧向加载。当开挖深度较浅时，竖向卸载起主要作用，此时竖向应力大于水平向应力，偏应力大于零。而当开挖到某一深度，侧向土压力的不断增加，使得竖向应力小于水平向应力，土体的偏应力变为负值，此时土体的应力路径相当于图 6.9 中的路径 4 和路径 6 的组合。此外，不管是侧向加载，还是竖向卸载，土体单元都发生竖向的伸长，类似三轴伸长过程，只不过主应力发生了旋转，不再是三轴状态。

图 6.12 为地面以下 10m 距前墙陆侧分别为 5m、10m、15m 和 20m 处，各土体单元的剪应变随开挖过程的变化规律。总体来说，在开挖的任一阶段，离前墙越远，土体单元的剪应变越小。随着开挖深度的不断加大，各处的土体单元的剪应变都在不断地加大。当开挖到 21.2m（开挖完成，第 4 步）时，所有点的剪应变都急剧增大，距前 5m 处已经达到墙 0.23%。总之，在同一深度，离墙越近，剪应变发展越快，随着距离的增大，剪应变呈逐渐衰减的趋势。

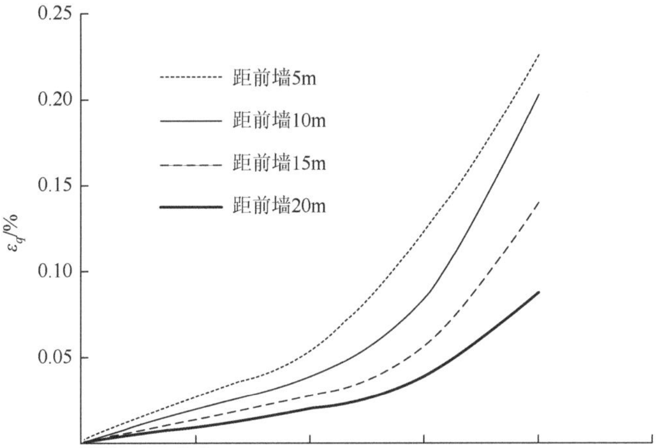

图 6.12　距离前墙陆侧不同位置处的土体单元的剪应变随开挖过程的变化规律

3. 前墙两侧土体的主应力方向变化规律

在港池开挖前，天然地基为水平地基，地基中任一点竖向应力为大主应力σ_1，水平应力为小主应力σ_3。由于港池的开挖，造成前墙向海侧位移，引起土体应力的改变。随着开挖深度的不断增加，不仅土体应力的大小发生变化，主应力方向也发生变化。图 6.13 是计算得到的土体大主应力方向变化图，图 6.14 是前墙陆侧不同深度的土体单元的主应力角θ随开挖过程的变化规律（此处θ是大主应力面与竖向的夹角）。从图 6.13 中可以发现，前墙陆侧的土体主应力角变化不大，在开挖面（深度 21.2m）处，θ的变化值在 6°左右，主要发生在第一步开挖过程中，随后变化较小。在前墙陆侧靠近底部位置，主应力方向变化较大，开挖完成后θ从 90°变为 59°。

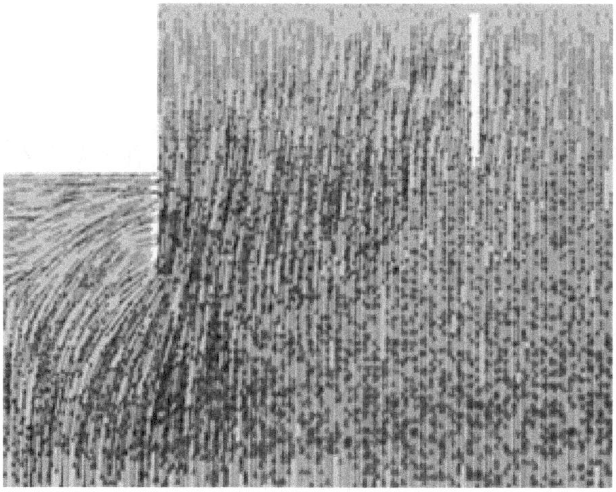

图 6.13　土体大主应力方向变化图

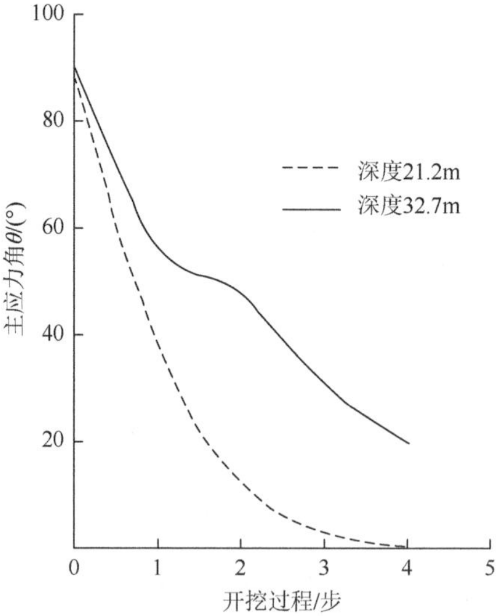

图 6.14　前墙陆侧土体主应力角随开挖过程的变化规律

图 6.15 所示是前墙海侧不同深度的土体单元的主应力角 θ 随开挖过程的变化规律。对于该区域的土体，由于开挖引起的竖向卸载和侧向被动土压力引起的侧向加载，主应力方向发生了剧烈地旋转。在开挖面附近区域，土体单元的主应力方向几乎发生 90°的旋转，水平方向变为大主应力方向。在靠近前墙底部的位置，主应力角旋转了 80°左右。

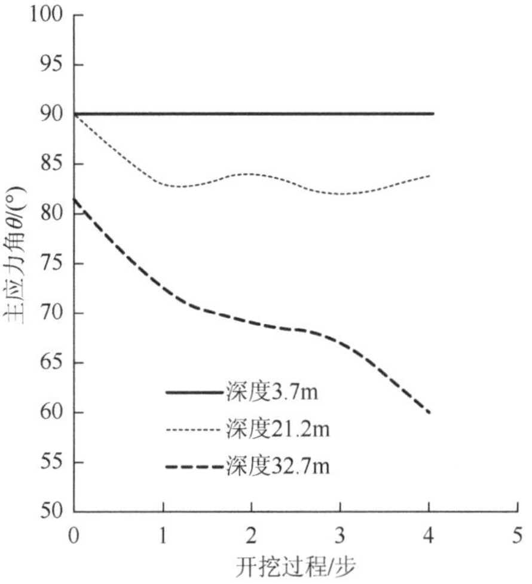

图 6.15　前墙海侧土体主应力角随开挖过程的变化规律

6.1.4　小结

利用有限元数值模拟方法探讨了单锚式板桩码头工程中土与结构的相互作用规律，研究了码头开挖过程中前墙两侧的土压力分布、结构的变形、地基土的应力-应变关系，以及开挖过程中地基土单元的主应力旋转等问题，主要结论如下。

（1）对于单锚式板桩问题，其荷载的变化来源于港池的开挖和码头表面荷载，最终都表现为侧向土压力作用于码头前墙的陆侧，从而引起结构和地基土的变形。随着结构和地基的变形，土压力又在不断地变化。因此从数值计算的角度出发，要对此类问题进行正确地模拟，必须合理地描述土体的应力-应变关系。

（2）在港池开挖过程中，前墙陆侧土压力从静止土压力向主动土压力方向发展，其分布呈典型的“R”形，墙体中部土压力变化最大。前墙海侧土压力从静止土压力向“被动”土压力方向发展。

（3）港池开挖过程中，前墙陆侧土体的应力-应变关系为典型的应变硬化型，其应力路径相当于三轴侧向卸载压缩过程。前墙海侧土体的应力-应变关系也为应变硬化型，其应力路径相当于三轴侧向加载与竖向减载的“伸长试验”过程。

（4）开港池开挖过程中，地基中土体单元的主应力方向都发生了旋转，前墙陆侧大部分土体的主应力方向变化不大，只有靠近前墙底部的地方有较大的变化，而海侧土体的主应力方向旋转剧烈，大主应力方向基本变为水平方向。

6.2 遮帘式板桩码头的工作机理分析

6.2.1 遮帘式板桩码头方案

为了研究遮帘式板桩码头的受力与变形特性，以京唐港 32#泊位 10 万吨级板桩码头结构为背景[2, 3]，并对码头结构和地基土层进行了概化，模拟的码头剖面如图 6.16 所示。前板桩墙（简称前墙）厚 1.0m，墙高 32.7m。遮帘桩长 33.5m，断面尺寸为 2m×1m，桩顶至码头面距离为 2.7m，遮帘桩沿码头岸线方向等间距布置，桩心距为 2.75m。锚碇墙厚 1.2m，墙高 19m，墙顶至码头面距离为 1.2m。前墙、遮帘桩和锚碇墙均为钢筋混凝土地下连续墙结构，前墙与遮帘桩之间间距为 3m，遮帘桩与锚碇墙之间间距为 35m。前墙和遮帘桩之间、遮帘桩和锚碇墙之间用ϕ95 的钢拉杆连接，拉杆距地面 3.7m。模拟的码头前沿港池水面距码头面为 5.73m，水深为 15.47m。

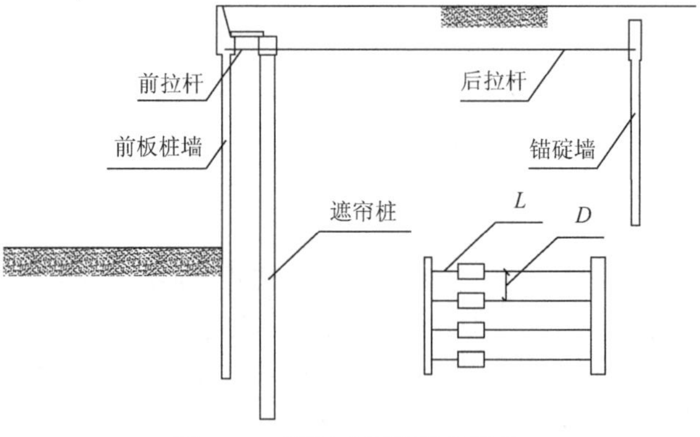

图 6.16　遮帘式板桩码头结构

L 表示前拉杆长度；D 表示拉杆水平间距

为了与单锚式板桩结构相比较，设计了单锚式板桩方案，码头结构除少了遮帘桩外，别的条件都一样。为了更好地获得码头结构的受力与变形特性，模拟的地基土层只有一层均质细砂层，地基土主要物理力学指标如表 6.3 所示。

表 6.3　地基土主要物理力学指标（二）

土层名称	重度γ/(kN/m^3)	含水率 w/%	孔隙比 e	三轴指标 c/kPa	φ/(°)	压缩模量 E_s/MPa
细砂	19.7	21.9	0.63	0	31	39.4

为了掌握地基土的变形特性，进行了细砂的三轴排水剪切试验，根据试验结果整理的地基土南水模型参数见表 6.2。

6.2.2　三维有限元数值分析模型的建立

1. 模拟范围与边界的确定

考虑到沿码头纵向结构的对称性，并考虑边界效应，确定数值模拟的范围为深度 60m，长度 80m，宽度（纵向）5.5m。经过扩大模拟范围的数值分析验证，选择的模拟范围是基本合理。这样，模拟的前墙、锚碇墙和地基土层的宽度都为 5.5m，沿宽度（纵向）方向设置两根拉杆，拉杆间距为 2.75m，每根拉杆距前后侧表面的距离都是 1.375m。

2. 地基土层的模拟

地基模型为长方体，高度为 60m，长度为 80m，宽度为 5.5m，如图 6.17 所示。模拟的地基为水平地基，模拟过程中不考虑土层的空间变化，针对细砂土，采用空间实体单元（C3D10M）模拟，土体的应力-应变关系采用南水双屈服面弹塑性本构模型模拟，其模型参数如表 6.2 所示。

图 6.17　地基模型图

3. 板桩码头结构的模拟

模拟的板桩码头结构如图 6.18 所示。前墙和锚碇墙都为地下连续墙结构，采用钢筋混凝土材料，数值模拟时采用实体单元（C3D10M）模拟，本构模型采用 ABAQUS 有限元平台自带的线弹性模型。钢筋混凝土的模量取为 26GPa，泊松比为 0.167。

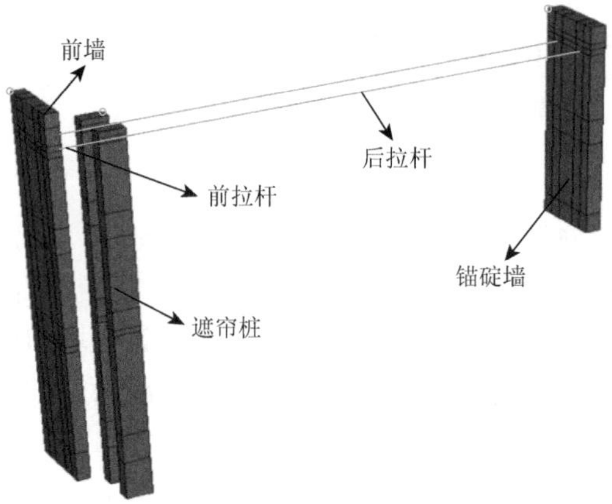

图 6.18　码头结构模型图

前墙与锚碇墙之间采用拉杆连接。拉杆采用桁架单元（T3D2）来模拟，以方便获取拉杆的轴力及变形，并真实输入实际拉杆横截面积，计算中不考虑拉杆的自重及与土体之间的摩擦力。拉杆的材料本构模型也采用线弹性模型，钢材的模量取为 206GPa，泊松比为 0.3。

4. 接触的模拟

前墙和地基土层、锚碇和地基土层的各个面之间都存在接触，数值模拟时采用基于接触力学思想的接触本构模型。墙、土接触采取有限滑移，法向为硬接触，接触压力假定不衰减。拉杆与墙体之间的链接采用绑定链接，点面接触的方式。

5. 初始应力场的确定

在遮帘式板桩码头施工前，地基一般为水平成层地基，假设已固结完成，土体处于自重应力下的平衡状态，地基中的水平应力可以视为静止土压力，而这个力就是作用于结构上的初始侧向压力。静止土压力由自重应力乘以静止土压力系数得到，因此如何确定地基的静止土压力系数非常重要。本书中数值分析细砂的静止土压力系数取 0.45。

6. 港池开挖过程的模拟

码头结构的受力与变形主要是由于港池的开挖和码头面载的施加，这两个过程都会引起地基土压力的变化，从而导致结构的变形。本书只模拟港池的开挖过程，利用单元的“生死”功能来模拟。港池分四次开挖，开挖的深度分别为 5.73m、10m、15m 和 21.2m。

6.2.3　遮帘式板桩结构的受力与变形

1. 遮帘式板桩结构的变形特性

港池开挖过中遮帘式板桩码头的前墙和遮帘桩的水平位移如图 6.19 和图 6.20 所示。从图 6.19 中可以发现，随着港池开挖深度的不断增加，前墙海侧土压力不断消失，造成前墙两侧受力的不平衡。这样前墙在陆侧的土压力作用下，不断向海侧移动，前墙的位移模式表现为弓形，最大水平位移约 3.4cm，发生在距地表深度 12m 处。前墙底部向海侧移动了 1.1cm，锚碇点（距地表深度 3.7m）向海侧的位移约为 2.9cm。

对比图 6.19 和图 6.20 可以发现，前墙与遮帘桩的变形差别较大。由于遮帘桩的刚度相对前墙大得多，遮帘桩的变形模式整体表现为“之”字形，最大位移发生在桩的顶部，约为 2.82cm，桩底的位移最小，约为 1.0cm，遮帘桩锚碇点的位移约为 2.81cm。必须说明，前墙和遮帘桩之间是用拉杆连接的，前墙锚碇点与遮帘桩的位移是不一样的，其差别即为拉杆的伸长量。

2. 遮帘式结构的土压力变化规律

板桩码头结构的荷载主要表现为作用于结构上的土压力的变化，产生于港池的开挖和码头面载的施加。码头结构施工完成后，在港池开挖前作用于码头结构（前墙、遮帘桩和锚碇墙）上的土压力基本可以考虑为静止土压力。对于纯砂地基，侧向土压力沿深度呈三角形分布。随着港池的开挖，海侧土压力逐渐消失，造成前墙两侧土压力的不平衡，在陆侧土压力的作用下，前墙向海侧发生位移。由于前墙向海侧的位移，前墙两侧的土压力随位移的变化而变化，前墙海侧由静止向“被动”状态发展，而陆侧向“主动”状态发展，这是典型的土与结构相互作用的问题。

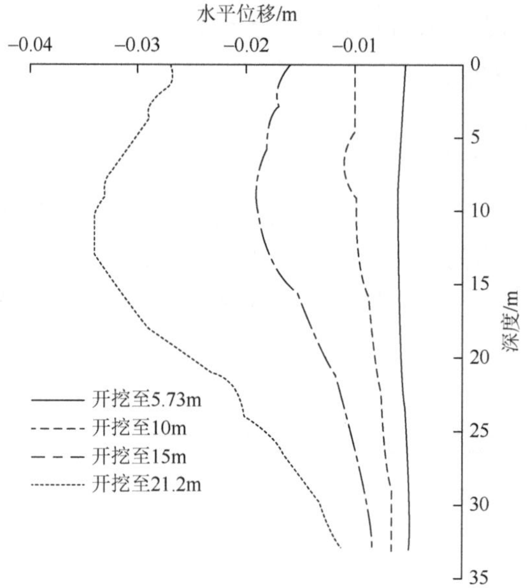

图 6.19　前墙水平位移

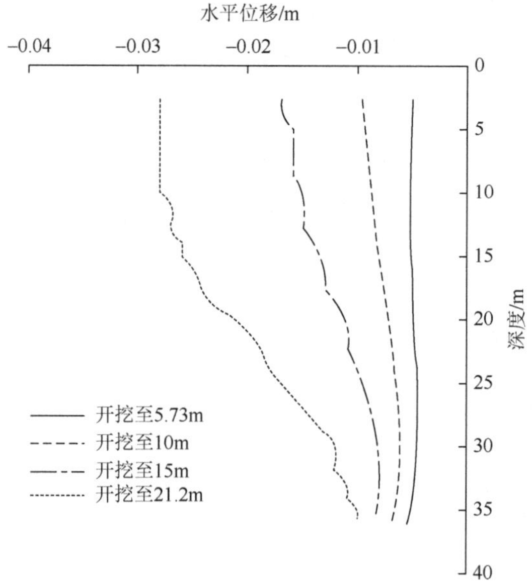

图 6.20　遮帘桩水平位移

图 6.21 是计算得到的前墙陆侧土压力随港池开挖过程的变化规律，从图中可以发现，随着开挖深度的增加，前墙陆侧锚碇点以下的土压力均逐渐变小，均向“主动”状态变化，开挖越深，土压力减小越大，特别是在前墙的中部，

这与前墙的位移变化规律相一致。在锚碇点以上，由于前墙位移比遮帘桩的位移小，土体出现受“压”状态，所以该部分结构上的土压力向“被动”状态发展。从前墙陆侧土压力的整体分布规律来看，呈典型的“R”形分布，这与许多现场观测结果一致。

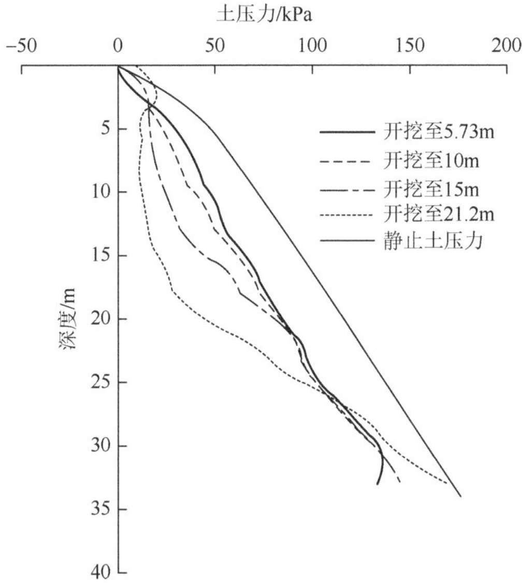

图 6.21　前墙陆侧土压力随港池开挖过程的变化规律

图 6.22 是计算得到的前墙海侧开挖面以下土压力随港池开挖过程的变化规律。该部分的土压力极其复杂，其状态总体向“被动”方向发展。一方面，由于港池土层的开挖，土体竖向应力逐渐减小，引起作用于墙体上的侧向土压力的减少；另一方面，由于前墙向海侧位移，海侧土体被压缩，土压力向“被动”方向发展，这又造成侧向土压力的增加。总之，土压力的变化情况取决于土体的变形情况。开挖完成后，该部分的被动土压力特别大，可以想象此时土层表面发生了局部破坏。

遮帘桩海侧的土压力分布非常复杂，一方面，由于前墙向海侧位移，造成前墙与遮帘桩之间的土体向海侧移动，而该部分土体的位移造成遮帘桩海侧土压力向主动发展，逐渐减小；另一方面，由于前墙和遮帘桩之间采用拉杆连接，前墙向海侧移动也带动遮帘桩向海侧移动，这样遮帘桩海侧的土体有向“被动”方向发展的趋势。因此，遮帘桩海侧的土压力的状态取决于其海侧土体的变形规律——是压缩还是伸长。如果是伸长，桩上土压力为“主动”状态，否则为“被动”状态。图 6.23 是计算得到的遮帘桩海侧的土压力随港池开挖过程的变化规律，从图中可以发现，遮帘桩海侧土压力和前墙陆侧土压力非常相似，基本上随开挖深度增加土压力逐级减小，整体向“主动”方向发展。在开挖面以上的绝大部分，遮帘桩上的海侧土压力小于前墙相同深度处的土压力，充分体现了遮帘桩的遮帘作用。在深度 30m 以下，遮帘桩海侧土压力部分出现“被动”状态。

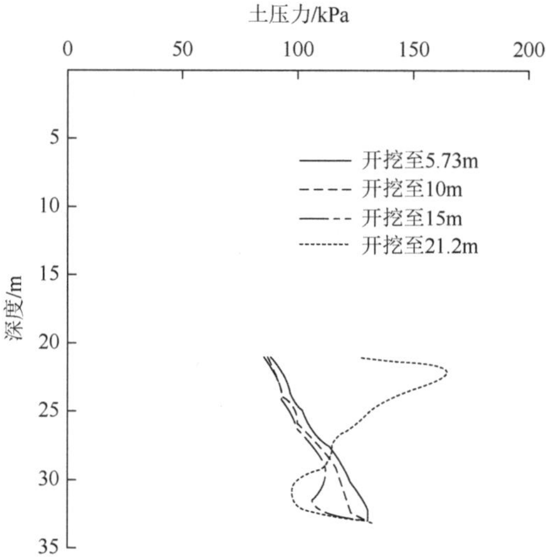

图 6.22　前墙海侧土压力随港池开挖过程的变化规律

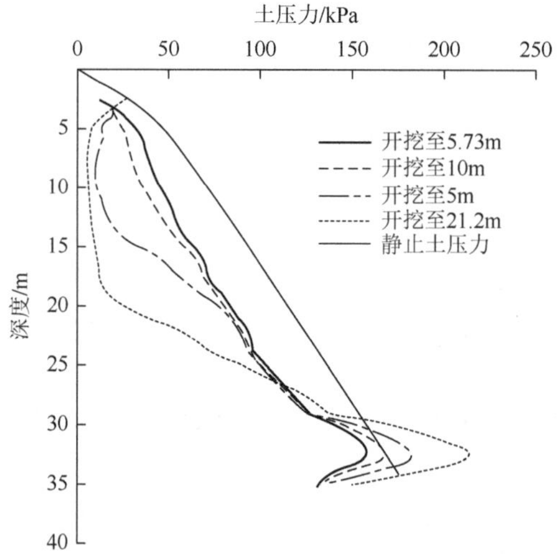

图 6.23　遮帘桩海侧土压力随港池开挖过程的变化规律

图 6.24 是计算得到的遮帘桩陆侧的土压力随港池开挖过程的变化规律。从计算结果来看，总体上遮帘桩陆侧的土压力比海侧土压力大得多，随开挖深度的加大也是向“主动”方向发展，不断变小。遮帘桩的刚度很大，造成桩身海侧土体

的变形比陆侧的变形大，这是遮帘桩陆侧的土压力比海侧土压力大的原因，也充分体现了遮帘桩的遮帘作用。

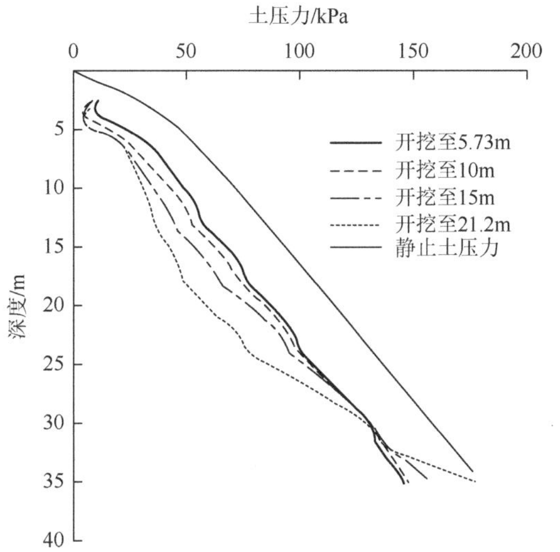

图 6.24　遮帘桩陆侧土压力随港池开挖过程的变化规律

3. 遮帘式结构的弯矩

图 6.25 和图 6.26 是前墙和遮帘桩开挖过程中的弯矩分布，从图 6.25 和图 6.26 中可以发现在整个开挖过程中，前墙和遮帘桩上部出现正弯矩，而下部出现负弯

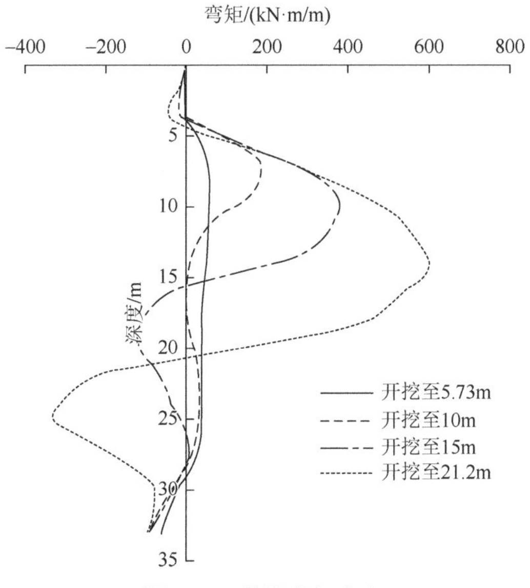

图 6.25　前墙弯矩分布

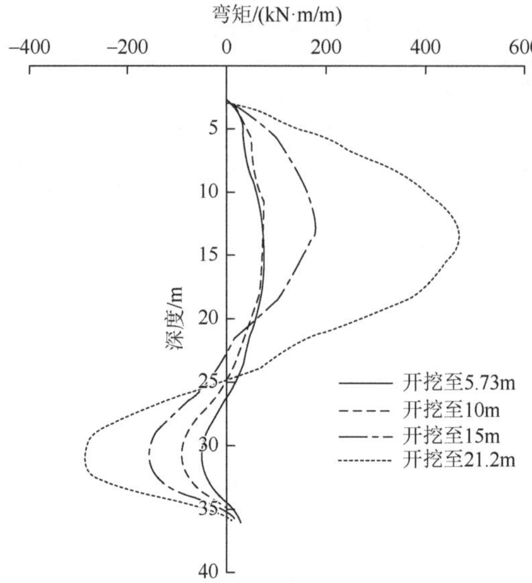

图 6.26　遮帘桩弯矩分布

矩。当开挖完成后，前墙最大正弯矩处距墙顶深度为 14m，其单宽弯矩为 583kN·m/m。最大负弯矩处距墙顶深度为 25m，其单宽弯矩为–333kN·m/m。遮帘桩最大正弯矩处距墙顶深度为 13m，其单宽弯矩为 467kN·m/m。最大负弯矩处距墙顶深度为 27m，其单宽弯矩为–287kN·m/m。

6.2.4　遮帘式与单锚式板桩结构的比较

为了与单锚式板桩进行比较，进一步理解遮帘式板桩码头的遮帘效应，进行了单锚式板桩的数值模拟，单锚式板桩的基本条件与遮帘式相同，除了遮帘桩以外。图 6.27 是模拟开挖至 21.2m 时遮帘式与单锚式板桩码头结构前墙水平位移随深度的变化规律，可以发现单锚式结构的位移比遮帘式结构的位移大得多，最大值相差 1.5cm。

图 6.28 是模拟开挖完成后遮帘式和单锚式板桩码头结构前墙陆侧土压力随深度的变化规律，从图中可以发现，在开挖面以上，对于前墙陆侧的土压力遮帘式比单锚式要小得多，这主要就是由于遮帘桩的遮帘作用，分担了一部分土压力，从而减小了前墙的压力。

图 6.29 是模拟开挖完成后遮帘式和单锚式板桩码头结构前墙弯矩随深度的变化规律。从图中可以发现，不管是正弯矩还是负弯矩，遮帘式都比单锚式小得多，再次说明了遮帘式板桩码头的优越性。

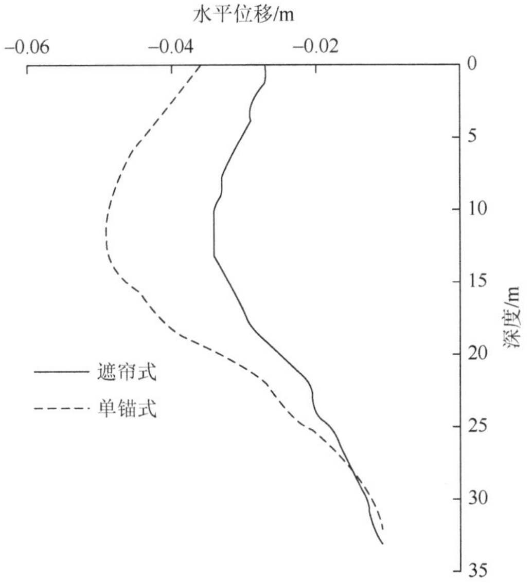

图 6.27　前墙水平位移随深度的变化规律

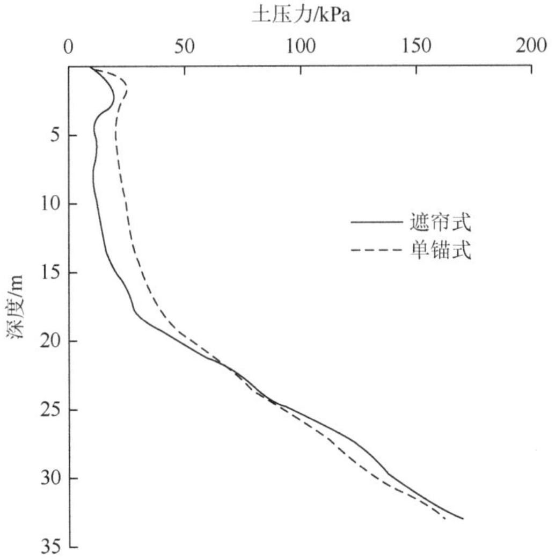

图 6.28　前墙陆侧土压力随深度的变化规律

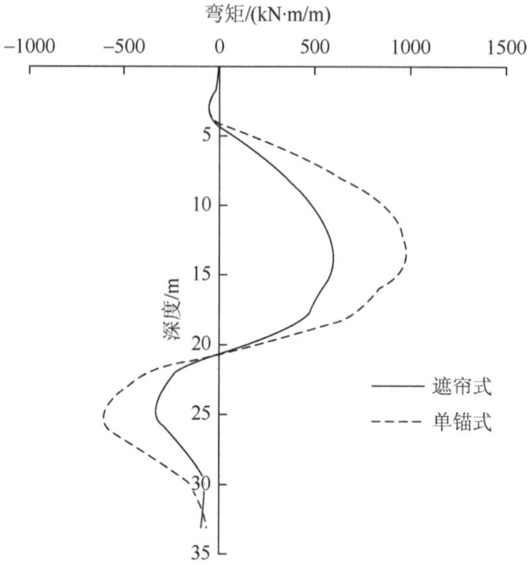

图 6.29　前墙弯矩随深度的变化规律

6.2.5　小结

利用有限元数值模拟方法探讨了遮帘式板桩码头的工作机理，研究了码头开挖过程中码头结构上的土压力分布、结构的受力与变形规律，并通过与单锚式板桩码头结构的比较，探讨了遮帘式板桩码头的遮帘效应，主要结论如下。

（1）在港池开挖过程中，遮帘式板桩码头结构前墙陆侧和遮帘桩上的土压力都呈“R”形分布，其大小与地基土的变形有关，属于典型的土与结构相互作用问题。

（2）遮帘式板桩码头结构是依靠前板桩墙和遮帘桩来共同分担地基土压力的作用，以减少作用于前板墙上的土压力，从而可以加大码头前沿港池的水深，达到建设深水大港的目的。

（3）与单锚式板桩码头结构相比，由于遮帘桩的遮帘效应，遮帘式板桩码头前墙的位移、土压力、弯矩都比单锚式板桩码头结构要小得多。

6.3　卸荷式板桩码头的工作机理分析

6.3.1　卸荷式板桩码头方案

为了研究卸荷式板桩码头的受力与变形特性，以京唐港 36#泊位所采用的分离卸荷式板桩码头结构为背景[4]，并对码头结构和地基土层进行了概化，模拟的码头结构如图 6.30 所示。前墙采用厚度为 1m 的钢筋混凝土地下连续墙，墙高为

38.2m。在前墙陆侧设有现浇混凝土桩基承台，承台宽度为 14.05m，顶标高为 0.2m，底标高为–0.8m，厚 1.0m。承台下横向（垂直于码头岸线方向）设置 3 根断面尺寸为 1.15m×1.15m、长度为 37.2m 的灌注桩，桩顶与承台都采用铰接。海侧桩（最左边）离码头前沿线 4.4m，横向桩间距 5.0m，纵向（平行于码头岸线方向）桩间距 4.11m。前墙和锚碇墙净距为 44.0m，采用ϕ70 的钢拉杆连接，拉杆标高为 0.4m，平均间距 1.33m。锚碇墙厚为 1.1m，墙底标高为–16.0m，墙顶标高为 3.0m，墙高为 19m。将分离卸荷式板桩码头的桩基承台去掉，就变成单锚式板桩码头结构。

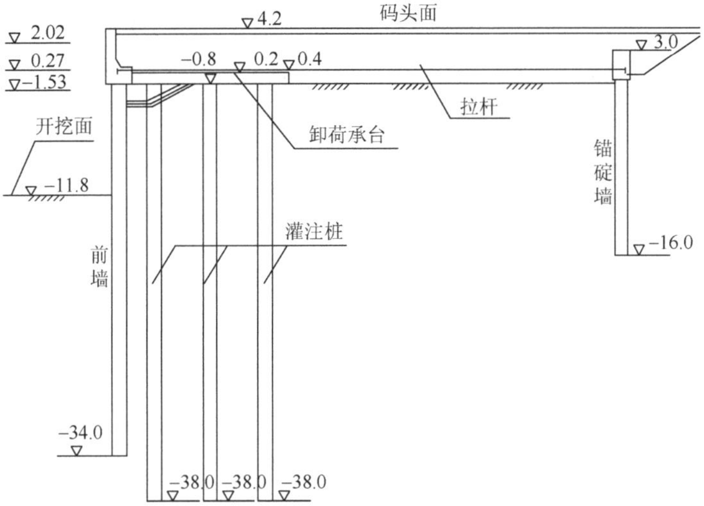

图 6.30　分离卸荷式板桩码头（单位：m）

为了消除地基土层变化对卸荷效应研究的影响，两种模型的地基土都假定为细砂，容重为 19.3kN/m^3，水位以下取浮容重。地基土的本构模型采用南水模型，相关参数由三轴固结排水试验获得，如表 6.4 所示。

表 6.4　地基土南水模型参数

土层名称	c/kPa	φ/(°)	R_f	K	K_{ur}	n	c_d	n_d	R_d
细砂	0	32	0.92	206	476	0.38	0.012	0.5	0.91

6.3.2　三维有限元数值分析模型的建立

1. 模型的建立

两种码头结构的计算模型尺寸均取 100m×60m×4m。水位线在离地面 5m 深度处，港池开挖面标高为–11.8m，距地面 16m。

地基模型为长方体，高度为 60m，长度为 100m，宽度为 4m，如图 6.31 所示。模拟的地基为水平地基，模拟过程中不考虑土层的空间变化。

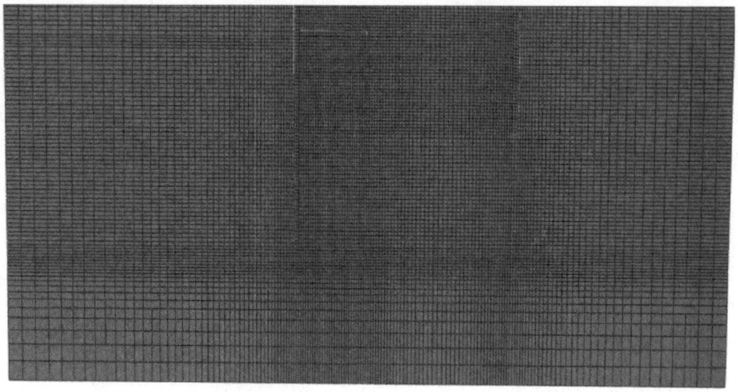

图 6.31　地基模型

模拟的分离卸荷式板桩码头结构如图 6.32 所示。前墙、锚碇墙、基桩和卸荷承台都为钢筋混凝土结构，数值模拟时采用实体单元（C3D10M）模拟，本构模型采用 ABAQUS 有限元平台自带的线弹性模型。钢筋混凝土的模量取为 26GPa，泊松比为 0.167。

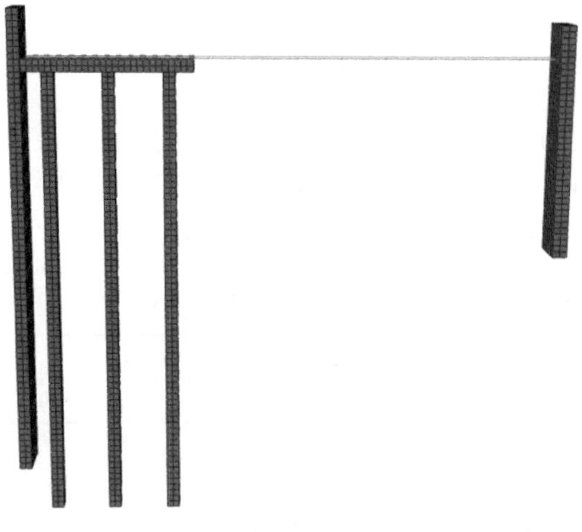

图 6.32　分离卸荷式板桩码头结构模型

前墙与锚碇墙之间采用拉杆连接。拉杆采用桁架单元（T3D2）来模拟，以方便获取拉杆的轴力及变形。拉杆的材料本构模型也采用线弹性模型，钢材的模量取为 206GPa，泊松比为 0.3。

前墙、锚碇墙与拉杆之间的链接采用绑定约束，在链接处具有相同的自由度。卸荷承台与灌注桩之间的链接采用耦合约束，灌注桩只能在左右方向绕参考点转动，即为铰接。码头结构与地基土体之间的接触采用基于接触力学的接触模型，桩土接触采取有限滑移，法向为硬接触。

2. 施工过程的模拟

分离卸荷式板桩码头的施工过程大体分为三步，包括码头结构的施工、港池的开挖和码头表面荷载的施加。其中，港池的开挖分两步模拟，第一步开挖至–2.8m，第二步开挖至–11.8m，利用单元的“生死”功能来实现。码头面载的施加过程也比较简单，即在码头表面施加 20kPa 的均布荷载。

较为复杂的是码头结构的施工过程，具体包括：

（1）前墙、锚碇墙和灌注桩的设置；

（2）前墙与锚碇墙之间土体的开挖；

（3）卸荷承台的设置以及拉杆的布置；

（4）前墙与锚碇墙土体的回填。

结构的设置都采用地基模型中预留位置的办法，也是利用单元的“生死”功能来模拟去除和设置结构的过程。

6.3.3 考虑卸荷效应的土压力计算方法

对于分离卸荷式板桩码头，如何确定港池开挖前结构上的初始应力，特别是作用于前墙上的初始侧向土压力，是非常重要的。此时，码头前墙、桩基承台、锚碇墙都处于静止状态，可以近似地将前墙和卸荷承台看成是带卸荷承台的刚性结构。对于带水平卸荷承台的刚性挡土墙，卸荷承台的卸荷作用导致卸荷承台以下土体表面的竖向应力为零，使得作用于墙身的侧向土压力的重新分布。下面介绍考虑卸荷作用时刚性挡土墙后静止、主动和被动土压力的理论计算方法。

1. 地基土的竖向应力

根据传统的土压力理论，挡土结构上的静止、主动和被动土压力的计算[5, 6]，第一步均要计算土体的竖向应力。卸荷效应的作用使得设置卸荷承台的地基土的竖向应力的计算要比未设置卸荷承台时更为复杂。

对于未设置卸荷承台的地基土竖向应力，可直接采用土体的自重压力，即

$$P_z = \gamma z \tag{6.1}$$

式中，γ 为填土的容重；z 为计算点到土体表面的距离。

对于设置卸荷承台的地基土竖向应力，需要分成四个区域分别进行计算，如图 6.33 所示。

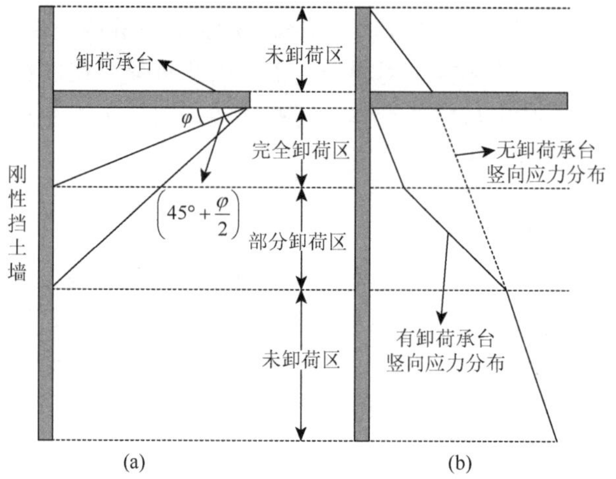

图 6.33　考虑卸荷效应的地基土竖向应力计算

图 6.33（a）为四个区域界面划分方式。其中，φ 为土的内摩擦角。下面将按从上至下的顺序对四个区域的土压力计算方法进行介绍。

第一个区域为未卸荷区，即未受卸荷承台影响的区域，此区域中的土压力按照式（6.1）计算。

第二个区域为完全卸荷区，卸荷承台以下土体表面的竖向应力为零。此区域自重应力计算方法仍按式（6.1）计算，但式（6.1）中 z 取计算点到卸荷承台下表面的垂直距离。

第三个区域为部分卸荷区，该区域为完全卸荷区与未卸荷区的过渡区，一般假设该区域的土压力为线性分布。该区域土层上表面的竖向应力按完全卸荷区算出，土层底面的竖向应力按未卸荷区算出。

第四个区域为未卸荷区，计算方法与第一个区域的计算方法相同。

图 6.33（b）为设置和未设置卸荷承台的地基土竖向应力分布。

2. 带卸荷承台的刚性挡土墙土压力计算方法

有了地基土的竖向应力计算方法，刚性挡土结构上的侧向土压力可以按照式（6.2）进行计算：

$$
\begin{aligned}
P_0 &= P_z(1-\sin\varphi) \\
P_{\mathrm{a}} &= P_z\tan^2\left(45°-\frac{\varphi}{2}\right) \\
P_{\mathrm{p}} &= P_z\tan^2\left(45°+\frac{\varphi}{2}\right)
\end{aligned}
\tag{6.2}
$$

式中，P_0 为静止土压力；P_{a} 为主动土压力；P_{p} 为被动土压力。P_z 为按照以上方法计算得到的地基土竖向应力值。必须说明，此处的静止土压力系数是按 Jack 公式给出的，适用于砂和正常固结黏土。

数值模拟时将卸荷承台下部与土体的接触面处设置一定距离的缝隙，以保证其后的回填、港池开挖和码头面载施加过程中，卸荷承台底部位置处的土压力为零。图 6.34 是数值模拟得到的竖向土压力分布和理论计算结果的对比，可以看出采用上述方法所计算出的卸荷效果与理论值比较吻合。

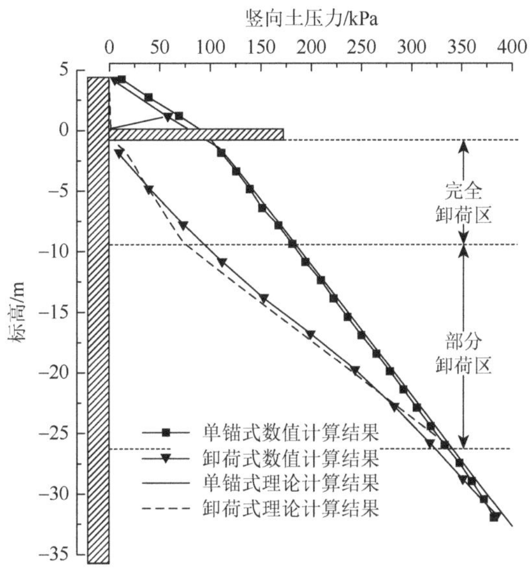

图 6.34　卸荷效果的数值模拟

6.3.4　卸荷承台对前墙土压力的影响

图 6.35 为计算得到的单锚式板桩码头开挖至不同深度以及施加码头表面荷载后前墙陆侧土压力的分布情况。其中虚线为数值计算结果，实线为静止土压力与主动土压力的理论计算结果。从图 6.35 中可以发现，随着开挖的进行，前墙陆侧土压力逐渐由静止土压力向主动土压力发展，开挖结束后土压力整体呈“R”形分布。在开挖面以上，土压力的大小已经接近甚至小于主动土压力（土体局部破坏）；在开挖面以下，土压力的大小介于静止土压力与主动土压力之间，且更接近于静止土压力。可以看出，对于单锚式板桩码头，数值计算得到的土压力要大于理论计算得到的主动土压力值。在码头面施加 20kPa 荷载后，土压力在整个深度范围内都有增大的趋势。这些都与前人的研究成果非常一致[7-10]。

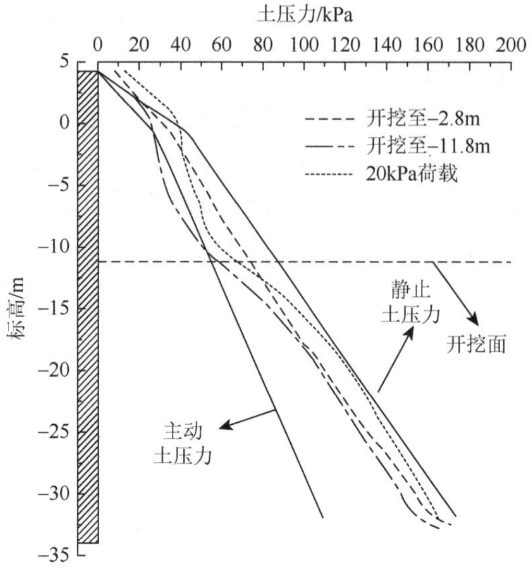

图 6.35　单锚式板桩码头前墙陆侧土压力分布

分离卸荷式板桩码头前墙陆侧土压力的分布如图 6.36 所示，从图中可以发现，当开挖深度较浅时，前墙陆侧土压力的值在卸荷影响区域要大于根据卸荷理论计算出的静止土压力的值。这是由于卸荷承台的卸荷作用，前墙陆侧土压力的值小于海侧土压力的值，在开挖深度较浅时，两者仍不能达到平衡。相对

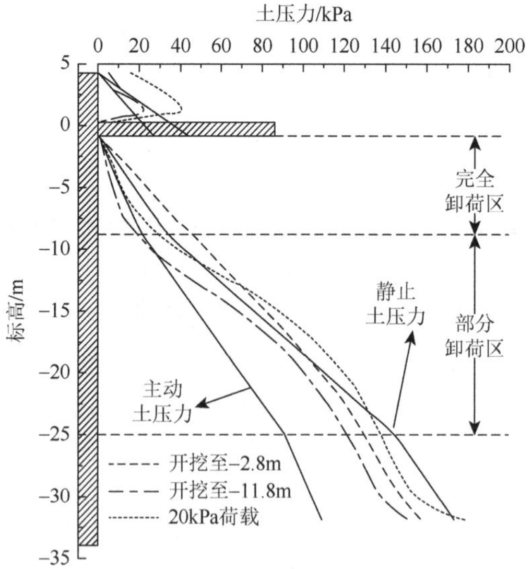

图 6.36　分离卸荷式板桩码头前墙陆侧土压力分布

于刚性挡土墙，前墙是柔性结构，若其两侧土压力的大小不同，则前墙会通过局部变形的方式，调整两侧的土压力大小，使两者趋于相等，这样便导致前墙局部区域向陆侧变形。因此，在局部范围内，数值计算得出的结果要比理论计算值大。

随着开挖深度的增加，前墙卸荷区域内的土压力逐渐减小。开挖结束后，开挖面（–11.8m）以上的土体已经达到主动土压力状态，而开挖面以下的土体处于静止土压力和主动土压力之间。施加 20kPa 码头表面荷载后，前墙陆侧土压力整体变大。由于卸荷平台的卸荷作用，完全卸荷区域范围内的土压力增大趋势明显要小于部分卸荷区。

对比单锚式板桩码头和分离卸荷式板桩码头前墙陆侧土压力计算结果可以发现，由于设置了卸荷承台，作用于前墙陆侧的土压力在完全卸荷区和部分卸荷区都有非常明显的减小，说明卸荷承台在降低前墙土压力方面发挥了很好的作用。

图 6.37 是单锚式板桩码头前墙海侧开挖面以下土压力随开挖和码头面载施加过程的变化规律。图 6.38 是分离卸荷式板桩码头前墙海侧开挖面以下土压力随开挖和码头面载施加过程的变化规律。

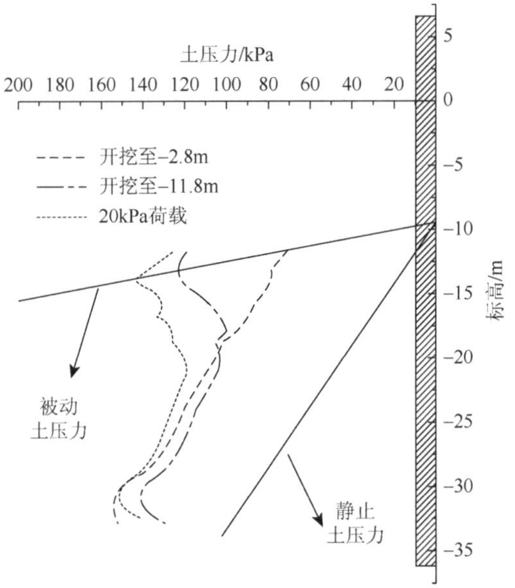

图 6.37　单锚式板桩码头前墙海侧土压力分布

在开挖深度较浅时（标高–2.8m），两种结构型式的海侧土压力的分布规律基本相同。当开挖结束后以及施加 20kPa 荷载时，两种结构型式在标高–25m（对应于陆侧的卸荷影响区和未卸荷区的边界线）的分布规律也是基本相同：土压力介于静止土压力与被动土压力之间，呈线性分布，且平行于静止土压力。而在–25m以上，两种结构型式有明显的差别。单锚式板桩码头结构在邻近开挖面处的土压力有明显的增大现象，甚至大于其下部的土压力，表明开挖面处局部土体发生破坏。而对于分离卸荷式板桩码头结构，由于卸荷承台的卸荷作用，并没有出现开挖面处土压力增大的现象。

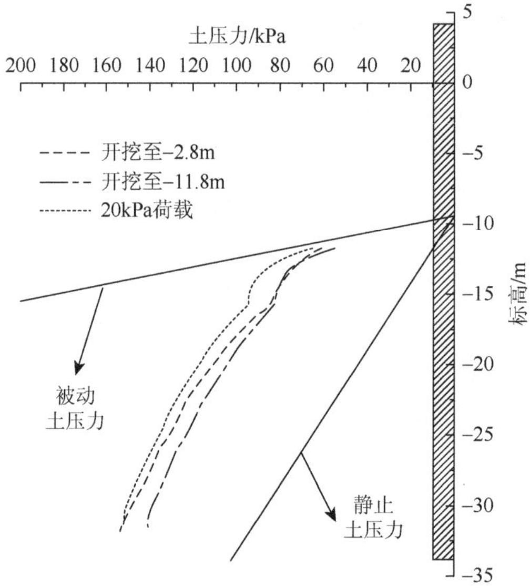

图 6.38　分离卸荷式板桩码头海侧土压力分布

6.3.5　卸荷承台的卸荷效应分析

卸荷承台最直接的效果是降低作用于前墙陆侧的土压力，而该土压力的大小又与前墙的位移密切相关，下面将从土压力和位移两个方面对卸荷承台的卸荷效应进行分析。

为了更直观地反映卸荷承台的卸荷效应，将单锚式与分离卸荷式板桩码头的前墙陆侧土压力和水平位移分别绘于图 6.39 和图 6.40 中。直观来看，不管是前墙陆侧的土压力还是前墙的位移，分离卸荷式都比单锚式小得多，这从定性上充分反映了卸荷承台对于减小作用于前墙土压力的作用。

如何定量地通过土压力和位移的对比来反映卸荷效应？对于位移，我们更关心的是位移的最大值，因此可以通过位移曲线的最大值来评价卸荷承台的卸荷效应。

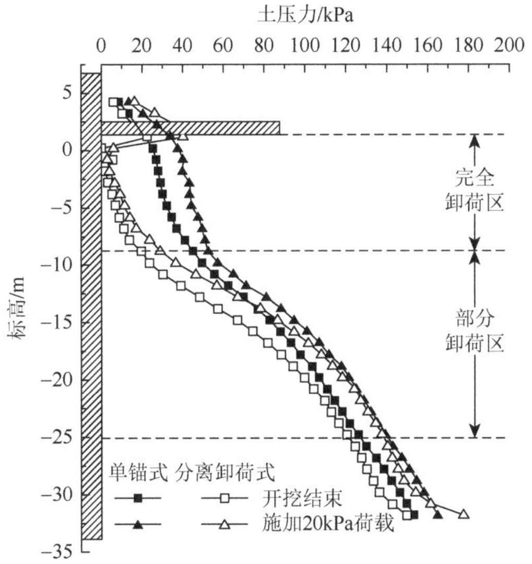

图 6.39　前墙陆侧土压力对比

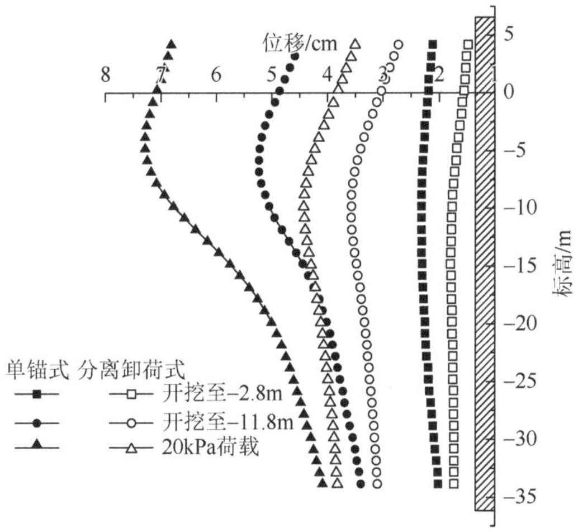

图 6.40　前墙水平位移对比

对于土压力，卸荷效应可以通过单锚式和分离卸荷式的土压力分布曲线所围的面积进行评价。下面将利用积分的定义来计算总土压力的近似值。具体方法如下：将图 6.39 沿深度方向做等间距 d 的平行于横坐标的平行线。这样水平线与土压力分布线以及纵坐标便形成了 n 个曲面梯形。假设平行线之间的土压力是线性分布的，曲边梯形便等价为梯形，将所有梯形面积相加便得到总土压力的近似值。d 取值越小，则计算得到的总土压力值越接近于真实值。本书取 $d = 0.5$m，计算出各种工况下的总土压力值，如表 6.5 所示。

表 6.5　各种工况下前墙总土压力值汇总

结构型式	工况	总土压力/kN	总主动土压力/kN	总静止土压力/kN
单锚式	开挖至−2.8m	3063	2350	3740
	开挖至−11.8m	2781		
	20kPa 荷载	3209		
分离卸荷式	开挖至−2.8m	2660	1837	2925
	开挖至−11.8m	2263		
	20kPa 荷载	2775		

从表 6.5 中可以发现，两种码头结构型式的前墙陆侧总土压力值均随着开挖深度的增加而减小。同时，任何工况下，单锚式板桩码头前墙的总土压力都要大于分离卸荷式板桩码头前墙的总土压力。

通过比较单锚式和分离卸荷式板桩码头前墙的总土压力值，可以定量地反映卸荷承台的卸荷效率，卸荷效率可以通过式（6.3）来确定。

$$\eta_{ep}=\frac{P_{DM}-P_{XH}}{P_{DM}}\times 100\% \tag{6.3}$$

式中，η_{ep} 为土压力的卸荷效率；P_{DM} 为单锚式板桩码头前墙总土压力；P_{XH} 为分离卸荷式板桩码头前墙总土压力。将根据式（6.3）计算得出的各工况下用总土压力表示的卸荷效率如表 6.6 所示。

表 6.6　各工况下用总土压力表示的卸荷效率

工况	卸荷效应/cm		
	P_{DM}/kN	P_{XH}/kN	η_{ep} /%
开挖至−2.8m	3063	2660	13.2
开挖至−11.8m	2781	2263	18.6
20kPa 荷载	3209	2775	13.5

从表 6.6 中可以看出，随着开挖深度的增加，卸荷承台的卸荷效率逐渐提高，开挖结束后的卸荷效率为 18.6%。施加荷载后，土压力的卸荷效率变为 13.5%，比开挖结束时的卸荷效率要低，这一点可以通过图 6.39 来进行分析。如图 6.39 所示，当施加荷载以后，在部分卸荷区，单锚式和分离卸荷式的土压力分布线趋于重合，卸荷承台的卸荷区域变小，卸荷效率降低。对于分离卸荷式板桩码头，施加荷载后的卸荷范围要小于理论计算卸荷范围。

将式（6.3）中的总土压力 P 改为水平位移最大值 U，则可以得到用水平位移表示的卸荷效率，各工况下计算得到的卸荷效率如表 6.7 所示。

表 6.7　各工况下用水平位移表示的卸荷效率

工况	水平卸荷效应/cm		
	U_{DM}	U_{XH}	卸荷效率/%
开挖至–2.8m	2.32	1.79	22.9
开挖至–11.8m	5.24	3.58	31.7
20kPa 荷载	7.29	4.42	39.4

可以看出，用前墙水平位移最大值表示的卸荷效率要远远大于用前墙陆侧总土压力表示的卸荷效率，随着开挖深度的增加，卸荷效率也是增大的。

施加荷载后，用水平位移表示的卸荷效率是增加的，这与用土压力表示的卸荷效率不同。

6.3.6　小结

通过前期开发的基于 ABAQUS 有限元平台的土与结构相互作用分析软件，建立了单锚式和分离卸荷式板桩码头的有限元计算模型。通过对两种板桩码头结构型式的前墙陆侧土压力和水平位移进行对比分析，来研究卸荷承台的卸荷效应，得出的主要结论如下。

（1）通过对卸荷承台与土体之间设置缝隙的方式，可以很好地模拟卸荷承台的卸荷效应。

（2）分离卸荷式板桩码头前墙陆侧土压力与开挖深度密切相关。在开挖面以上，土体基本处于主动土压力状态；在开挖面以下，土体处于主动土压力与静止土压力之间，且更接近于静止土压力。

（3）卸荷承台可以有效地降低前墙陆侧土压力和前墙的位移。

（4）卸荷承台的卸荷效率可以定量地用前墙陆侧总土压力值或前墙水平位移的最大值来表示。开挖深度越大，卸荷效率越高。

6.4　京唐港 32#泊位 10 万吨级遮帘式板桩码头数值分析

唐山港京唐港区 32#泊位采用我国自主开发的 10 万吨级遮帘式地连墙板桩码头结构，由中交第一航务工程勘察设计院有限公司设计。对于这种新的深水板桩码头结构，由于遮帘桩的存在，作用于码头结构上的土压力非常复杂，给数值分析带来很大的困难。本节利用搭建的板桩码头三维数值分析框架，对该码头结构的应力变形情况进行分析，并将计算结果与现场测试结果进行对比，以验证数值计算的正确性。

6.4.1 工程概况

1. 工程地质条件

根据工程勘察报告，该场地土层自上而下依次为粉细砂、粉质黏土（含粉土夹层）、淤泥质黏土、粉质黏土、细砂、粉质黏土（含粉土夹层）、细砂。土层主要以第四系全新统及上更新统松散沉积物为主，各土层分布特征描述如表 6.8 所示。各土层中有夹层，土层厚度分布不均，其基本物理力学指标见表 6.9。

表 6.8　各土层分布特征表

层号	土层名称	厚度	土层特性
1	粉细砂	4.2m～-5.4m	褐黄色-灰褐色，稍密-中密状，含少量碎贝壳。局部夹粉土薄层、粉质黏土薄层及淤泥质土薄层
2-1	粉质黏土	-5.4m～-7.6m	褐灰色、灰色，软塑-可塑状，中塑性，夹粉土团块及粉土、粉砂、淤泥质粉质黏土薄层
2-2	淤泥质黏土	-7.6m～-14.2m	灰褐色，流塑软塑状，分布联系，层位稳定
2-3	粉质黏土	-14.2m～-15.3m	粉质黏土
3	细砂	-15.3m～-25.8m	灰色、黄褐色，密实状，夹中砂层、粉砂层，局部夹粉土、粉质黏土薄层
4	粉质黏土	-25.8m～-28.6m	褐灰色、灰色，软塑-可塑状，中塑性，夹粉土团块及粉土、粉砂、淤泥质粉质黏土薄层
5	细砂	-28.6m～-32.0m	灰色、黄褐色，密实状，夹中砂层、粉砂层，局部夹粉土、粉质黏土薄层

表 6.9　各土层主要物理力学指标统计表

土层编号	土层名称	重度 $\gamma/(\mathrm{kN/m^3})$	含水率 $w/\%$	孔隙比 e	固结快剪		压缩系数 $a_{1\text{-}2}/\mathrm{MPa^{-1}}$	压缩模量 E_s/MPa	标贯击数 N/击
					c_q/kPa	$\varphi_q/(°)$			
1	粉细砂	—	—	—	—	—	—	—	5.9
2-1	粉质黏土	19.1	28.0	0.78	20	27.0	0.32	6.17	4.4
2-2	淤泥质黏土	17.6	43.0	1.21	16	17.1	0.78	2.95	3.4
2-3	粉质黏土	19.1	31.2	0.85	18	19.6	0.39	5.10	7.3
3	细砂	19.7	21.9	0.63	—	31.4	—	—	39.4
4	粉质黏土	19.7	25.0	0.69	31	24.7	0.26	6.90	18.1
5	细砂	19.7	17.4	0.54	—	32.7	—	—	44.4

注：“—”表示无参数。

2. 码头结构布置

该工程为 10 万吨级通用散货泊位码头，采用地连墙板桩结构。码头泥面标高为

4.2m，正常设计水位为 1m，极端低水位为–1.53m，码头前沿正常设计水深为 16.5m；前地连墙厚 1.0m，墙底高程–28.50m，墙顶高程 0m，其上浇筑混凝土胸墙；为了降低地连墙上承受的土压力，在墙后设置一排遮帘桩，其断面尺寸为 1.0m×2.0m（长×宽），间距 2.75m，底高程–32.0m，桩顶高程 0.0m，其上浇筑混凝土导梁，导梁顶标高 1.5m；锚碇墙距前墙 40.0m，墙厚 1.2m，墙底高程为–16m，墙顶高程–0.5m，其上浇筑导梁，导梁顶高程 3.0m；遮帘桩和锚碇墙之间设置 Q345 $\phi 95$ 的钢拉杆，遮帘桩和前地连墙之间设置 Q345 $\phi 75$ 的钢拉杆；码头前部（锚碇墙前）表面荷载为 10kPa，后部表面荷载为 80kPa。遮帘式板桩码头结构断面如图 6.41 所示。

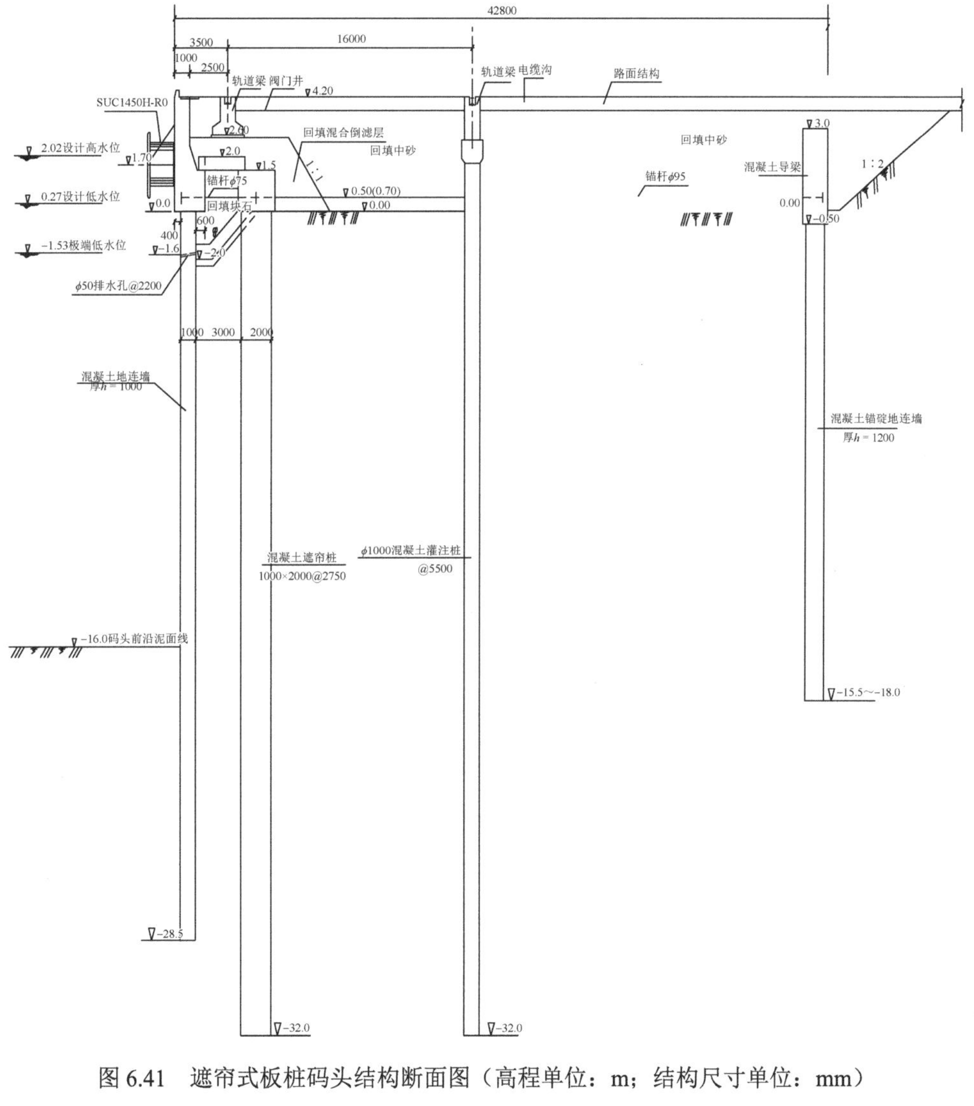

图 6.41　遮帘式板桩码头结构断面图（高程单位：m；结构尺寸单位：mm）

6.4.2 ABAQUS 有限元分析模型的建立

1. 边界条件与网格的划分

1）计算边界

由于设置了遮帘桩，整个码头结构不能视为平面问题，计算时采用三维有限元建模[11, 12]。计算边界为左侧距码头前沿 20m，右侧距锚碇墙后 17.8m，底部距地面 60m。由于码头宽度方向为对称分布，取计算宽度为 5.5m，包含两根遮帘桩。这样整个计算区域为（长×厚×高）80m×5.5m×60m。

2）边界条件

码头顶面为自由边界，左侧面和右侧面保持该方向的水平位移不变，前、后侧面也保持该方向的水平位移不变，码头底部保持竖直方向的位移不变。

3）网格划分

采用全局和局部网格划分的方法，在关键部位适当增加网格的密度。码头结构和地基土层的模拟均采用三维八节点线性实体单元（C3D8I），该单元对于非线性结构分析具有较好的收敛性。由于存在大量的接触计算，必须考虑土层、码头结构界面等网格的匹配问题，这样有利于提高计算精度，同时提高计算收敛程度。码头有限元计算网格如图 6.42 和图 6.43 所示，地基土层单元数为 68262，结构体单元数为 2939。

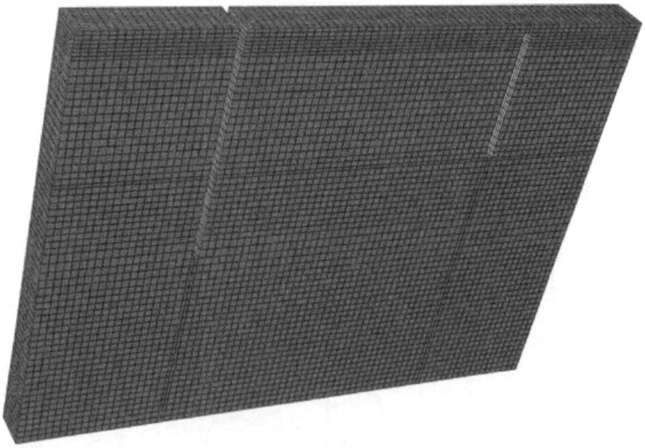

图 6.42 地基模型

2. 结构与地基土层的建模

地基模型是一个长方体，在宽度方向上尺寸为 5.5m，厚度方向上为 80m，高度方向上为 50m。由于 2-3 粉土层厚度只有 1.1m，对整体的影响很小，出于建模需要，将其合并到下面一层细砂中，这样模型的地基从上到下共分为六层。

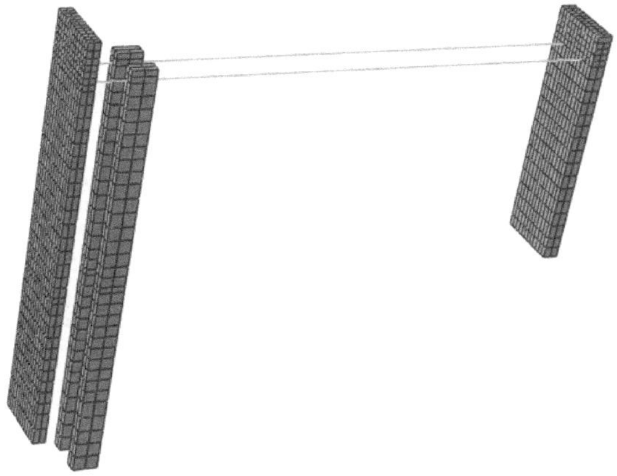

图 6.43　码头结构模型

前板桩墙和锚碇墙都属于地下连续墙结构，二者在高度和厚度方向都是按实际尺寸建模模拟的，宽度方向按需要取一定的宽度即可，二者的宽度都按地基宽度取为 5.5m。前墙的尺寸为（厚×高）1.0m×32.7m，锚碇墙尺寸为（厚×高）1.2m×19m，二者均使用三维八节点线性实体单元（C3D8I）模拟。前墙顶高程 4.2m，锚碇墙顶高程 3m，这样前墙顶面恰好在地基顶面，锚碇墙顶面埋在地基顶面下 1.2m 处，前墙海侧距离地基海侧 20m，前墙与锚碇墙二者之间净距离为 40m。

遮帘桩也按实际尺寸建模，每根桩尺寸为（宽×厚×高）1.0m×2.0m×33.5m，桩顶高程 1.5m，桩之间的中心距离为 2.75m。模型中共设计有两根桩，在两根桩外侧各有一定宽度的地基土，考虑到桩之间土的应力状态应该是以中心面为对称面的，所以桩外侧地基土的宽度取为两桩之间地基土宽度的一半，这样地基模型总共需要的宽度为 5.5m。桩和地下连续墙一样采用 C3D8I 单元模拟，赋予的材料也和墙结构相同。

在实际工程中，为了适应不同的拉力需要，共使用了两种直径的拉杆，遮帘桩与前墙之间的拉杆（前拉杆）直径 75mm，遮帘桩与锚碇墙之间的拉杆（后拉杆）直径 95mm，因此在模型中也需要模拟两种不同截面积的拉杆。

前后拉杆都采用桁架单元（T3D2）模拟，桁架单元可以直接输入真实的横截面积（前拉杆 $4.42\times10^{-3}m^2$，后拉杆 $7.09\times10^{-3}m^2$），不计体积，可以直接从地基中穿过。模拟过程忽略拉杆的自重及拉杆和土体之间的摩擦。

3. 材料力学参数的选取

地基土层均采用南水模型模拟，各层土的模型参数都是根据三轴排水试验求得，如表 6.10 所示。

表 6.10　地基土层南水本构模型参数

土样名称	c/kPa	φ/(°)	R_f	K	n	c_d	R_d	n_d
粉质黏土	31.37	30.18	0.640	55.59	0.861	0.0407	0.71	0.149
淤泥质黏土	40.37	22.68	0.522	39.26	0.618	0.0589	0.59	0.116
粉细砂	0	30.97	0.931	476.00	0.886	0.0049	0.79	0.394

前墙、锚碇墙和遮帘桩使用线弹性模型来模拟，弹性模量为 2.8×10^7kPa，泊松比为 0.16。前、后拉杆均使用线弹性模型模拟，使用的弹性模量为 2.0×10^8kPa，泊松比为 0.12。前墙、遮帘桩、锚碇墙结构与土体之间的摩擦系数取 0.36。粉细砂、粉质黏土和淤泥质黏土的静止土压力系数分别确定为 0.45、0.50 和 0.55。

6.4.3　遮帘式板桩码头有限元计算结果

1. 码头结构变形分析

地基水平位移等值线如图 6.44 所示。从计算结果来看，地基的水平位移主要集中在码头结构上部，向下逐渐衰减。

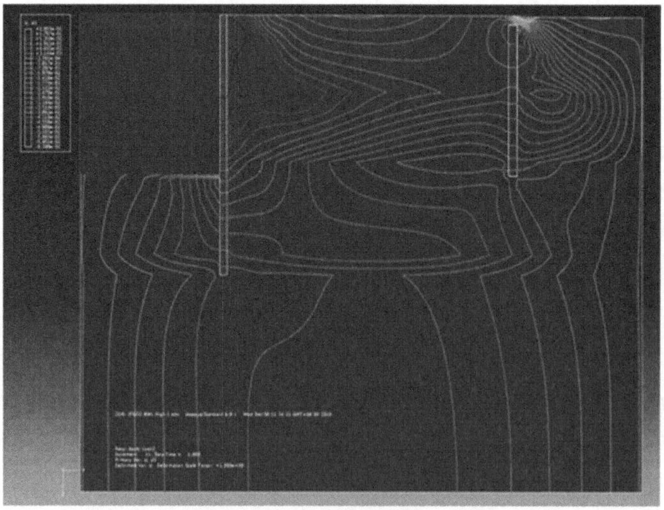

图 6.44　地基水平位移等值线

图 6.45 为该码头各结构体在各个阶段的水平位移分布图，从图中来看，遮帘式地连墙板桩码头的墙体与桩身侧向变形呈现出相似的变化规律，空间上，桩或墙上部水平位移较大，随深度增加而逐渐减小。时间上，随着前沿港池的开挖深度增加，前墙、遮帘桩及锚碇墙水平侧向位移亦同步增加。当前沿港池开挖至设计标高−16.5m 时，前墙、遮帘桩及锚碇墙水平位移分别达到 47.2mm、46.5mm 和 26.9mm；随着码头面第一步加载，即码头面均载为 10kN/m^2，前墙、遮帘桩及锚碇墙水平位移分别达到 58.1mm、53.5mm 和 38.1mm；随着码头面第二步加载，即锚碇墙后地面均载为 80kN/m^2，前墙、遮帘桩及锚碇墙水平位移分别达到 67.6mm、61.8mm 和 43.7mm。

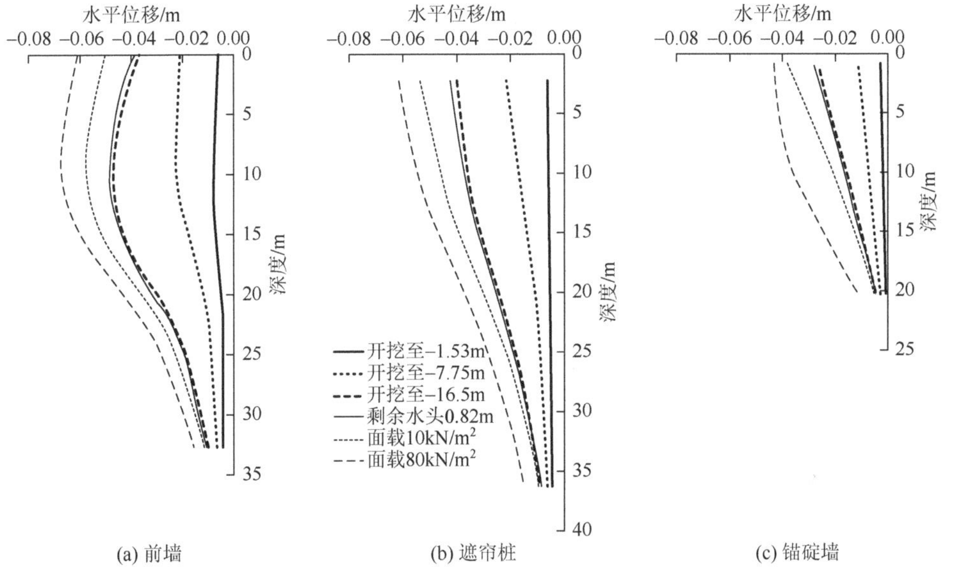

图 6.45　前墙、遮帘桩及锚碇墙水平位移

图中的负号表示向海侧发生位移

2. 拉杆拉力分析

有限元计算结果显示，随着开挖深度的增加，前、后拉杆拉力同步增加。在开挖到−7.75m 前，前拉杆所受到的拉力大于后拉杆。至开挖到−14.5m，后拉杆拉力迅速增大，并超过前拉杆拉力，随后随着进一步开挖、结构面加载，前、后拉杆拉力呈现同步增大。到第二级荷载施加结束时，前后拉杆拉力达到 615kN 和 715kN，拉杆拉力变化规律如图 6.46 所示。

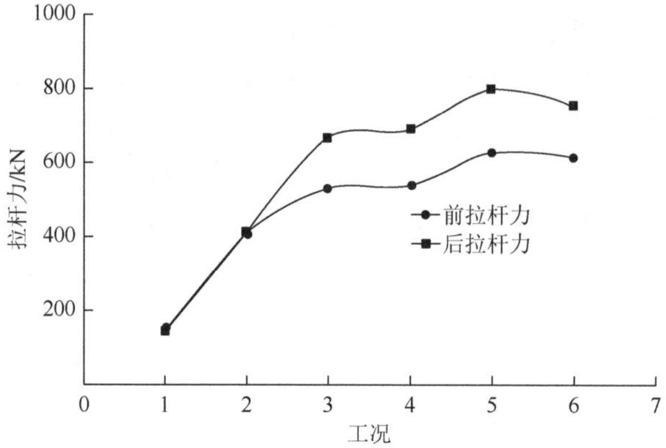

图 6.46　各工况下拉杆力的变化

横轴 1～6 分别代表图 6.45 中图例代表的工况（从上到下）

3. 结构弯矩分析

前墙和遮帘桩计算弯矩如图 6.47 所示，从图上可以发现，对于前墙，当港池开挖结束后，上部最大正弯矩达到 1012kN·m/m，下部最大负弯矩达到–722kN·m/m。到码头表面加载结束后，上部最大正弯矩达到 1105kN·m/m，下部最大负弯矩达到–817kN·m/m。码头结构的弯矩主要取决于土压力的变化，而前墙陆侧的土压力主要取决于港池的开挖，以及第一级荷载的大小。第二级荷载作用于锚碇墙，因此对前墙陆侧土压力影响较小。第一级荷载只有 10kPa，因此增加的土压力并不大，导致的前墙的弯矩变化也不大。从前墙的弯矩分布图上还可以发现，在深度为 24m 左右弯矩出现了拐点，这与前墙底部表面和土体之间的摩擦力有关。

对于遮帘桩，在前沿港池开挖至结构面加载期间，正负弯矩峰值变化规律与前墙相似，当港池开挖结束后，上部最大正弯矩达到 1740kN·m/m，下部最大负弯矩达到–969kN·m/m。到码头表面加载结束后，上部最大正弯矩达到 2484kN·m/m，下部最大负弯矩达到–1023kN·m/m。但从图 6.47 中还可以发现遮帘桩的弯矩变化比前墙更加复杂，无论是第一级加载还是第二级加载，面载对其弯矩的影响都很大。与前墙下部弯矩变化相似，在深度为 24m 左右弯矩出现了拐点，这与遮帘桩底部表面和土体之间的摩擦力有关。比较遮帘桩和前墙的弯矩，可以发现遮帘桩的弯矩比前墙的弯矩大得多，说明遮帘桩承担了更多土压力的作用，这正是遮帘式码头的设计思想。

4. 侧向土压力分析

1）地基土层侧向土压力分布

地基由多种土层组成，每层土的力学性质差别很大，更重要的是每层土的初始侧压力系数都不同，导致土层中的初始侧向应力在土层界面不连续，这与经典的土压力理论计算结果完全一致。地基土层的静止侧向土压力分布等值线如图 6.48 所示，等值线都为水平线，由上向下土压力逐渐增大。

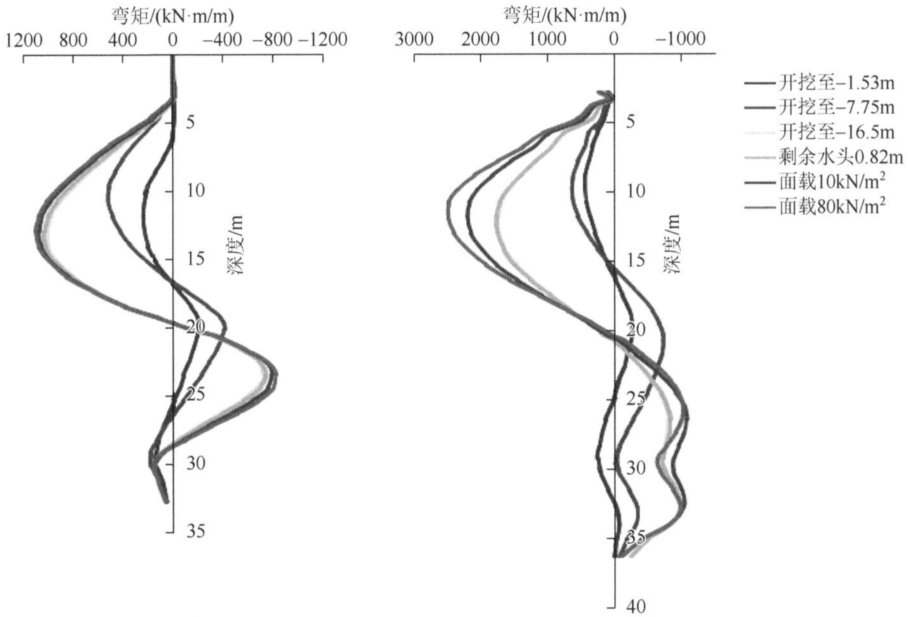

(a) 前墙　　(b) 遮帘桩

图 6.47　前墙和遮帘桩的弯矩

第二级荷载施加后地基土层的侧向土压力分布等值线云图如图 6.49 所示，从图中可以发现，随着港池的开挖与码头表面荷载的施加，地基中特别是靠近结构体附近的土层中的侧向土压力变得非常复杂。其变化不能简单地用“被动”和“主动”来描述。“被动”和“主动”指的是土体达到极限状态，而对于一个稳定的地基而言，土压力不允许达到极限状态，只能是向某种状态发展。从图 6.49 中还可以发现，结构体附近土体有的向“主动”状态发展，有的向“被动”状态发展。

图 6.48　地基土层静止侧向土压力等值线云图

图 6.49　第二级荷载施加后地基土层的侧向土压力等值线云图

2）前墙土压力分布

各工况前墙土压力计算结果如图 6.50 所示，从图中可以看出，由于港池的开挖，前墙整体向海侧方向位移，这样前墙海侧的土体向“被动”状态发展，侧向土压力变大。而对于墙后陆侧特别是上部的土体，由于墙体向前移动，土体向“被动”状态发展，侧向土压力变小。

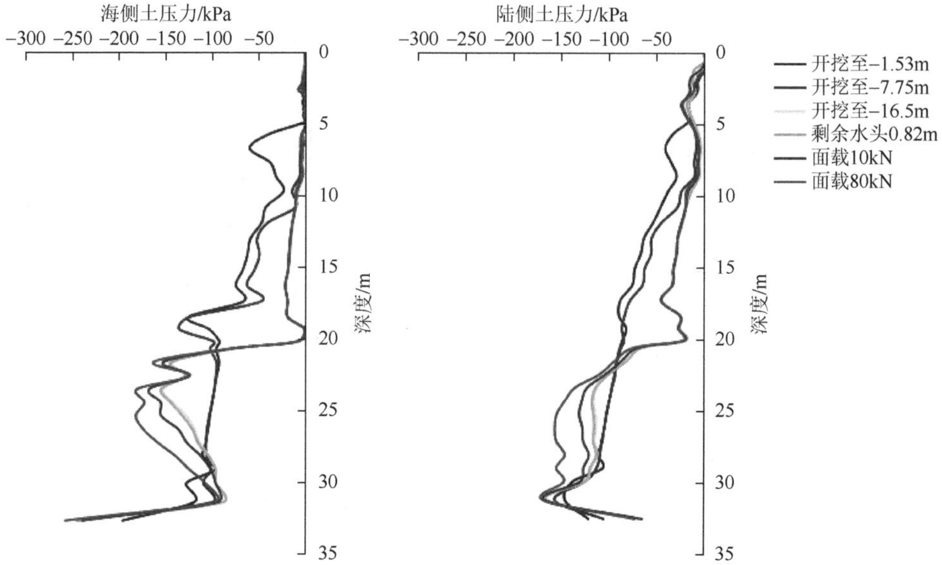

图 6.50　前墙侧向土压力分布

3）遮帘桩土压力分布

图 6.51 给出了遮帘桩陆侧、海侧土压力分布，随着港池开挖，遮帘桩海侧和陆侧土压力呈现基本相同的变化规律，遮帘桩海侧深度为 21m 以上土体土压力随着开挖深度增加而显著减小，而在此深度以下区域土体土压力则逐渐增大。遮帘桩陆侧深度为 25m 以上土体土压力随着开挖深度增加而缓慢减小，减幅不明显并趋于稳定，而下部区域土体土压力显著增加。

从总体上看遮帘桩上的土压力要高于前墙上的土压力，这再一次证明了遮帘桩的遮帘作用。

6.4.4　有限元数值分析结果与现场测试结果的比较

唐山港京唐港区 32#泊位遮帘式板桩码头于 2004 年正式动工，2005 年初码头结构施工完成，码头前沿浚深挖泥自 2005 年 6 月开始，2005 年 12 月结束。为了

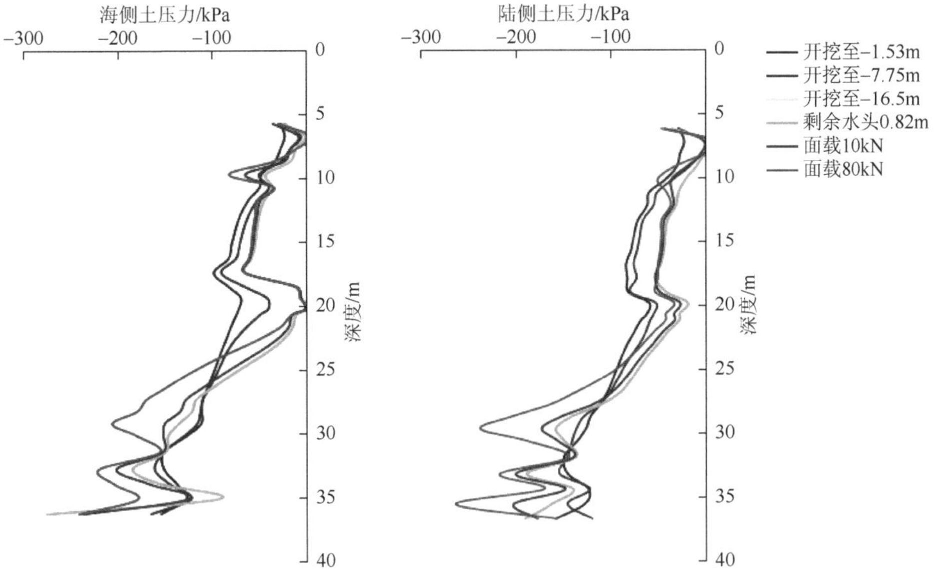

图 6.51　遮帘桩侧向土压力分布

获得该种码头结构的受力与变形情况，自 2004 年 8 月开始作者团队对该码头结构进行了系统的现场监测工作，截至 2008 年 2 月得到了大量的第一手数据，初步掌握了该种码头结构的变形与受力规律。

表 6.11 将有限元数值分析结果与现场测试结果进行了比较。从比较结果来看，除遮帘桩最大负弯矩外，计算得到的前墙的位移、结构弯矩和拉杆的拉力与测试结果都能得到较好的验证。前墙与遮帘桩的计算与实测弯矩比较见图 6.52 和图 6.53。

表 6.11　有限元数值分析结果与现场测试结果的比较

比较内容	有限元计算结果	现场测试结果	计算值/实测值
前墙锚碇点最大位移/cm	6.76	6.21	1.09
前墙最大正弯矩/(kN·m/m)	1105	835	1.32
前墙最大负弯矩/(kN·m/m)	817	839	0.97
遮帘桩最大正弯矩/(kN·m/m)	2484	1983	1.25
遮帘桩最大负弯矩/(kN·m/m)	1023	1660	0.62
后拉杆力/kN	715	601	1.19

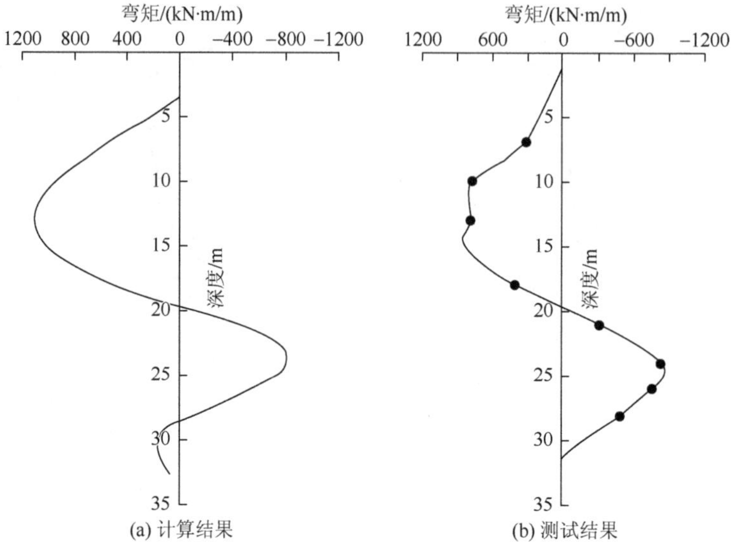

图 6.52　前墙计算弯矩与实测弯矩的比较

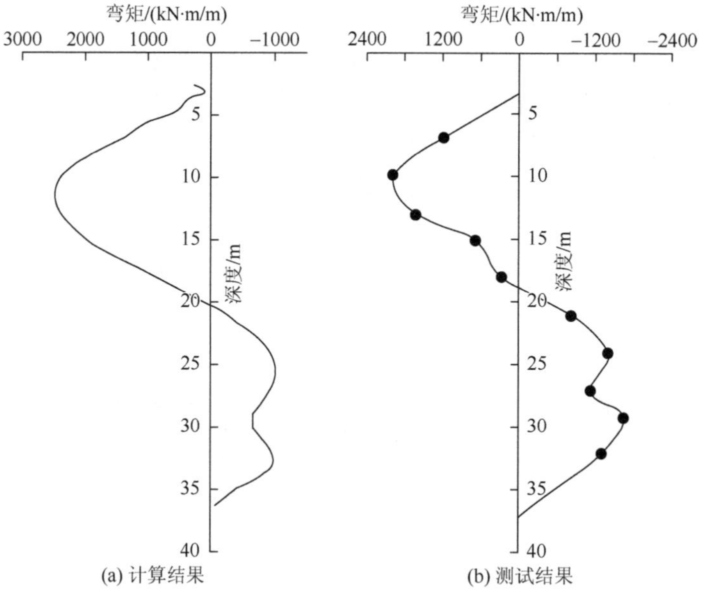

图 6.53　遮帘桩计算弯矩与实测弯矩的比较

6.5　京唐港 36#泊位 20 万吨级卸荷式板桩码头数值分析

6.5.1　工程概况

京唐港 36#泊位为 20 万吨级通用散货泊位，设计采用卸荷式板桩码头结构型式[13, 14]，如图 6.54 所示。码头顶面高程为 4.2m，前沿港池开挖面高程为–20m。前墙为地下连续墙，为了增加前墙的刚度，采用“T”形板桩结构，分为翼缘和肋板两个部分，肋板间距为 4.0m。前墙又分为上下两个部分，上部高程–0.8～–28.0m 处的断面如图 6.54 中 A-A 所示，其中翼缘厚度为 0.8m，肋板厚度为 0.8m，长度为 1.7m。下部高程–28.0～–34.0m 处的断面如图 6.54 中 B-B 所示，此处只有肋板部分，并将肋板延长至翼缘前段。前墙顶部与胸墙相连，胸墙顶面与码头面齐平。

卸荷承台长度 12.4m，厚度 1m，顶面高程为 0.2m，底部高程为–0.8m，位于前墙的后侧。卸荷承台由两排灌注桩和前墙共同支撑，其中混凝土灌注桩长度为 37.2m，直径为 1.2m。

锚碇墙采用钢筋混凝土地下连续墙，墙顶高程 3.0m，墙高 19.0m，墙厚 1.1m。锚碇墙与前墙之间采用ϕ70 的钢拉杆连接，拉杆长度为 45.0m。

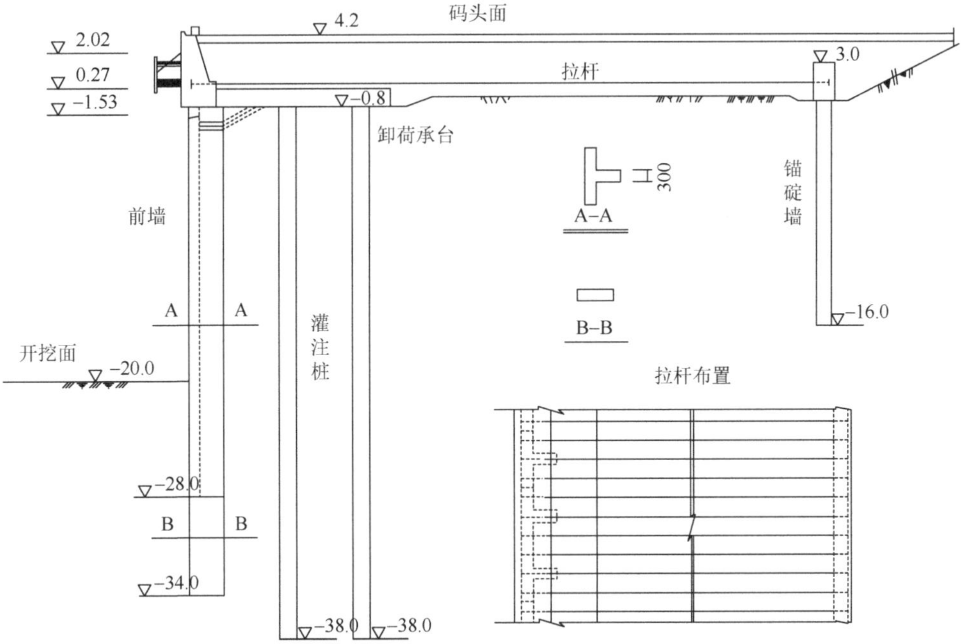

图 6.54　卸荷式板桩码头结构布置示意图（单位：m）

根据京唐港 36#泊位勘察报告，地基土层主要为 3 种土层即细砂、粉土和粉质黏土的交互层，共有 10 多层。为了简化计算，将相邻地基土层按土性指标相近的原则合并，由上至下简化为 7 层：细砂层、粉质黏土层、细砂层、粉土层、细砂层、粉土层和细砂层。3 种土层的物理力学指标见表 6.12。

表 6.12　地基土主要物理力学指标

土层名称	重度γ/(kN/m^3)	含水率 w/%	孔隙比 e	三轴指标		压缩模量 E_s/MPa
				c/kPa	φ/(°)	
细砂	19.3	23.8	0.67	0	32.0	15.0
粉质黏土	19.5	28.5	0.79	37.1	30.2	4.8
粉土	19.8	23.8	0.69	28.5	31.5	11.0

为了数值模拟的需要，对 3 种土层分别取现场土样进行了室内三轴排水剪试验，整理得到的各土层的南水模型试验参数见表 6.13。

表 6.13　南水模型试验参数

土层	c/kPa	φ/(°)	R_f	K	K_{ur}	n	c_d	n_d	R_d
细砂	0	32.0	0.92	476	952	0.38	0.012	0.50	0.91
粉质黏土	37.1	30.2	0.70	70	140	0.64	0.062	0.01	0.59
粉土	28.5	31.5	0.68	268	134	0.51	0.020	0.38	0.51

京唐港 36#泊位的地下水位主要受潮汐的影响，极端低水位为−1.53m，设计高水位为 + 2.02m，高程系统为当地理论最低潮面。

码头施工过程如下：①前墙、锚碇墙、灌注桩的施工；②前墙与锚碇墙之间土体的开挖；③卸荷承台的施工；④拉杆的安装；⑤前墙与锚碇墙之间土体的回填；⑥港池的开挖；⑦码头面载施加。

6.5.2　三维有限元数值分析模型的建立

作为目前吨位最大的板桩码头，京唐港 36#泊位采用了全新的卸荷式板桩结构。为了抵抗侧向土压力作用，前墙设计为加肋板的“T”形结构，这给数值模拟带来一定的困难。此外，如何正确地模拟卸荷承台的卸荷作用，将作用于前墙陆侧位于卸荷承台处的侧向土压力卸掉，是整个数值分析的关键。

1. 模型的建立

根据总体布置方案并考虑边界效应的影响，确定计算模型的深度为 60m，长度为 80m。由于沿码头岸线方向结构是对称的，因此模型的宽度（沿码头岸线方向）取 8m，这样可以模拟两个相同的结构单元，即包括 2 根肋板和 6 根拉杆。模拟的地基为长方体，共包括 8 层土，采用空间实体单元（C3D10M）模拟，每层土体的应力-应变关系采用南水模型模拟，其模型参数如表 6.13 所示。地基土层假设为水平成层地基，并假设已固结完成，码头施工前土体处于自重应力下的平衡状态，地基中的水平应力可以视为静止土压力。三种土体的静止土压力系数根据经验取值，细砂为 0.45，粉土和粉质黏土都取 0.5。

模拟的码头结构模型如图 6.55 所示。前墙、锚碇墙、卸荷承台和灌注桩都为钢筋混凝土结构，数值模拟时采用实体单元（C3D10M）模拟，本构模型采用 ABAQUS 有限元平台自带的线弹性模型。钢筋混凝土的模量取为 26GPa，泊松比为 0.167。

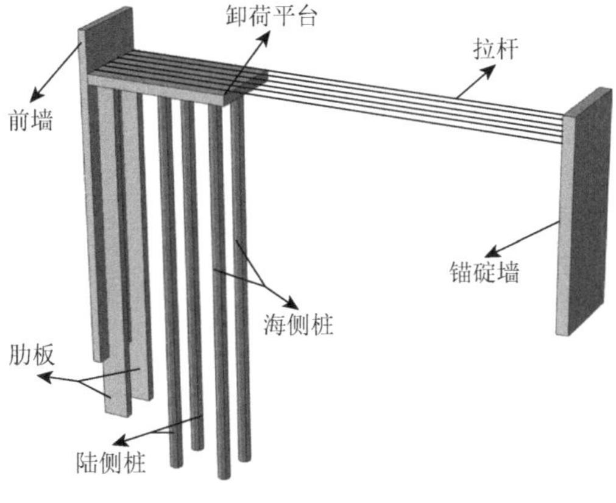

图 6.55　卸荷式板桩码头结构模型

前墙与锚碇墙之间采用钢拉杆连接。拉杆采用桁架单元（T3D2）来模拟。拉杆的材料本构模型也采用线弹性模型，钢材的模量取为 206GPa，泊松比为 0.3。

前墙和锚碇墙与拉杆之间的链接采用绑定约束，在链接处具有相同的自由度。卸荷承台与灌注桩之间的链接采用铰接，两者只有垂直于码头岸线方向的转动自由度，灌注桩只能绕链接点转动。码头结构（前墙、锚碇墙、卸荷承台和灌注桩）与地基土体之间的接触采用接触本构模型，桩土接触采取有限滑移，法向为硬接触，接触压力假定不衰减。

2. 卸荷作用的模拟

对于卸荷式板桩码头，对其卸荷承台的卸荷作用的正确模拟非常关键。本书采用了以下方式模拟港池开挖前的施工过程，得到了较好的模拟效果。

将整个模拟过程分为以下 5 步。

（1）地基土层的地应力平衡；

（2）前墙、锚碇墙和灌注桩的设置；

（3）前墙与锚碇墙之间土体的开挖；

（4）卸荷承台的设置以及拉杆的布置；

（5）前墙与锚碇墙之间土体的回填。

其中第（4）步最为关键，模拟时将卸荷承台底表面与土体的接触面处设置一定距离的缝隙，以保证港池开挖前卸荷承台下部的土体表面的竖向应力为零。图 6.56 是第（5）步结束时（港池开挖前）数值模拟得到的前墙陆侧土体竖向应力分布和理论计算结果的对比，可以看出采用上述方法计算得到的卸荷效果与理论值非常吻合。这样，码头港池开挖前作用于前墙陆侧位于卸荷承台下表面处的侧向土压力为零，这充分体现了卸荷承台的卸荷作用。

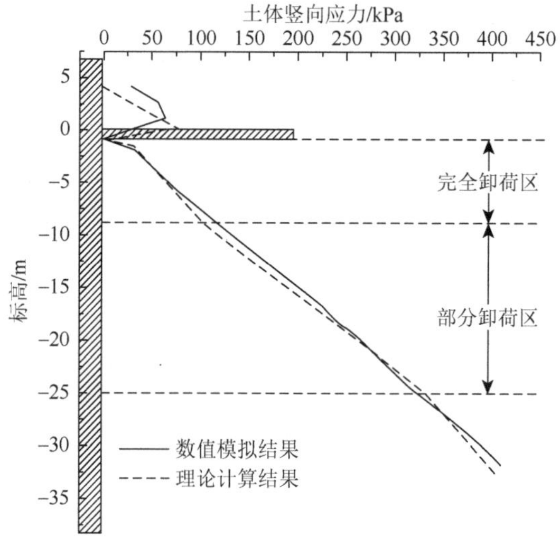

图 6.56　卸荷作用的数值模拟

3. *码头结构施工与港池开挖过程的模拟*

码头结构初始都预先埋在地基土层中，采用单元的“生死”功能可以方便地模拟结构（前墙、锚碇墙、灌注桩）的施工和去除。同样，港池的开挖模拟，以及前墙与锚碇墙之间土体开挖和回填的模拟也采用类似的办法。

6.5.3　卸荷式板桩码头数值计算结果分析

对于卸荷式板桩码头结构，由于设置了卸荷承台，将承台上方土体作用于前墙陆侧的部分侧向土压力卸掉，从而减轻前墙的压力。港池开挖前，地基土竖向应力分布如图 6.56 所示，此时，假设作用于码头结构（前墙、锚碇墙、灌注桩）上的侧向土压力为地基水平应力，该土压力可以通过土体竖向应力乘以静止土压力系数近似得到。这样，港池开挖过程中和码头表面加载后产生的结构位移、结构内力都从此时算起。

1. 码头结构水平位移变化规律

图 6.57～图 6.60 为计算得到的港池开挖和码头表面加载过程中前墙、锚碇墙和两排灌注桩的水平位移随深度的变化规律。从图 6.57 中可以发现，对于前墙，由于港池的开挖和码头面载的施加，使得前墙两侧土压力不平衡，总体上造成前墙向海侧方向位移。当码头面载施加后，前墙底部向海侧移动了约 3.2cm，墙顶移动了 5.3cm，锚碇点移动了 5.7cm。墙体最大位移为 6.2cm，位于标高−7.0m 处。从图 6.57 中还可以发现，由于前墙的刚度相对（锚碇墙）较小，在土压力和拉杆拉力的作用下，前墙发生弓形弯曲变形，总体变形为上部较大，下部较小。

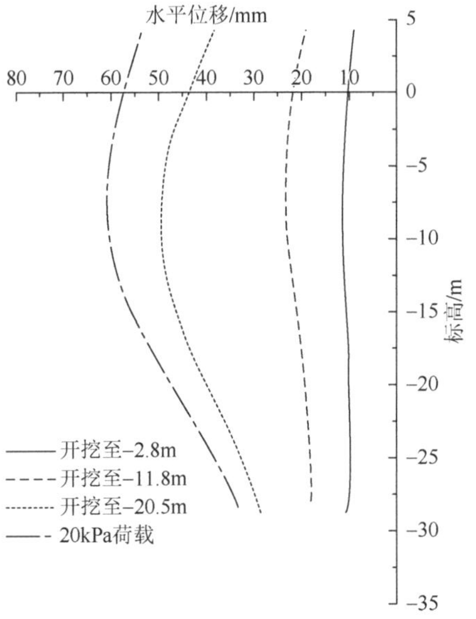

图 6.57　前墙水平位移分布规律

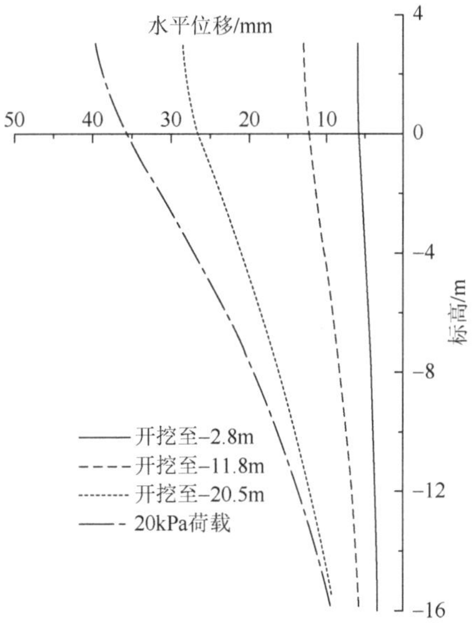

图 6.58　锚碇墙水平位移分布规律

对于锚碇墙，主要由于拉杆力的作用，墙体发生了向海侧的位移。显然，锚碇墙的位移模式与前墙不一样，位移分布总体上由上向下递减，如图 6.58 所示。当码头面载施加后，锚碇墙底部向海侧位移为 1.0cm，顶部位移为 4.0cm，锚碇点的位移为 3.5cm。必须指出前墙锚碇点和锚碇墙锚碇点处的位移是不一样的，其差值为拉杆的伸长量。由于锚碇墙刚度较大，墙体的变形较小，其变形方式基本为“之”字形。

卸荷承台下的灌注桩分为两排，这里将靠近前墙一侧的灌注桩称为海侧灌注桩，靠近锚碇墙一侧的灌注桩称为陆侧灌注桩。在码头开挖和码头表面施加荷载过程中，灌注桩的受力非常复杂，造成两排灌注桩的位移和桩身变形与前墙和锚碇墙差异较大。从图 6.59 和图 6.60 中可以发现，海侧、陆侧灌注桩整体都向海侧位移，上部较大，下部较小。另外，两排灌注桩的桩身都出现了两处局部弯曲。

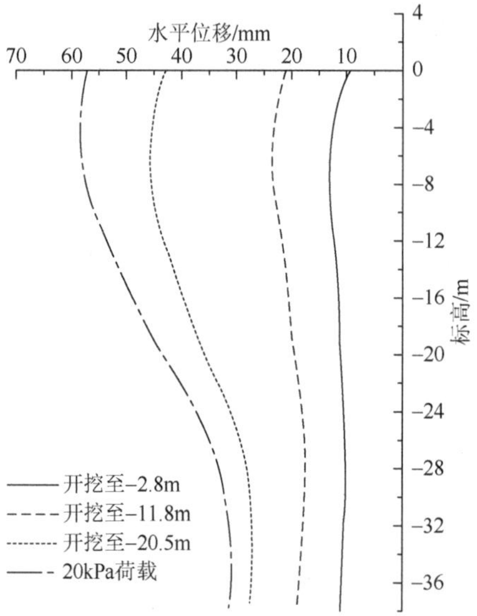

图 6.59　海侧灌注桩水平位移分布规律

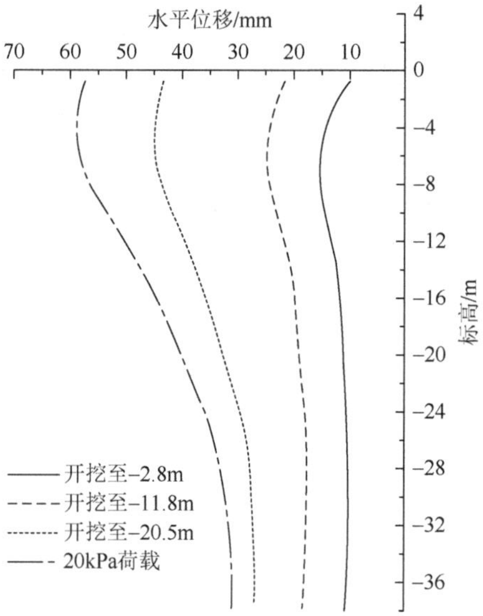

图 6.60　陆侧灌注桩水平位移分布规律

2. 码头前墙土压力变化规律

港池的开挖和码头表面荷载的施加，造成前墙两侧土压力不平衡，导致前墙向海侧位移。由于前墙发生位移，前墙两侧土体作用于前墙上的土压力也会随位移的变化而变化，这是典型的土与结构相互作用问题。板桩结构计算的核心就是要正确得到作用于前墙上的土压力分布规律。

图 6.61 所示为计算得到的各阶段码头前墙陆侧土压力的分布规律。在码头港池开挖前，作用于前墙陆侧的土压力可以简化为静止土压力，其分布如图 6.61 中粗实线所示。可见，在靠近卸荷承台的下面，前墙陆侧的土压力基本为零，表明卸荷承台完全发挥了作用。

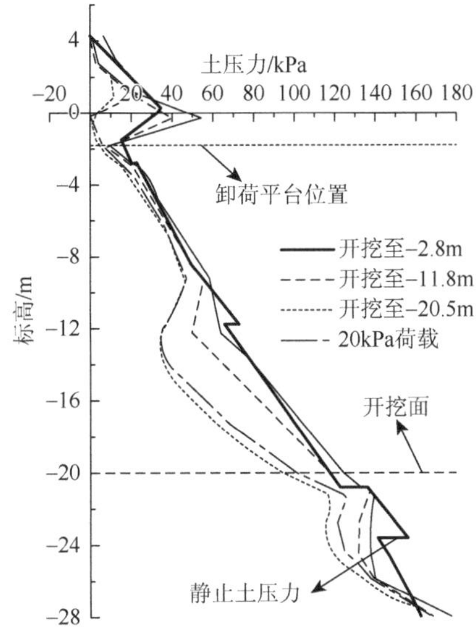

图 6.61　前墙陆侧土压力的分布规律

随着码头前沿港池的开挖，前墙向海侧发生位移，造成墙后陆侧土压力向“主动”方向变化，不断减小。港池开挖得越深，土压力减小得越大，在标高−8.0m至开挖面范围内土压力减小得最大。墙体的土压力分布整体上呈典型的“R”形，这与传统的观测结果是一致的。

从图 6.61 中还可以发现，当码头面施加 20kPa 的荷载后，前墙陆侧的土压力变化较小。在承台以下至标高−12m 处，土压力基本没有变化，表明码头面载在这部分范围内都被卸荷承台卸掉。在标高−12m 以下，土压力略有增加，表明这部分超过了卸荷区，其土压力的变化是码头面载造成的。施加码头面载，引起前墙卸荷区范围以外的侧向土压力增加，土压力的变化又造成前墙向海侧位移，而前墙的位移又造成陆侧土压力的减小，显然土压力增加的幅度比减小的幅度要大。

图 6.62 为前墙海侧土压力的分布规律，从图中可以看出，由于前墙不断向海侧发生位移，前墙海侧的土压力一直向“被动”方向发展，不断增加。另外，由于土体竖向开挖卸载，造成土体的竖向应力不断变小，引起土体水平应力减小，从而造成前墙海侧土压力的变小，只是减小的幅度相对“被动”方向增加的幅值小。当开挖至标高−20.5m 时，前墙海侧被动土压力非常大，很显然此时海侧开挖面处土体的水平应力变为大主应力，而竖向土压力变为小主应力，这与开挖前正好是相反的。

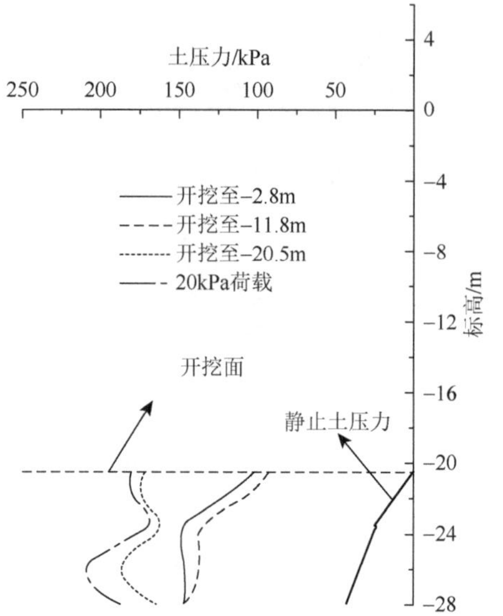

图 6.62　前墙海侧土压力的分布规律

3. 结构弯矩分布规律

图 6.63 和图 6.64 分别为计算得到的港池开挖阶段和码头表面施加荷载阶段前墙与锚碇墙弯矩的分布规律。从图 6.63 中可以发现，随着开挖深度的不断加大，前墙正弯矩和负弯矩均呈增大的趋势，最大正弯矩的位置不断向深度方向转移。开挖结束后，开挖面以上前墙的弯矩基本为正弯矩，最大值约为 2273kN·m/m，其位置在标高−10.0m 左右。开挖面以下前墙的弯矩基本为负弯矩，最大值为−1270kN·m/m，其位置在标高−27.0m 左右。从图 6.63 中还可以发现当施加 20kPa 的荷载后，前墙的弯矩变化并不大，这也充分说明卸荷承台对于码头表面荷载的卸荷作用是非常明显的。

从图 6.64 中可以发现，在港池开挖和码头面载施加过程中，由于锚碇墙刚度较大，在拉杆力的作用下其大部分范围都产生负弯矩，只有在拉杆附近才会出现正弯矩。随着开挖深度的增加，锚碇墙的正弯矩和负弯矩均呈现增大的趋势，且负弯矩的最大值会出现上移现象。当开挖至标高−20.5m 时，锚碇墙的最大负弯矩达到−223kN·m/m，其位置在标高−9.0m 左右。而当码头表面施加 20kPa 的荷载后，最大负弯矩达到−355kN·m/m，表明码头面载对锚碇墙弯矩影响较大。

图 6.65 和图 6.66 分别为海侧和陆侧灌注桩的弯矩的分布规律。与前墙和锚碇墙不同，影响灌注桩弯矩的不仅有作用于其上的土压力，还有卸荷承台传递下来的竖向压力。卸荷承台海侧是搭在“T”形墙上，由于两者的摩擦作用，前墙的位移也会对灌注桩的弯矩产生一定的影响。因此灌注桩的弯矩分布规律要远比前墙和锚碇墙复杂得多。

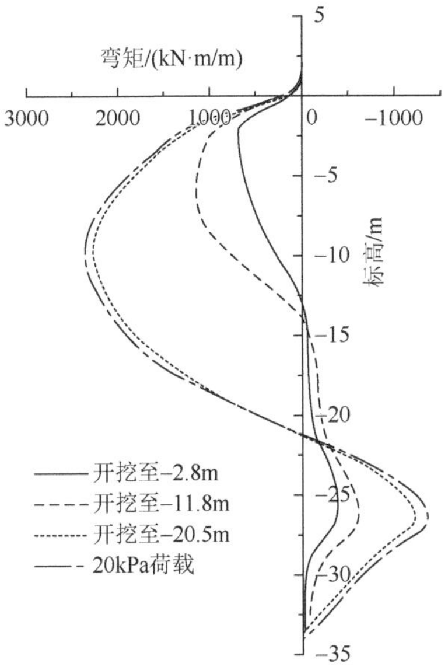

图 6.63　前墙单宽弯矩的分布规律

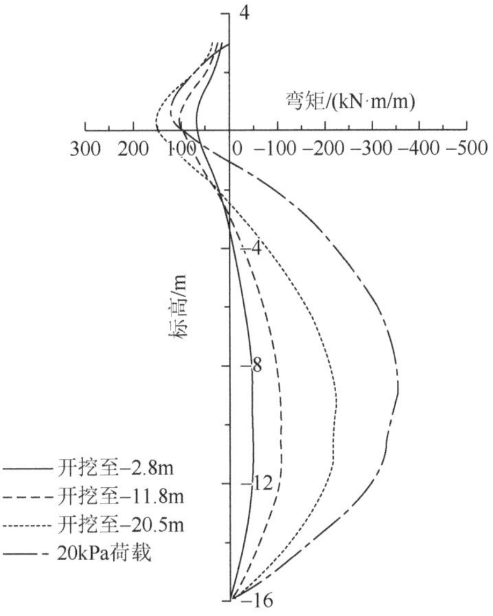

图 6.64　锚碇墙单宽弯矩的分布规律

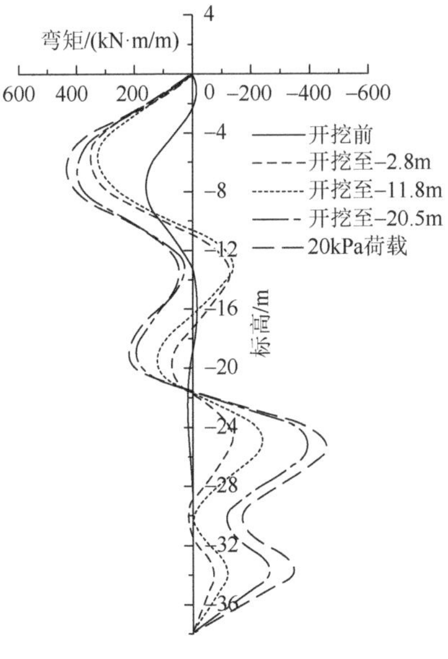

图 6.65　海侧灌注桩弯矩的分布规律

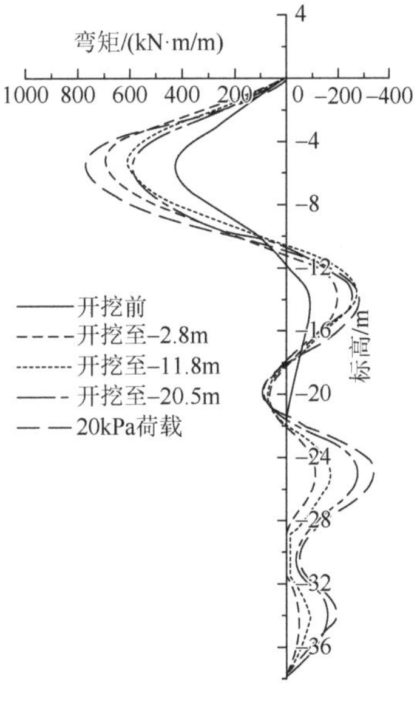

图 6.66　陆侧灌注桩弯矩的分布规律

从图 6.65 和图 6.66 中可以看出，在港池开挖前，由于前墙和锚碇墙之间土体的开挖与回填，两排灌注桩均已经产生了一定的弯矩，主要分布于 0～−20m，这个范围恰好是卸荷承台的卸荷影响范围。可见港池在开挖前，灌注桩的弯矩主要受卸荷承台传递的压力的影响。当港池开挖至–2.8m 时，海侧灌注桩最大正弯矩值为 360kN·m，位于标高–5m 处；最大负弯矩为–147kN·m，位于标高–24m 处。陆侧灌注桩的弯矩分布规律与海侧灌注桩相同，只不过弯矩的量值比前灌注桩大。

随着开挖深度的不断加大，灌注桩发生了向海侧的位移。此时在 0～–20m 范围内的弯矩均向正弯矩方向发展，而–20m 以下的弯矩向负弯矩方向发展，可见此时灌注桩的弯矩主要受前墙位移的控制。开挖结束后，0～–20m 范围内的弯矩变化较小，而–20m 以下的土体进一步向负弯矩方向发展。且在–25m 处达到最大值。其中海侧灌注桩的最大负弯矩为–409kN·m，而陆侧灌注桩的最大负弯矩为–288kN·m。

4. 拉杆力变化规律分析

计算得到的拉杆力随开挖与码头表面加载过程的变化规律如图 6.67 所示。其中第 1 至第 3 步为开挖过程，即第 1 步开挖至–2.8m，第 2 步开挖至–11.8m，第 3 步开挖至–20.5m，第 4 步为面荷施加过程。从图 6.67 中可以看出，在整个开挖与加载过程中，拉杆力不断增加。施加 20kPa 的码头面载后，拉杆力达到 550kN。

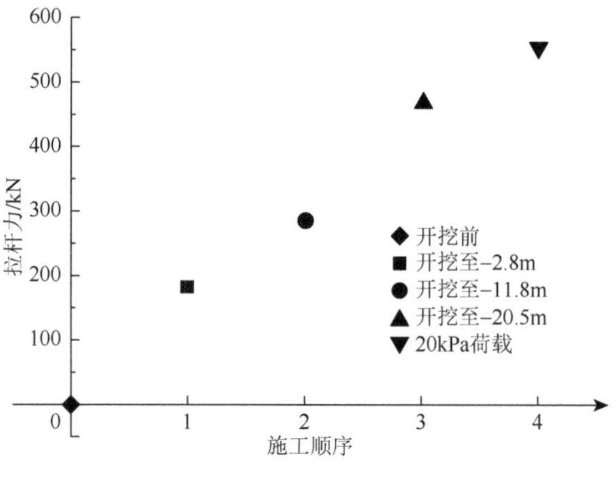

图 6.67　拉杆力的变化

6.5.4　小结

基于 ABAQUS 有限元平台，利用开发的土与结构相互作用软件，进行了京唐港 36#泊位 20 万吨级卸荷式板桩码头设计方案的三维数值模拟，探讨了卸荷式板桩结构的内力和变形规律，以及卸荷式结构的卸荷机理，主要结论如下。

（1）卸荷承台对码头前墙的土压力的卸荷作用非常明显，可以大大减小前墙的土压力，对于板桩码头的深水化是一个很好的途径。

（2）在港池开挖和码头面载作用过程中，前墙、锚碇墙和灌注桩都发生了向海侧的位移，结构都发生了一定的变形，但变形的规律不同。前墙的变形主要为弓形，锚碇墙的变形为“之”字形，而墙后的灌注桩都发生了局部的变形。不同的变形方式造成了结构弯矩规律的不同。

（3）在港池开挖和码头面载作用过程中，前墙的陆侧土压力向“主动”方向发展，总体呈“R”形分布，而前墙海侧开挖面以下的土压力不断向“被动”方向发展。从码头面加载过程来看，卸荷承台卸掉了其下一定深度内的土压力，具有一定的卸荷范围。

（4）在港池开挖和码头面载作用过程中，前墙上部为正弯矩，下部出现负弯矩，最大正弯矩的位置随开挖深度的增加而越来越向深度发展。锚碇墙主要为负弯矩，只有靠近锚碇点的位置才会产生一定的正弯矩。

参 考 文 献

[1] 蔡正银，侯伟. 单锚板桩结构的工作机理研究. 岩土工程学报，2015，37（1）：29-34.

[2] 蔡正银，侯伟，关云飞. 遮帘式板桩码头的工作机理. 岩土工程学报，2015，37（10）：1745-1750.

[3] 崔冠辰，蔡正银，李小梅，等. 遮帘式板桩码头工作机理初探. 岩土工程学报，2012，34（4）：762-766.

[4] 蔡正银，侯伟，关云飞，等. 分离卸荷式板桩码头的工作机理. 岩土工程学报，2015，37（12）：2133-2139.

[5] 吴明. 深基坑工程若干土力学问题研究. 杭州：浙江大学，2009.

[6] 顾慰慈. 挡土墙土压力计算手册. 北京：中国建材工业出版社，2005：431-432.

[7] 郭鸿仪，吕宝柱. 卸荷板卸荷效应的模型验证. 岩土工程学报，1993，15（1）：81-85.

[8] 徐光明，蔡正银，曾友金，等. 京唐港 18#、19#泊位卸荷式地连墙板桩码头方案离心模型试验研究报告. 南京：南京水利科学研究院，2007.

[9] 龚丽飞. 分离卸荷式地下连续墙板桩码头结构与土相互作用研究. 南京：南京水利科学研究院，2007.

[10] 刘永绣，吴荔丹，徐光明，等. 遮帘式板桩码头工作机制. 水利水运工程学报，2006（2）：8-12 .

[11] 司海宝，蔡正银，俞缙. 遮帘式板桩码头结构与土共同作用 3D 数值模拟分析. 土木工程学报，2012，45（5）：182-190.

[12] 司海宝，蔡正银. 基于 ABAQUS 建立土体本构模型库的研究. 岩土力学，2011，32（2）：599-603.

[13] 蔡正银，侯伟，周健，等. 20 万吨级卸荷式板桩码头数值分析. 岩土工程学报，2015，37（2）：218-224.

[14] 蔡正银，刘永绣，关云飞，等. 20 万吨级深水板桩码头结构开发. 港口科技，2016，(2)：4-7，19.